Dossiers et Documents

Le Guide du **travailleur**
autonome

Tout pour faire carrière chez soi

2e édition

Du même auteur

La Grande Aventure de la langue française, en collaboration avec Julie Barlow, Montréal,
    Québec Amérique, 2007.

Écrire pour vivre, Montréal, Québec Amérique, 2007.

The Story of French (La Grande Aventure de la langue française), en collaboration avec Julie
    Barlow, Knopf Canada, St.Martin's Press et Robson, 2006.

Pas si fous, ces Français!, Paris, Seuil, traduction de *Sixty Million Frenchmen Can't Be Wrong,*
    Naperville (Illinois), Sourcebooks, 2003.

Les Français aussi ont un accent, Paris, Payot, 2002.

Jean-Benoît Nadeau

Le Guide du **travailleur**
autonome

Tout pour faire carrière chez soi

2e édition

QUÉBEC AMÉRIQUE

Catalogage avant publication de Bibliothèque et Archives Canada

Nadeau, Jean-Benoît
Guide du travailleur autonome
Nouv. éd.
(Dossiers et documents)
Publ. antérieurement sous le titre: Le Guide du travailleur auto-
nome.
Comprend un index.

ISBN 978-2-7644-0553-6

1. Travailleurs indépendants. I. Titre. II. Collection: Dossiers et
documents (Éditions Québec Amérique).
HD8036.N32 2007   658'.041   C2006-942232-X

Nous reconnaissons l'aide financière du gouvernement du Canada
par l'entremise du Programme d'aide au développement de l'industrie
de l'édition (PADIÉ) pour nos activités d'édition.

Gouvernement du Québec – Programme de crédit d'impôt pour
l'édition de livres – Gestion SODEC.

Les Éditions Québec Amérique bénéficient du programme de subvention
globale du Conseil des Arts du Canada. Elles tiennent également à
remercier la SODEC pour son appui financier.

Québec Amérique
329, rue de la Commune Ouest, 3ᵉ étage
Montréal (Québec) Canada H2Y 2E1
Tél. : 514 499-3000, télécopieur : 514 499-3010

Dépôt légal: 1ᵉʳ trimestre 2007
Bibliothèque nationale du Québec
Bibliothèque nationale du Canada

Mise en pages: André Vallée – Atelier typo Jane
Révision linguistique: Liliane Michaud, Diane Martin
Conception graphique : Isabelle Lépine
Illustration en couverture : Marie-Eve Tremblay, colagene.com
Réimpression : septembre 2009

©2007 Éditions Québec Amérique inc.
www.quebec-amerique.com

Imprimé au Canada

Rien que ma mère qui travaillait pas,
c'est pas de sa faute : avait trop d'ouvrage.

Yvon Deschamps
tiré de *L'argent*, 1968-1969

Avertissement

Le contenu du présent ouvrage témoigne des expériences et des connaissances de l'auteur. Toute référence à des dispositions légales ne peut servir qu'à titre indicatif et ne constitue en aucun cas un avis juridique.

Remerciements

Plusieurs personnes ont contribué directement ou indirectement à ce livre par leurs conseils, leurs réponses, leurs encouragements, leur amitié, ou en révisant certains chapitres plus techniques. Il s'agit de professionnels, d'amis ou de fonctionnaires qui se sont exprimés à titre gracieux, sans rémunération. Il serait futile – et risqué dans le cas de ceux qui exprimaient une opinion malgré les directives contraires de leurs supérieurs – de me livrer à la litanie de leurs noms. Je les remercie tous, tout simplement.

Il y en a trois cependant qui ont toujours été de bon conseil, et à qui je dois beaucoup. D'abord Me Bertrand Lussier, fiscaliste, qui voit clair dans ce fatras infernal qu'est notre droit fiscal – et quand il ne voit pas, il vérifie, ce qui est encore plus fort. Ensuite, je ne saurais passer sous silence mon père et mon frère, Yvan et Stéphan, tous deux travailleurs autonomes comme moi, l'un en tant qu'ingénieur et l'autre en tant qu'avocat. Leur vécu, leurs suggestions, leurs bons coups et leurs mauvais coups ont été une source constante d'inspiration... et d'exemples.

Table des matières

Chapitre 10 : Tout est négociable

Chapitre 11 : Votre épingle du jeu

Chapitre 12 : Ne soyez pas newfie

Chapitre 13 : La négociation continue

Introduction

De ses propres ailes et sans filet

Je suis devenu journaliste et travailleur autonome un matin de janvier 1987 par -20 °C. J'avais vingt-deux ans. Debout sur un réservoir dans une raffinerie de l'est de Montréal, je mesurais le niveau d'huile à chaîne avec une pesée et la matière visqueuse produisait de longs filaments rosés sous l'effet du vent et du froid. Le soleil se levait et les porte-conteneurs du port, dont je ne voyais que le haut, étaient déjà à l'œuvre comme des crabes sur la jetée.

J'avais abouti dans cette raffinerie trois mois plus tôt après des études en dents de scie : génie civil, littérature, écriture dramatique. Être ou ne pas être ? Hamlet devait avoir vingt-deux ans, lui aussi, quand il s'est posé la question. Je m'extirpais de cette longue maladie mentale appelée adolescence. Et ce matin de janvier, je me suis branché : je serais journaliste et je terminerais mes études en sciences politiques. Je ne me doutais pas que j'accédais, du même coup, au monde des travailleurs autonomes.

En fait, je suis devenu travailleur autonome deux fois. La première, c'était par la force. La seconde, par choix. Comme la compétence me faisait défaut au début, les employeurs ne se pressaient pas au portillon. Pendant trois ans, j'ai surfé sur la vague, plaçant un article par-ci, par-là. J'ai appris à vivre avec la pression ; je me suis fait traiter d'analphabète ; j'ai travaillé sans comprendre ce que je faisais ; j'ai écrit pour des clients qui ne comprenaient pas ce qu'ils faisaient ; je me suis fait avoir ; j'en ai eu d'autres ; des conseils d'amis m'ont sauvé ; d'autres m'ont nui.

Au fil des ans, j'ai gagné des prix et quelques magazines ont fini par me proposer des emplois. En 1993, j'accepte un poste de reporter à *L'actualité* – le summum. J'entre le 31 mai et je démissionne... le 29 juin !! Que voulez-vous : on s'attache à ses chaînes... Et c'est alors que je deviens travailleur autonome par choix. Aujourd'hui, j'écris mieux, je pense mieux, et mes projets m'occuperont jusqu'en 2064, année où je mourrai centenaire sans avoir pris de retraite – par choix.

Qu'est-ce qu'un travailleur autonome ? Je me suis beaucoup débattu avec cette question. Définition défaitiste : un pauvre type sans job qui s'arrange pour gagner sa vie.

Au début de ma carrière, je me plaignais amèrement de ne trouver aucune job. Mon père, un associé dans une firme de génie, m'a surpris un jour : « Mais c'est très bien, au contraire, fils – il m'appelle toujours fils. Il y a plein d'avantages fiscaux à être travailleur autonome. » Je me souviens de ma réaction : « C'est quoi, ce machin autonome ? » L'entretien m'a rassuré. Ainsi, j'appartenais à une catégorie d'individus honorables quoique hybrides : mi-personnes, mi-entreprises.

Celui qui croit que le travailleur autonome est un-pauve-type-sans-job-qui-se-débrouille-comme-il-peut-pour-gagner-sa-vie fait fausse route. Le premier client venu le fera travailler pour rien en le laissant espérer obtenir ainsi une job. Le pauvre type qui vit son purgatoire en attendant le salut par la job se condamne à la précarité par sa mauvaise attitude.

Il est très difficile de se départir du réflexe de l'employé. Nous avons tous grandi dans l'idée que l'emploi était le but d'une vie.

Il jouit d'un statut tel qu'on le fait miroiter aux enfants : « Étudie si tu veux une job. » La job est même devenue la principale raison d'être de toute une population. Et le sans-patron, s'il n'est pas lui-même un patron ou un professionnel, est vu comme un taré, un délinquant.

Or, soulignons-le, l'idéalisation du boulot salarié est un accident historique récent. Il est impossible d'attribuer une date à l'apparition du premier travailleur autonome pour la simple et bonne raison que l'humanité travaillante est autonome depuis toujours. C'est la condition humaine. Des travailleurs autonomes, il n'y a que ça dans les livres d'histoire : Christophe Colomb était à son compte, Galilée aussi. Fermiers, commerçants, ouvriers spécialisés, soldats tissent partout le fil des siècles.

C'est une erreur de croire que la prostitution est le plus vieux métier du monde ! Jusqu'à une époque récente, personne ne souhaitait être salarié. Cette condition voisine de l'esclavage dérivait de l'incapacité d'être fermier, car on ne peut indéfiniment diviser la terre entre ses 14 enfants puis entre les 14 enfants de chacun d'eux. Quelqu'un défriche, les autres se mettent à son service. Et l'esclave est l'employé ultime dont on n'assure que la subsistance et qui vous appartient en propre. Alors que le travailleur autonome, fermier ou homme de métier – scribe, cordonnier, maréchal-ferrant – est libre et possède en plus son mode de production, ses outils, voire ses esclaves !

L'emploi tel qu'on l'entend de nos jours – signe de statut, protégé par les lois, convoité et désirable – appartenait à une élite de fonctionnaires jaloux de leurs privilèges. Ils étaient nombreux à Rome, en Égypte (les scribes) et dans l'Église, première multinationale à offrir la sécurité d'emploi jusqu'à la fin de vos jours et le paradis jusqu'au Jugement dernier.

Mais la notion d'emploi pour tous est toute récente. Au début du XIXe siècle, la révolution industrielle et la mécanisation agricole ont provoqué une augmentation sans précédent de la population non agricole, donc employée, réduite à des conditions misérables. Pour des raisons davantage politiques qu'humanitaires, ces individus ont acquis des droits, dont celui de voter et celui de légiférer. Henry Ford a été l'un des premiers industriels à comprendre que s'il ne partageait pas sa richesse avec ses employés (en leur versant de gros salaires), ce serait la révolution. Tout le XXe siècle est l'histoire de gouvernements et de compagnies qui achètent la stabilité politique et sociale en protégeant l'emploi.

La multiplication récente du nombre de travailleurs autonomes – le phénomène remonte à la fin des années 1980 – n'est qu'un retour de balancier. Les machines sont plus efficaces que jamais. L'État a moins d'argent pour le pain et les jeux des citoyens. Et les financiers, qui ne sont plus tenus d'investir dans leur pays, créent de l'emploi ailleurs, là où il leur coûte moins. Les emplois d'ici se précarisent. Si bien que plus de gens doivent se lancer à leur compte pour assurer leur subsistance et leur sécurité. Et on se rappelle les plus vieux métiers du monde...

Les lecteurs seront surpris d'apprendre que l'une des principales sources d'inspiration pour ce livre est un texte sur lequel je suis tombé pendant mes études en sciences politiques. Figurez-vous que la première description du statut de travailleur autonome revient à Xénophon, citoyen-soldat-philosophe-mercenaire grec qui a vécu entre 425 et 355 av. J.-C. Son livre, *L'Économique*, met en scène Socrate, ce mauvais coucheur de Kritoboulos, et le sympathique Isomachos dans une conversation philosophique. Le titre est très mal traduit et cache le sujet véritable. En grec, le terme *oikonomikon* signifie « l'ordre dans la maison ». *L'Économique* porte sur la gestion d'une exploitation agricole – rappelez-vous : le fermier est un travailleur autonome ! –, mais surtout sur la façon dont le bon citoyen assure sa subsistance et un surplus pour participer aux affaires de la cité. On y dit même que l'argent n'est pas une source de richesse pour celui qui le gère mal !

Le travailleur autonome n'est pas un employé, très bien, mais qu'est-il au juste ? Ma définition, inspirée du fameux « Ma mére à travaille pas, à trop d'ouvrage » d'Yvon Deschamps, est volontariste. Un bon travailleur autonome :

n'a pas de job, mais trop de travail ;
n'a pas de patrons, mais des clients ;
n'a pas de salaire, mais un revenu.

- *Travail.* Votre emploi, c'est de chercher des contrats de travail. Et vous chercherez d'autant moins que votre compétence sera établie et qu'il y aura une demande. L'idée peut paraître incroyable à l'employé pur et dur, mais le savoir-faire se monnaye très bien du fait de sa rareté et de la demande. Si vous êtes compétent et utile, vous aurez toujours trop de travail, assez même pour employer éventuellement d'autres personnes. La compétence et la pertinence sont votre sécurité d'emploi.

- *Client.* On le voit peu et c'est tant mieux. D'ailleurs, vous en avez plusieurs. Il peut s'écouler plusieurs mois entre chacune de vos conversations. Il n'a pas à vous dicter votre façon d'organiser votre bureau ou votre temps, du moment que vous produisez le résultat escompté. Du point de vue des affaires, il est un égal.

- *Revenu.* Le salaire est encadré par des lois très strictes et même protégé par des conventions collectives en béton dans certains cas. Ce n'est pas le cas du revenu. Le client vous paie si vous le facturez. Il ne prélève aucune déduction à la source, pas d'assurance-emploi, rien. Vous percevez le plein montant, taxes en sus.

La première difficulté est donc de nature conceptuelle. Un travailleur autonome qui parle de « job », de « patron » et de « salaire » n'a rien compris. Il souffrira parce qu'il ne se considère pas comme une entreprise. Celui qui ne travaille que pour se trouver une job n'en fait jamais suffisamment et ne pense à s'améliorer que si ça promet de lui servir dans sa (future) job.

Le travailleur autonome n'a pas de patron mais des clients. Si vous vous obstinez à considérer votre client comme un boss, votre client va s'en apercevoir et il va abuser de vous. C'est dans le système. Mais un boss a toujours plus de difficulté à abuser d'un autre boss, en l'occurrence vous. Les boss se sont dotés d'un tas de lois pour se protéger entre boss. Un client abusif exigera, par exemple, que vous ne travailliez pour personne d'autre que lui. Ce client a besoin d'être remis à sa place. On lui explique généralement que la loyauté se négocie, que c'est l'employé qui est censé être aveuglément loyal. Votre loyauté de pigiste se limite au contrat – en principe !

Je vais vous faire une confidence : je déteste le terme de « travailleur autonome ». Ça sonne très mal, mais c'est malheureusement celui que tout le monde emploie. Le terme vient du jargon des fonctionnaires du fisc, qui désignent ainsi ceux qui n'ont pas de job mais qui travaillent. Les Français, qui parlent parfois français, préfèrent le terme « entreprise individuelle », qui est nettement plus représentatif. Et c'est ainsi que vous devez vous percevoir : comme une entreprise individuelle, pas comme un individu qui se crée une job.

C'est en produisant mon premier article dans *Commerce* à l'été 1989 que j'ai compris ce qu'est un travailleur autonome. J'ai rencontré un ex-professeur de l'École des hautes études commerciales de Montréal qui faisait rouler non pas un mais cinq théâtres d'été. Tout tenait sur son bureau dans 49 chemises.

« C'est facile, disait-il.

— Vraiment ?...

— Oui, mais les gens ignorent qu'il y a cinq parties dans une entreprise.

— Lesquelles ?

— La vente, la production, la recherche, le financement, la gestion. C'est vrai pour la multinationale, pour le magasin, pour le travailleur autonome. Vous êtes pigiste ?

— Oui, un peu, enfin...

— Alors, achetez-vous une chemise. Pardon, des chemises. »

Le travailleur autonome est chercheur, responsable des ventes, chef négociateur, directeur des comptes recevables, contrôleur financier, comptable, président-directeur général, président du conseil d'administration et son propre attaché de presse. Et il est en plus secrétaire de tout ce beau monde ! Bref, il est l'entreprise.

Revenons à ces cinq fonctions de l'entreprise, car elles sont votre point commun avec le dépanneur du coin ou Shell.

La Recherche

La Vente

La Production

Le Financement

La Gestion

Ces fonctions sont toutes vitales et ceux qui en négligent une seule compromettent l'ensemble de leur affaire. C'est d'ailleurs pourquoi ce livre est structuré autour de ces questions. La Recherche ici est similaire à la « recherche et développement » : elle consiste à trouver des idées fortes, à se demander ce qu'on fait et pourquoi, à se préparer. J'en parle au début, et je l'assimile aux préparatifs, mais un travailleur autonome, comme n'importe quelle entreprise, devrait toujours être en mode recherche.

J'ai aussi amalgamé la vente et le financement en une seule section, car il est bien évidemment aussi important de bien vendre que de bien percevoir ce que l'on vous doit ! C'est dans cette section que l'on parlera de négociation et de contrat, qui sont, au fond, le point de rencontre de vos idées, de celles de votre client et de votre capacité de les réaliser.

La seule fonction dont on ne parlera pas dans ce livre est la Production, pour la simple et bonne raison que ce livre s'adresse à tous les travailleurs autonomes, qu'ils soient coiffeurs, programmeurs, formateurs, consultants, graphistes, etc., et que leurs activités sont trop variées pour pouvoir bien généraliser.

Il y a une chose que j'ai comprise assez tardivement, vers le tournant des années 2000. C'est que la personne qui gagne 250 000 $ ne travaille pas dix fois plus que la personne qui en gagne 25 000. Pourtant, c'est un piège dans lequel tombent tous les travailleurs autonomes : celui de croire qu'on gagnera plus en travaillant plus. Or, au contraire, on sait tous que le nombre d'heures est limité. Non, au contraire, celui qui gagne dix fois plus est seulement dix fois mieux organisé, c'est-à-dire qu'il a pensé à son affaire pour trouver le moyen de se multiplier sans travailler plus. Comment ? C'est une évidence : sa recherche est tellement bonne qu'il a monté des idées fortes que tout le monde veut et pour lesquelles certains paieront très cher ; ses méthodes de vente et de financement sont telles que sa position financière est constamment améliorée ; sa gestion lui donne une marge de manœuvre que d'autres ne peuvent pas imaginer.

Le Guide du travailleur autonome s'adresse à ceux que j'appelle les néo-autonomes, c'est-à-dire la masse d'employés, de cadres, d'apprentis, de diplômés de cégep ou d'université qui ont abandonné leur emploi – ou que leur emploi a lâchés ! ! – et qui se lancent à leur compte par choix ou par obligation. Bref, à tous ceux qui n'attendent plus le salut par le chèque du jeudi, 16 h 45. Que vous soyez écrivain, barbier, photographe, illustrateur, plaideur, vendeur, fabricant, artisan, machiniste ou camionneur, à Montréal ou à Saint-Éloigné, ce manuel est fait pour vous. D'ailleurs, il est bien temps qu'on s'occupe de vous : vous êtes 500 000 travailleurs autonomes au Québec, 100 000 de plus que les fonctionnaires et que les chômeurs ! !

Les travailleurs autonomes sont toujours seuls dans le champ et ils le seront encore longtemps. Alors que l'emploi est défini, protégé et encadré de façon stricte par l'État, le statut de travailleur autonome est fluide et changeant. Les camarades syndiqués voudraient défendre ces nouveaux prolétaires et le gouvernement songe à légiférer, mais qui a les moyens d'attendre dix, vingt, trente ans que tout ce beau monde bouge ?

Premier survol complet destiné au travailleur autonome, ce livre pratique guidera vos premiers pas dans la vente, le financement, la gestion. On peut apprendre à être travailleur autonome, mais ça ne s'enseigne pas – comme la marche. Vous devrez expérimenter, trébucher, vous écorcher et vous relever par vous-même.

Pour reprendre une analogie aéronautique que j'affectionne, disons que j'ai mis trois ans à décoller. Le présent ouvrage vise à réduire la longueur de votre piste de décollage en vous aidant à bien orienter vos ailes et à éviter les vaches. Si vous n'avez pas d'ailes ou d'hélices, vous avez besoin d'être une fusée. Sinon, vous allez vous écraser, et il n'y a ni tour de contrôle pour vous surveiller ni pompiers pour vous ramasser.

Il y a deux choses que ce livre ne sera pas : d'abord, bien que je sois auteur et journaliste, vous ne trouverez pas ici de conseils pratiques sur l'écriture. Je suis également l'auteur d'un livre sur l'écriture[1], mais le *Guide du travailleur autonome* vise au contraire le large public de ceux qui travaillent à leur compte, qu'ils soient graphistes ou horticulteurs. Certes, vous y trouverez des exemples qui viennent de mon métier, on ne se refait pas, mais ce n'est pas ici que vous apprendrez à faire la recherche pour un reportage.

Ce livre n'est pas non plus une célébration du travailleur autonome. Je suis moi-même travailleur autonome, mais je ne suis pas pour ou contre. Vous ne me verrez dire nulle part que tout le monde devrait l'être. Ce n'est pas donné à tout le monde, et je dirais même que, historiquement, le monde se porte mieux parce qu'il n'y a pas trop de travailleurs autonomes. Il en faut, mais il en faut juste assez.

Je propose une approche généralement reconnue par les diverses associations de travailleurs autonomes. J'y ajoute quelques

---

1. *Écrire pour vivre : Conseils pratiques à ceux qui veulent vivre pour écrire*, Montréal, Québec Amérique, 2007.

trucs, que j'ai développés, expérimentés et enseignés. L'ensemble ne constitue pas une doctrine. Ne vous attendez pas à un reportage sur un mode de vie, ni à une apologie de sa grandeur, ni à un plaidoyer contre la précarité ou l'injustice. Ce guide conseille plutôt à partir de mon expérience personnelle. Il est écrit au masculin singulier et je ne m'en excuse pas. Les exemples y sont nombreux et variés, mais il y sera forcément question du milieu de la presse, de mes parents et de mes deux compagnes de bureau : ma femme – également mon associée – et ma chatte Gloria.

J'ai écrit ce livre en grande partie parce que j'ai souvent été très insatisfait des ateliers de conseils pratiques auxquels j'ai participé ou parce que les livres écrits sur le sujet m'ont laissé presque invariablement sur ma faim. Par exemple, les organisateurs de stages font presque toujours l'erreur de confier les questions financières à un fiscaliste. Or, le pauvre est souvent incapable d'expliquer des choses aussi simples que la facturation ou l'art de négocier avec un client qui se prend pour un patron. Au contraire, même les aspects fiscaux sont accessibles au non-fiscaliste, vous verrez !!

Le succès du *Guide du travailleur autonome* ne s'est jamais démenti, mais après une cinquantaine de séminaires et de conférences prononcées devant divers regroupements de travailleurs autonomes et quelques centaines de chroniques sur le sujet dans les grands médias québécois, l'heure était venue pour moi d'en produire une seconde édition actualisée et augmentée.

J'ai beaucoup appris de ce contact presque quotidien avec quelques centaines de travailleurs autonomes. De plus, le paysage a bien changé depuis la parution de la première édition en avril 1997. Nombre de regroupements nouveaux sont apparus : ils visent l'entraide, l'échange, la formation ou la défense des intérêts de leurs membres. Et que dire du nombre de publications, qui a littéralement explosé !! Les ajustements ont donc été nombreux : quelques chapitres ont été fusionnés, d'autres se sont ajoutés, le nombre de sections du livre est passé de six à trois, la TPS est passée de 7 à 6 %, et il a bien fallu tenir compte du nouveau congé parental !

J'ai choisi de créer un livre-guide qui réponde à toutes les questions essentielles sans nécessairement avoir réponse à tout. François Mauriac disait : « Écrire, c'est choisir. » Mauriac aurait très bien pu dire : « Vivre, c'est choisir. » C'est vrai pour tout le monde, mais particulièrement pour les travailleurs autonomes, qui ont des responsabilités additionnelles en étant leur propre patron. La capacité et l'obligation de trancher définissent le travailleur autonome. Hamlet aurait fait un très mauvais travailleur autonome. On fait toujours un choix, même celui de ne pas en faire, mais les travailleurs autonomes y sont obligés plus que quiconque. D'où la nécessité d'être bien outillé.

Première partie

Recherche et préparatifs

Chapitre 1

Le plan d'enfer

Où il est question de la nécessité
de se brancher

Les débutants mettent tous la charrue devant les bœufs. Je me suis lancé dans la pige sans m'informer, sans même savoir ce que je ferais, avec toute la fougue de ma jeunesse. Naturellement, j'ai commis toutes les erreurs, jusqu'à proposer des articles sur lesquels figuraient les notes manuscrites du client précédent! Zéro sur cinq pour le savoir-faire.

Heureusement, j'avais pris une autre bonne décision : celle de terminer mon baccalauréat en même temps que je me lançais, ce qui me permettait – me justifiait et m'obligeait – de prendre mon temps. Je présentais donc un mélange assez inusité de folie et de pragmatisme. Le bon dosage devrait être : beaucoup de pragmatisme et le moins de folie possible.

L'erreur la plus courante consiste à ne pas s'interroger dès le début sur ce que l'on veut faire exactement. Ce réflexe d'employé à la recherche d'un patron qui l'emploiera comme bon lui semble pourrait vous nuire. Le client ne vous embauchera pas pour vos beaux yeux. Vous devez savoir exactement ce que vous faites, pour qui, pour combien, comment et à quelles fins.

Étonnamment, j'ai mis trois ans à comprendre ce que les magazines attendaient de moi : je l'aurais compris en six mois si j'avais lu, consulté et réfléchi. La réflexion vaut le travail. Bien peu de gens ont les moyens de s'en passer. Pour le travailleur autonome en herbe, la hâte est une ennemie.

Mais comment décider de ses activités et de ses finances tout à la fois, avant même d'être lancé en affaires ? Idéalement, toute personne devrait y avoir trouvé réponse avant de quitter son emploi, mais la chose n'est pas toujours possible, surtout si c'est votre emploi qui vous a quitté. Il existe heureusement une formule : **LE PLAN D'AFFAIRES**, car oui, c'est parti, vous êtes en affaires. Il s'agit d'un petit « Lac-à-l'Épaule » personnel comprenant une liste de questions de base dont les plus importantes vous concernent, vous.

Les grandes questions

Le plan d'affaires (aussi surnommé « plan d'enfer ») est axé autour de quatre questions fondamentales : Que vais-je faire ? Pour qui ? Pour combien ? Et comment ?

1. Quelle est ma situation actuelle ?
   • Pourquoi suis-je dans cette position (pétrin) ?
   • Quel est mon bilan financier ? (Voir chapitre 4.)
2. Quels sont mes objectifs personnels et d'affaires ? (Allez-y sans gêne, on révisera après.)
3. Concrètement, qu'est-ce que je vais faire ?
   • Je vendrai quoi ?
   • À quel prix ? (Voir chapitre 4.)
4. Suis-je fait pour ça ? (Encore de l'introspection !!)
5. Mon projet est-il viable ?
   • Qu'en pensent vos amis, vos collègues, vos futurs clients et vos futurs concurrents ?
6. Comment vais-je m'y prendre ?

7. Qui peut m'aider?
   - Suis-je compétent en matière de vente, de gestion et de production?
   - Sur quels amis, quels alliés puis-je compter?

8. Quel est le marché?
   - Qui va acheter mon produit, mon service?
   - Combien veulent-ils payer?
   - Quels sont les tarifs pratiqués dans le secteur? (Ça s'appelle une étude de marché: Voir chapitre 4.)

9. Qui seront mes concurrents?
   - Leurs clients sont-ils satisfaits?

10. Où vais-je trouver l'argent nécessaire?
    - Dans l'immédiat? Dans un an? Deux?
    - Combien de temps puis-je survivre avant de tirer un revenu?
    - Quelles seront mes dépenses? (Voir chapitre 4.)
    - Lesquelles pourraient êtres évitées?

11. Quels problèmes vais-je éprouver?
    - Qu'est-ce qui est possible?
    - Quel est le degré de probabilité?

12. À quelle fréquence devrai-je réviser mon plan?
    - Quel est mon plan *B* au cas où ça ne marcherait pas?

13. Quelles échéances vais-je me donner?
    - Quelles échéances réglementaires sont imposées?
    - Quand dois-je commencer à vendre?
    - Quand est-ce que je ferai de l'argent?
    - Scénarios optimiste et pessimiste?

Vous trouvez toutes ces questions dérangeantes? C'est le principal mérite du plan d'affaires, qui vous force à mettre en question vos idées – si vous en avez – et à ne rien négliger. Il faut parfois plusieurs mois pour le mettre au point. Il serait absurde de se lancer dans une traversée transatlantique à la voile sans réserves de nourriture. Pourtant, combien lancent un commerce sans même avoir pris le temps de se demander comment ils tiendront le coup ? Même s'il peut sembler pénible de marcher sur son amour-propre, le plan d'affaires est l'équivalent commercial du *Connais-toi toi-même* de Socrate.

La pensée magique fait des ravages en affaires. « J'aurai de l'argent quand j'en aurai besoin », « Le public en veut » sont des réponses courantes formulées au journaliste quand il questionne. Et on s'étonne que seulement une entreprise sur cinq survive après cinq ans ? L'optimisme est essentiel pour se lancer, mais attention à l'aveuglement. Tout le monde est susceptible de succomber au délire : les richissimes frères Reichmann ont anéanti leur empire immobilier à cause du projet Canary Wharf à Londres, un monstre mal pensé, trop gros, bâti au mauvais moment et financé trop chèrement. Les banques, qui avaient prêté des milliards sans examen, ont presque tout perdu. Ce fiasco monumental aurait sûrement été évité si quelqu'un avait osé défier l'amour-propre des Reichmann et mettre en doute leurs prémisses. C'est exactement la fonction du plan d'affaires : casser les lunettes roses.

Vous aurez remarqué qu'à toutes les questions sur la liste ci-dessus, on est forcé de répondre autrement que par oui ou non. C'est voulu. Vous devez vous creuser les méninges. Le plan d'affaires vous amène nécessairement à vous spécialiser ou, plutôt, à trouver une approche réaliste qui plaira au client, au banquier, aux futurs associés. Il vous force de plus à prévoir une solution de rechange pour le cas où votre idée initiale échouerait.

Le plan d'affaires doit être *écrit*, et cela pour plusieurs raisons :

- Si vous essayiez de le chanter, vos futurs associés, fournisseurs, clients ou financiers risqueraient fort de ne pas le prendre au sérieux, même si vous vous appeliez Céline Dion.

- • L'écrit libère l'esprit. Rien de plus fatigant que de jongler mentalement avec toutes ses idées en même temps. À l'inverse, le document écrit fixera vos idées et vous empêchera de les modifier au gré des événements, quand ça vous arrange.

••• L'écriture est un moyen de réflexion unique. On ne peut pas écrire distraitement, alors qu'on peut très bien parler sans rien dire. Essayez seulement de réfléchir à un problème, seul, sans crayon. Au bout de trente secondes, l'esprit s'égare. Seuls quelques esprits singuliers peuvent réfléchir méthodiquement sans distraction. L'écrit, au contraire, permet une réflexion prolongée et intense. Vous épargnerez beaucoup de temps.

•••• L'écrit est transmissible. Vous pourrez confier votre plan d'affaires à une personne fiable – consultant, ami, vétéran (voir à la fin de ce chapitre) –, qui pourra le remettre en question et l'annoter à sa guise. Il est très difficile d'annoter intelligemment une conversation sans faire du coq-à-l'âne.

Attention, cependant : votre but dans la vie n'est pas de produire un plan d'affaires de 150 pages ou d'écrire votre biographie. C'est un outil de réflexion. Il faut certes reculer pour mieux sauter, mais si vous reculez trop, vous risquez de tomber dans le ravin derrière !! Un plan d'affaires en 12 ou 13 points, comme dans l'exemple plus haut, est justifié quand vous êtes à la recherche de partenaires, d'associés ou d'un banquier – si c'est seulement pour vous, il peut se résumer aux questions de base : quoi, pour qui, combien, comment et pour quoi.

Méfiez-vous aussi de la rigidité. Le plan d'affaires est un guide, un document utile pour répondre aux questions de base. Paradoxe : nombre de personnes réussissent dès qu'elles déchirent leur plan d'affaires qui ne fonctionnait pas. Moralité : ce document n'a rien d'absolu ; il arrive qu'il soit dépassé, que ses prémisses changent. Alors, ces personnes auraient-elles pu s'en passer ? Non. Leur plan d'affaires raté les a éveillées à l'idée de se questionner. Il prévoyait des solutions de rechange en cas d'échec. Quand ces personnes ont saisi une idée nouvelle au vol, leur nouveau plan d'affaires s'est écrit tout seul.

Vous remarquerez que la seconde question du plan d'affaires ne concerne pas votre affaire mais vos objectifs personnels : vos fins, vos rêves, vos desseins. La raison est simple : les milliers de choix, petits et grands, sont tous orientés par vos buts. Par exemple, votre truc, c'est la danse sociale : on peut avoir une école de danse sociale parce qu'on aime enseigner, parce qu'on se cherche une conjointe, parce qu'on veut devenir un champion de danse sociale, parce qu'on veut que ses élèves gagnent les olympiques de la danse sociale, parce qu'on veut créer une chaussure spéciale de danse sociale ou parce qu'on veut devenir la multinationale de la danse sociale avec des franchises sur les cinq continents. Toutes ces raisons sont légitimes, mais elles orientent tout. Vous ne choisirez pas vos élèves de la même façon selon que vous voulez qu'ils gagnent les olympiques de la danse sociale ou que vous voulez créer une chaussure spéciale !

Cette question des buts est intensément personnelle et personne d'autre que vous ne peut y répondre. Et elle se pose très rapidement, dès que vous gagnez votre vie comme travailleur autonome. Examinez bien autour de vous les gens qui ont le sentiment de faire du surplace ou de n'aller nulle part : en général, c'est qu'ils besognent aveuglément, sans but, ou bien en fonction de buts qui ne sont pas les leurs, mais ceux de leurs parents, de leurs conjoints, de leur patron. Là, le patron, c'est vous !

Pas menteur le mentor

Depuis le milieu des années 1990, les revues d'affaires véhiculent une notion utile aux travailleurs autonomes : le mentor, aussi appelé parrain dans certains cercles. Ce maître-conseiller-ami, généralement non rémunéré, accepte de vous parrainer dans vos décisions d'affaires ou pour régler des problèmes. Il peut vous aider à concevoir et à rédiger votre plan d'affaires, à convaincre un banquier, à vous ouvrir une porte chez un futur client. Le mentor est, le plus souvent, un vétéran des affaires, à la retraite ou non, mais parfois aussi un ami ou un parent.

Toute personne en affaires éprouve de la solitude au moment de trancher un dilemme. Le mentor est particulièrement utile à ce chapitre. On le voit une fois par mois ou une fois par semaine, pour discuter des problèmes. Il faut faire ses devoirs, préparer la documentation et suivre un ordre du jour très clair. Le mentor est souvent mieux informé sur votre situation et vos états d'âme que votre propre conjoint.

Certains organismes (Banque de développement du Canada, Service d'aide aux jeunes entrepreneurs) ont créé des réseaux de mentors. Cette formule a le défaut d'être trop institutionnelle et de priver le débutant d'une épreuve nécessaire : celle d'identifier et de convaincre son mentor de la viabilité de son projet. Son défaut est de définir le mentor comme un vétéran des affaires, alors que les bons mentors se retrouvent partout. Un père, une mère, une sœur, un ami jouent très bien ce rôle s'ils ont de la jugeote, une forte capacité d'écoute et s'ils savent poser les bonnes questions. Les écrivains le savent bien : ils reçoivent leurs meilleures critiques de personnes qui n'ont jamais écrit ! !

Socrate en affaires

Plus encore que la question 2, la question 1 est archi-dérangeante, puisqu'elle vous force à considérer objectivement votre situation et à vous demander comment vous avez pu en arriver là. Car le plan d'affaires, bien qu'il vise à vous faire réfléchir concrètement sur votre idée et sa réalisation, comporte un sous-texte très troublant, introspectif.

Êtes-vous fait pour voler de vos propres ailes et sans filet ?

Répondre à cette question est crucial avant d'entreprendre des démarches. « Les meilleurs ont toujours de l'ouvrage », disait mon père quand j'ai renoncé au génie et donc aux salaires mirobolants. Encore faut-il être le meilleur. Contrairement à ce qui se passait à l'école, il n'y a plus personne pour vous noter. Ce sont la vie, le marché, l'opinion publique qui vous jugent et aucun ministère n'a établi pour eux de grille d'évaluation standard.

Les organismes et réseaux de travailleurs autonomes – en quête de membres – affirment que la question des capacités individuelles est dépassée parce qu'un nombre croissant d'individus sont plongés dans ce mode de vie par la contrainte. « Il s'agit de les former, explique-t-on, et de leur apprendre à déléguer. » Ce livre, comme divers cours de formation et services d'aide (voir à la fin de ce chapitre), vise justement à pallier les carences. Mais il n'en reste pas moins qu'il faut remplir certaines conditions.

Songez à un *Boeing 747*. Cet avion à réaction, c'est vous avec vos deux enfants, votre hypothèque sur la maison et quelques dettes. Si un *Boeing* essaie de décoller sur une piste de *Cessna*, il se retrouvera dans le pré et tous les passagers risquent d'y passer. Un avion, avant de décoller, doit rouler sur la piste et atteindre sa vitesse d'arrachement. C'est exactement pareil pour le travailleur autonome : les cours et les conseils vous aident à atteindre la bonne vitesse, mais ils n'abolissent pas la loi de la gravité. Si vous voulez déposer une plainte relativement à la gravité, communiquez avec le protecteur du citoyen, qui n'aura d'autre solution, je le crains, que de vous diriger vers Dieu.

Pour devenir son propre patron, il faut juste aimer *ça*. C'est quoi, *ça*?

Pour réussir, il faut du talent, du temps, du jugement, pouvoir décider seul et développer de solides qualités morales. Mais il ne suffit pas de vouloir, il faut aussi pouvoir. Un aspirant jockey qui mesurerait 2 m et pèserait 100 kg serait plutôt taillé pour le métier de cheval. Et l'apprenti architecte qui n'aimerait pas dessiner serait sans dessein. Bien sûr que d'autres dessinent à la place des grands, mais pour grandir, il faut justement accepter de dessiner d'abord pour les autres.

Le talent propre au métier est primordial, mais vous devrez également combiner plusieurs compétences en relations publiques, en vente, en comptabilité, en fiscalité, en design d'intérieur, en planification. Et puisque vous communiquerez beaucoup, vous devriez au moins maîtriser le français et l'anglais.

On peut régler la question des qualifications si on a le temps (ou l'argent) pour les acquérir. Mais si vous n'avez personne pour vous soutenir – financièrement et moralement – un an ou deux pendant l'apprentissage, repensez-y. La seule chose qui pourrait vous sauver serait d'avoir décroché votre premier gros client avant d'avoir quitté votre emploi – ce qui est rarement le cas – ou de dénicher un emploi à temps partiel pour mettre le beurre sur le pain pendant l'apprentissage.

D'ailleurs, pourquoi n'en faudrait-il pas, du temps ? L'étudiant en génie vit l'esclavage : cinq ans d'études, dont deux avec demi-salaire. Est-il opprimé ? Non. La société exige des avions qui ne tombent pas. Et personne ne pleure quand l'étudiant rate ses examens. Pourquoi en serait-il autrement du travailleur autonome qui doit produire un bien ou un service pour des clients en quête de qualité ?

Si vous travaillez autant qu'un étudiant en génie pendant cinq ans, vous gagnerez plus qu'un ingénieur salarié – à condition évidemment d'avoir du talent. Et si vous réussissez, vous serez amené à travailler plus que vos huit heures quotidiennes, comme tout bon ingénieur d'ailleurs. Quand j'ai débuté, l'hebdo culturel *Voir* me payait 20 $ le feuillet et j'étais très fier. J'ai gagné 2 000 $ durant mes huit premiers mois de pige. Deux mille dollars ! C'était ridicule, mais j'apprenais aussi beaucoup et c'était là l'essentiel. J'étais étudiant à l'université, tout le monde était pauvre ou en tout cas désargenté, et les seuls malheureux étaient ceux qui ne se sentaient pas à leur place. Naturellement, un travailleur autonome qui maîtrise son domaine gagnera beaucoup plus la première année, à condition d'avoir pris le temps de se préparer !

On revient toujours au temps, ce qui nous amène à parler d'ambition. Si vous vous attendez à faire fortune du jour au lendemain, vous n'êtes pas sérieux. La première année, vous devrez peut-être travailler pour des pinottes. Votre ambition devrait être de vous assurer un revenu décent, d'abord et avant tout. Ce n'est pas le Klondike, mais on vit bien à condition de ne pas rêver de prendre son bain dans le champagne. Encore que, on l'a vu dans la section précédente quand il était question de vos fins, si votre but est de prendre votre bain dans le champagne, vous serez plus avancé si vous en tenez compte dès le début !

Il se publie régulièrement des études, des rapports sur la précarité de la vie des travailleurs autonomes. Leurs conclusions sont à la fois très justes et très fausses. Il est avéré que nombre de travailleurs autonomes « en arrachent ». Mais de quels travailleurs autonomes parle-t-on ? Bien des travailleurs autonomes – je dirais la plupart – se lancent en affaires soit par défaut, parce qu'ils ont perdu leur emploi ou parce qu'ils ne trouvent rien, soit pour « essayer autre chose » – généralement un domaine qui n'est pas leur domaine premier de compétence. Ben, un gars s'essaye, comme on dit ! Dans le meilleur des cas, ils auront une phase d'apprentissage de six mois à trois ans – et souvent bien plus longue, s'ils ne maîtrisent pas le domaine où ils ont choisi d'œuvrer. Ceux-là sont dans la précarité parce qu'ils apprennent : il n'y a pas d'étudiants riches. Certains continuent, deviennent gros, lancent des entreprises, d'autres échouent. D'autres échouent tout simplement dans leur apprentissage. Or, quand on y regarde de près, toutes les entreprises du monde, même les plus grandes, ont été au début le fait de travailleurs autonomes qui ont particulièrement bien réussi : le cas de Bombardier est assez typique. Ceux qui sont aux commandes sont maintenant des entrepreneurs ou des technocrates avérés, mais cela ne change pas le fait que petit travailleur autonome deviendra grand. Donc, ces études sur la précarité des travailleurs autonomes sont presque toujours faussées du simple fait que l'on n'examine qu'une seule catégorie de travailleurs autonomes : ceux qui apprennent et ceux qui ont fait – comme moi – le choix de rester petit. Ce choix est légitime, mais les études et les rapports sur la précarité ne tiennent aucun compte des réussites les plus spectaculaires des travailleurs autonomes.

Les vertus scoutes

Outre le temps et le talent, il faut de l'indépendance de jugement et la capacité de travailler seul. Vous n'aurez pas de superviseur pour vous organiser, vous dire quoi faire, ni d'administrateur pour faire cracher les mauvais payeurs. Les solutions ne se trouvent pas non plus dans le bureau à côté. Personne pour relire votre dossier ou pour la détente. Le café, vous le prenez seul avec vos pensées.

Vos réflexions en seront d'autant plus facilitées si vous développez certaines qualités morales, que j'appelle mes cinq vertus scoutes :

1. *Patience.* Il en faut une bonne quantité pour tenir le coup et continuer d'avancer. Sinon, où trouver l'énergie de se relire une neuvième fois ? Ça ne veut pas dire qu'il faut être perfectionniste à outrance : on doit pouvoir vivre avec les imperfections.

2. *Honnêteté.* Cette notion décrit la franchise dans les rapports, pas les dépenses injustifiées que vous passeriez à l'impôt ou au client. Vous faites erreur si vous croyez qu'être en affaires signifie être un requin. Ceux qui croient que tous les clients et tous leurs concurrents cherchent à les vampiriser sont cuits. Les clients s'attendent à avoir l'heure juste sur vos projets, mais aussi sur vos difficultés. Vous ne comprenez pas la commande ? Vous craignez de ne pouvoir respecter la date de tombée ? Dites-le. Vous ne durerez pas si vous développez une mentalité d'assiégé.

3. *Audace.* Ce n'est pas parce que vous êtes petit que vos services n'intéresseront pas une grande compagnie. L'essentiel est de bien mesurer le potentiel véritable de votre idée. Il faut parfois frapper fort, quand c'est nécessaire. Même un échec peut être une bonne leçon. Audace n'est pas témérité : vous devez avoir une chance raisonnable de réussir avant de vous aventurer. Pensez au *Boeing 747* sur la piste de *Cessna !*

4. *Curiosité.* Le chroniqueur Pierre Foglia place la curiosité exactement entre le travail et la baise dans la liste des trois conditions au bonheur. Les gens curieux sont toujours informés et

capables d'entretenir une conversation intelligente à brûle-pourpoint avec un client. Ils atteignent aussi des petits moments de grâce lorsqu'ils comprennent un problème ou trouvent une idée nouvelle. De retour de voyage, les employés japonais produisent pour leur compagnie des «rapports d'émerveillement». De préférence, ces documents doivent porter sur une chose sans relation apparente avec la mission de l'entreprise. Et l'on s'étonne que les Japonais aient réinventé des produits que l'on croyait achevés!

5. *Humilité.* Cette vertu vous sera fort utile si vous n'avez pas toutes les autres. Elle est aussi une qualité mal comprise. L'humilité n'est pas la soumission ou la servilité. Mère Teresa, une femme humble, a su amasser des millions de dollars pour sa cause. Il n'y a pas de contradiction entre l'humilité et la capacité de se vendre. L'humilité est dans le travail. L'apprentissage est toujours plus long qu'il n'y paraît. Dès que vous gagnerez un revenu décent, vous commencerez tout juste à finir d'apprendre (du moins la courbe d'apprentissage sera-t-elle moins prononcée).

Les travailleurs autonomes qui blâment toujours les autres pour leurs difficultés ne vont pas loin. Écoutez ceux qui chialent contre les «hosties de boss». D'abord, ils n'ont pas compris qu'il s'agit de clients, pas de patrons, et qu'ils se placent eux-mêmes à leur merci. Mais, surtout, ils refusent d'admettre que leurs difficultés viennent peut-être du fait qu'ils ont mal compris ou mal négocié la commande, mal fouillé, mal corrigé. Les réflexes d'indignation à la Castafiore sont néfastes. La pire chose à dire, c'est: «Je n'ai pas besoin d'être corrigé, je gagne des prix.» Une telle attitude vous perdra, à moins que vous ne soyez le génie incarné. Il est sans doute plus prudent d'assumer au départ qu'on n'est pas un génie – c'est ça, l'humilité –, ce qui ne vous empêche pas d'affirmer que votre idée est géniale si vous pouvez le démontrer. L'humilité, c'est d'accepter qu'elle soit tout juste bonne.

Lectures utiles

BELLEY, André, Louis DUSSAULT, Lise LAFERTÉ, *Comment rédiger mon plan d'affaires* (2ᵉ édition revue et enrichie), Montréal, Éditions Transcontinental, 2006, 333 pages.

DUPONT, Élaine et Huguette GAULIN, *Se lancer en affaires, Les étapes pour bien structurer un projet d'entreprise* (4ᵉ édition), Les Publications du Québec, 1994, 456 pages.

GLADWELL, Malcolm, *Intuition : comment réfléchir sans y penser*, traduit de l'américain par Danielle Charron, Montréal, Éditions Transcontinental, 2005, 254 pages.

Chapitre 2

Remuez-vous les méninges

La méthode
pour monter des idées fortes

« Bonjour, madame la présidente, je vous appelle pour vous offrir mes services.

— Ah!! Et vous offrez quoi?

— Heu!!... Ben... Tsé... »

Un travailleur autonome réussira s'il se fixe une spécialité aisément définissable. Dans un patelin d'analphabètes, quiconque se présente comme quelqu'un « dans les communications » sera perçu comme un génie. Mais ce sera rarement le cas ailleurs. « Je fais des communications » ou « Je suis consultant » fait bâiller le client. En soi, un très mauvais départ!! Vous communiquez quoi? Vous offrez quel genre de consultation? Qu'est-ce qui vous distingue? Vous avez besoin d'avoir réponse à ces questions.

C'est l'étape première d'un bon plan d'affaires. Le but : nommer ce qui intéressera les clients, dont le nombre sera inversement proportionnel au degré de spécialisation. Par exemple : un « consultant en gestion des ressources humaines pour compagnies de 500 autobus et plus » (ça existe!!) doit parler l'anglais, l'espagnol et peut-être le chinois s'il veut vendre ailleurs qu'à Montréal, Paris et Bruxelles.

Le problème consiste à se distinguer. Songez au producteur de patates. Ce bien non différencié par excellence pousse sur tous les continents, sauf dans l'Antarctique. Certaines années, les producteurs de l'Île-du-Prince-Édouard enterrent la moitié de la récolte rien que pour maintenir les prix. McCain ou Provigo veulent connaître le prix, la taille et les maladies. En franglish d'affaires, la patate est une « commodité », c'est-à-dire une marchandise de base qui se vend à la tonne. Pour en tirer davantage, le cultivateur pourrait offrir des patates lavées, ou triées selon la grosseur, ou précoupées, prépelées, ou précuites, ou frites. Quand le client apprécie l'intérêt de la chose, le prix monte. Dans les revues d'affaires, on appelle ça la valeur ajoutée, car le prix des patates n'est plus seulement fonction de l'offre ni même de la grosseur des tubercules. Votre but à vous, c'est de ne pas être une « commodité » mais une spécialité. Les frères McCain ont compris ça.

Un ami d'enfance à moi vient de se lancer à son compte après des années d'hésitation. Avec raison : il doit nourrir deux enfants et honorer son hypothèque. Homme habile, il voulait lancer un service de réno-déco-ébénisterie esthético-utilitaire. Rien de précis. À force de s'interroger, il a réduit son champ à la production de mallettes en bois pour les instruments d'infirmières itinérantes – le domaine de sa femme, comme par hasard. L'idée est si bonne que le distributeur qu'il a consulté dans sa recherche veut signer un contrat d'exclusivité avant même d'avoir vu le prototype.

C'est quoi une bonne idée ?

La question est moins naïve qu'il n'y paraît. Des idées, il y en a treize à la douzaine. On sait seulement que certaines sont meilleures que d'autres. Critère de base : une bonne idée doit être **IN-TÉ-RES-SAN-TE** pour vous et pour le client. Une idée plate peut toujours trouver preneur, mais pour moins cher…

Une idée porteuse vous mènera plus loin que le plus puissant réseau d'amis. On la reconnaît au sentiment d'excitation qu'elle provoque à tout coup : vous prenez des notes sans arrêt, vous rédigez votre plan d'affaires sans même y penser, vous en parlez à vos amis, mais n'oubliez pas de la protéger. (Voir chapitre 3.)

L'une des meilleures histoires de bonnes idées vient de Paul Gallant. Vers le milieu des années 1980, Paul Gallant n'était qu'un petit consultant en produits dérivés internationaux, un créneau pas mal. Sa microentreprise marchait très bien. Un bon jour, il découvre un matériau curieux, une sorte de mousse flexible qui ne s'effrite pas. Il réalise que ce matériau résout un problème qu'il avait eu plusieurs années auparavant alors qu'il cherchait à concevoir un casse-tête à trois dimensions. En une soirée, Paul Gallant conçoit un système d'assemblage – qui sera breveté. Sa compagnie, Wrebbit, a connu ses heures de gloire dans les années 1990 avant de frapper un écueil en 2000 – rien n'est éternel –, ce qui ne change rien au fait que Gallant a eu une excellente idée.

Le casse-tête à trois dimensions est une invention, mais il existe aussi d'excellentes idées de service. On peut en juger en parcourant la liste des membres de n'importe quelle association de travailleurs autonomes. Vente de chaussures haut de gamme dans les foyers pour vieillards ; location de jeux de société et animation de soirées de jeu ; enregistrement de livres sur cassette ; réalisation d'inventaires de maison sur vidéocassette ; rédaction de devis et surveillance de chantiers ; cuisine traditionnelle à domicile. Paul Gallant lui-même, avant de frapper le jackpot avec ses casse-tête 3D, était confortablement installé dans une niche intéressante, la conception de produits dérivés pour la télévision.

Pour être bonne, une idée doit d'abord vous plaire, et le critère de base pour en juger devrait être vos goûts avant l'argent. Vous ne tiendrez pas le coup à travailler cinquante heures par semaine en relations publiques dans le domaine pharmaceutique parce que c'est payant alors que vous rêvez d'être journaliste pigiste (moins payant). À moins que vous n'utilisiez les relations publiques comme tremplin pour vendre des articles, ce qui n'est pas très éthique mais peut marcher.

Nombre de travailleurs autonomes, quand ils se lancent, partent de leur hobby, qu'ils aiment souvent davantage que leur spécialité professionnelle. C'est la photo ou la danse sociale qui vous passionne? Cherchez de ce côté. Un informaticien qui passe tous ses temps libres à fabriquer d'excellents meubles gagnerait à devenir artisan s'il n'a pas d'idée particulière en informatique. Et si vous aimez le plein air et la couture, un service de réparation de matériel de camping vous attirera une excellente clientèle.

Pourquoi se concentrer sur une idée moche quand de bonnes idées ne demandent qu'à trouver preneur? Quand je vivais sur le Plateau-Mont-Royal, haut lieu des travailleurs autonomes du Québec, je m'étonnais toujours du fait que personne n'offrait de services de traiteur, de chauffeur ou de commissionnaire. Certains jours, pourtant, je paierais volontiers pour qu'on conduise mon auto entre deux entrevues. Autre évidence : après vingt ans de calculette, les entreprises ne savent pas quoi faire pour trouver des employés capables de faire du calcul mental, ou qui connaissent simplement leurs tables de multiplication. Une boîte de formation en calcul mental pourrait faire des affaires d'or à partir d'un investissement minime.

Thomas Edison, le père de l'ampoule électrique et du phonographe, disait que le génie se compose à 5 % d'idées et à 95 % de sueur. Pour être à la hauteur de son idée, il faut du travail, même et surtout si l'idée est très bonne. L'idée non plus n'est pas le fruit du hasard. Il faut parfois beaucoup de réflexion et d'effort pour trouver une idée sensée et réalisable. Le casse-tête à trois dimensions est une évidence, mais Paul Gallant a jonglé avec le concept pendant dix ans, et son brevet n'était que le huitième du genre, mais le premier avec un véritable potentiel commercial. Pour la motoneige, ce fut la même chose. Comme Joseph-Armand Bombardier, des dizaines d'illuminés cherchaient à mécaniser le transport sur la neige. J.-A. a mis treize ans (de 1922 à 1935) pour concevoir l'auto-neige, et encore vingt-quatre ans avant de trouver un moteur léger assez fiable pour équiper un petit engin mono-place, le Ski-Doo.

Les deux approches

Il existe deux approches créatrices. Dans l'approche analy-tique, on part des causes du mal de tête et on trouve la molécule qui soigne le bobo. Dans l'approche synthétique, on découvre une molécule nouvelle qui s'avère être un médicament miracle contre le mal de tête (ça aurait pu être le cancer). Autrement dit, soit vous partez du problème pour trouver une solution ; soit vous partez d'une idée pour trouver le besoin qu'elle satisfait. En réa-lité, les compagnies pharmaceutiques qui ont du succès pratiquent les deux approches simultanément. Vous aussi, vous êtes une entreprise...

Pour réussir à ce chapitre, vous ne pouvez plus écouter une émission, lire un article ou visiter une foire comme un simple consommateur. Il faut développer un regard d'initié et un instinct de tueur. Vous ne lirez plus un seul article sans le comparer avec d'autres pour déduire ce qui y fait défaut. Vous deviendrez néces-sairement une personne d'idées dont vos futurs clients et associés raffoleront. Une personne informée est une personne allumée. On ne naît pas informé : on le devient. Les gens informés s'informent. Dit comme ça, ça peut paraître une vérité de La Palice, mais à en juger d'après le nombre de travailleurs autonomes qui se plaignent de n'être au courant de rien, il est manifeste que trop peu s'in-forment activement.

Ma belle-sœur et mon beauf se plaignent souvent, quand nous leur rendons visite, ma femme et moi, d'être mal informés. Ils ne sont pas les seuls. On entend fréquemment des gens qui s'indignent de n'être pas informés sur les enjeux de telle campagne électorale ou sur les événements au Liban ou au Darfour. Or, la raison pour laquelle ma belle-sœur et mon beauf sont mal infor-més est... qu'ils ne s'informent pas. Ce n'est pas bien difficile de recevoir le journal et de le feuilleter. Ce n'est pas parfait, mais c'est nettement mieux que rien.

La masse d'articles publiés sur n'importe quel sujet est colossale. Il suffit d'aller les lire à la bibliothèque. On les trouve en consultant le répertoire des périodiques ou des articles de journaux. Ne négligez pas ceux en langue anglaise : les tendances nouvelles se dégagent cinq, dix et même quinze ans plus tôt aux États-Unis et au Canada anglais. La quantité d'information qu'on trouve quand on cherche est étonnante. À tel point que les espions industriels ne procèdent pas autrement.

Je suis un véritable écureuil à idées depuis très longtemps, ce qui est heureux quand on est journaliste. Je monte des dossiers depuis l'âge de dix ans, époque où je faisais des recherches sur mon ennemi le chien. L'accumulation n'est pas un acte logique, elle répond à vos pulsions. Cet article sur les plantes médicinales chinoises vous intéresse ? Découpez-le sans délai. Pareil pour ce livre d'occasion rassemblant les maximes de Confucius. Peut-être répond-il à un projet, encore inconscient, de voyages médicinaux guidés dans l'Empire du Milieu. Ma femme a longtemps cru que j'étais fou, jusqu'au jour où elle est devenue pigiste elle aussi.

Mais l'originalité ? Après tout, si c'est publié ailleurs, ça ne devrait plus intéresser personne. Justement, si ! C'est parce que c'est publié que ça intéresse. Le plus curieux quand on s'informe, c'est que tout s'emboîte. Tout le monde a vécu cette situation : après avoir fait connaissance avec quelqu'un dans une soirée d'anniversaire, vous vous mettez à revoir cette personne partout dans le métro, chez Métro, à l'aréna. Les gens en déduisent alors qu'ils sont amoureux. Laissons-leur le bénéfice du doute. En réalité, ces « coïncidences » signifient seulement qu'ils partagent à peu près les mêmes habitudes et se remarquent justement parce qu'ils se connaissent. Le même phénomène se produit avec les mots et les idées.

Combien de recherches faut-il faire ? Appliquez le principe de l'iceberg.

En congrès à Saint-Jean de Terre-Neuve, je me suis pâmé à regarder un iceberg échoué près du port. Splendide, d'une blancheur éblouissante, il bleuissait l'eau tout autour. On ignore d'où ils viennent, mais ils coulent les titans et s'évanouissent comme des spectres avant la fin de la saison. Ces tours impressionnantes flottent, indifférentes aux vagues et aux tempêtes, et pourtant animées par une force engloutie qui défie le sens.

L'auteur Ernest Hemingway, un habitué des transatlantiques, les observait de longues heures en méditant. Les icebergs lui ont inspiré la très éloquente métaphore que voici : « La majesté de l'iceberg vient essentiellement de sa partie invisible. »

La recherche, c'est tout ce qu'il y a dessous et qui soutient la partie visible, en l'occurrence l'idée que vous offrirez. Conséquence des lois de la physique : si l'idée que vous aviez choisie s'avère mauvaise, vous avez la masse qu'il faut pour y puiser une autre idée, peut-être meilleure ou plus impressionnante. D'ailleurs, c'est exactement ce qui arrive à l'iceberg : quand la fonte accélérée le déséquilibre, il bascule, et l'iceberg prend une nouvelle forme aux yeux des pingouins.

Il y a un intérêt bêtement commercial à faire une bonne recherche dont la totalité ne paraîtra pas dans le rapport annuel ou même dans le plan d'affaires : celui de projeter l'image de quelqu'un qui connaît la poutine. Quand vous lirez vos documents, vous constaterez que certains articles sont moins fouillés que d'autres. On les reconnaît aisément : les termes utilisés sont vagues, les exemples manquent, les citations sentent le réchauffé. On juge de la même façon les travailleurs autonomes : tout bon client, banquier ou futur associé se méfie d'un fournisseur potentiel évasif qui ne comprend rien au domaine et esquive les questions. Ce fournisseur médiocrement informé va couler comme le *Titanic*, qui avait le défaut d'avoir moins de masse sous l'eau qu'à la surface.

Revenons aux relations publiques. Il se crée présentement à Montréal une nuée de compagnies de recherche en biotechnologies. Si les relations publiques de telles firmes vous intéressent, vous auriez intérêt à savoir ce qu'est une enzyme avant de rencontrer le client. Les scientifiques, et les autres professionnels de ce milieu, ont chacun leur façon de mesurer le quotient scientifique de leur interlocuteur. Ils apprécient nécessairement un candidat qui ne dit pas n'importe quoi même s'ils l'embauchent pour s'adresser à des ignares. Un graphiste qui souhaite décrocher un contrat auprès d'eux devrait survoler auparavant son livre de biologie : une mitochondrie est une chose très sophistiquée, visuellement. Un coiffeur connaissant la composition des colorants mais aussi comment ils agissent – même si ça ne change rien à leur action – inspirera confiance. De celui qui n'en sait rien et ne s'est pas informé, les clients concluront avec justesse que son domaine ne l'intéresse pas autant que son concurrent qui a réponse à tout.

Idem pour l'informatique. Vous ne pouvez pas tout comprendre, mais vous devriez connaître au moins la raison du succès de Bill Gates, le président de Microsoft, et savoir que John von Neumann a inventé la logique binaire. Ce n'est évidemment pas nécessaire, mais ça pourrait vous servir pour faire rigoler un *nerd*. De toute façon, cela vous aidera à comprendre votre modem.

Où arrêter ? Rappelez-vous qu'il y a deux types de recherche : celle pour comprendre et celle pour faire. La première est de nature encyclopédique : vous vous intéressez au sujet pour le sujet. Vous mesurez l'iceberg, examinez ses formes surprenantes et ses cavernes. Appréhender signifie « saisir intellectuellement » : vous devez donc tracer les limites de votre sujet et regarder un peu au-delà. Vous devez connaître le domaine et ses principaux joueurs. Si vous avez un quotient intellectuel moyen, vous devriez trouver une idée viable, à condition que le domaine vous intéresse suffisamment. Quant à la recherche pour faire, c'est tout simplement celle qui se rapporte à la réalisation du contrat que vous avez obtenu ou que vous tentez d'arracher.

Tester son idée

L'idée est bonne, mais répond-elle à un besoin? Le consommateur veut-il une motoneige pour escalader les falaises? un service de recyclage de dinde?

Voici les questions à poser pour tester une idée[2]:

1. Le marché potentiel est-il limité? vaste?

2. Ce marché évolue-t-il en croissant, en diminuant?

3. Quelle durabilité peut-on prévoir pour ce produit, ce service?

4. Sera-t-il rapidement dépassé?

5. Pourrai-je élaborer d'autres produits ou services à partir de cette idée?

6. Mon idée est-elle révolutionnaire?

7. Le client pourra-t-il utiliser mon produit sans apprentissage?

8. Mon idée dépend-elle d'un autre produit? (Le 33 tours dépendait du tourne-disque.)

9. Quels besoins économiques, affectifs, humains comblera-t-elle?

10. Quel est le bilan des idées connues de la concurrence?

11. La publicité devra-t-elle s'adresser à un petit nombre ou à la multitude?

12. Mon produit nécessitera-t-il un réseau de distribution élaboré?

13. Devrai-je me conformer à des normes et obtenir des permis?

Il est probable et même certain que vous devrez interroger des clients potentiels ou des concurrents futurs. Est-ce mal vu de demander l'opinion d'un client potentiel? Non. Vous ne demandez

---

2. Adapté de « Évaluer votre idée, votre produit », par Jean-Louis Simard, dans le magazine *L'autonome*, avril-mai 1996.

pas un emploi. Vous aimeriez juste connaître ses attentes face à tel service précis et la bonne façon de procéder pour le lui offrir éventuellement. Cette approche professionnelle vous aidera sûrement quand viendra le temps de vendre. Certaines personnes refuseront de répondre, et c'est normal, mais d'autres vous aideront. Si vous avez des amis dans ce domaine, servez-vous-en. Pareil pour les associations et les chambres de commerce. Il suffit souvent d'un rien pour nouer un lien ténu mais suffisant pour inspirer confiance. Pourvu que vos interlocuteurs n'aient pas l'impression de perdre leur temps. Les gens seront plus portés à vous aider s'ils sentent que vous en valez la peine. Ils décideront plus volontiers de le faire en voyant le sérieux de votre effort et que vous vous êtes bien informé.

Quand vous joignez une personne sympathique qui répond à vos questions, chez un client ou un concurrent, demandez son nom et son titre. Si cette personne occupe un poste de direction, son point de vue fera le poids. Mais il arrive que des sous-fifres se mettent à parler d'autorité à des types comme vous pour se distraire, émettant des opinions sans maîtriser leur sujet, juste pour se payer une pinte de bon temps.

Vous pouvez aussi interroger délicatement vos futurs concurrents en vous faisant passer pour un client potentiel qui cherche un prix, des informations sur un service, etc. Choisir cette méthode détournée est de bonne guerre, mais faites en sorte que ça ne se sache pas, car votre concurrent pourrait vous mettre des bâtons dans les roues s'il l'apprend. Tâchez que votre nom et votre numéro de téléphone demeurent confidentiels. Vous pouvez aussi faire faire la commission par un ami ou interroger un ancien client de ce concurrent bien établi.

La meilleure approche consiste toutefois à appeler un concurrent en expliquant franchement ce que vous êtes, c'est-à-dire quelqu'un qui se lance et qui a besoin de conseils. Certains vont rester fermés comme des huîtres – pas nécessairement les meilleurs –, mais d'autres parleront. Les débutants s'imaginent toujours qu'on ne leur dira rien parce qu'on voudra défendre son territoire. C'est pourquoi très peu de journalistes débutants contactent des vétérans pour demander conseil : il y aurait là un aveu d'impuissance. Mais le fait de connaître ses limites n'est-il pas un premier gage de compétence ? Les champions avérés perçoivent rarement les débutants comme des concurrents. Ils savent spontanément qu'ils doivent les aider comme ils l'ont été eux-mêmes, quand ils en ont le temps – d'ailleurs, ils le prennent. Il n'est à l'avantage de personne qu'un débutant se mette à faire des gaffes qui saliront la réputation de la profession. De plus, les bons travailleurs autonomes bien établis sont toujours débordés d'ouvrage : il y a gros à parier qu'ils s'intéresseront à un débutant prometteur qu'ils accepteront de former en lui confiant des mandats de clients nouveaux auxquels ils tiennent moins. C'est une bonne façon de débuter et de se former.

Si vous prenez le parti de vous ouvrir de votre idée à un concurrent, même sympathique, prenez garde qu'il ne vous la vole. (Voir chapitre 3.) Réfléchissez un peu. Si vous voulez avoir une discussion franche avec cette personne, vous devrez nécessairement ouvrir votre jeu : il n'y a rien de plus agaçant que de se faire demander des conseils par quelqu'un qui ne veut absolument pas dire ce qu'il en fera. Il existe toutes sortes de protections juridiques : marque de commerce, brevet, droit d'auteur, mais la meilleure réside dans les qualités morales de votre interlocuteur. S'il est clair que vous avez beaucoup travaillé pour développer cette idée et qu'elle vous va comme un gant, il ne songera même pas à la voler. Vous courez toujours un risque, surtout s'il s'agit d'une idée non brevetable, mais ce risque sera le même de toute façon quand vous commencerez à vendre votre idée.

Quelques trucs

Dans vos recherches, quelques trucs de journalisme peuvent être utiles. Votre outil de recherche le plus important : le canif.

Contrairement aux ciseaux, plutôt encombrants, il vous accompagne partout. J'affectionne la panoplie suisse miniature avec lame rétractable, ciseaux, tournevis, pince à épiler et cure-dents. Redoutable dans les salles d'attente, scout un jour, scout toujours (proverbe scout). Dès que vous repérez un truc intéressant, vous dépliez discrètement le canif. La partie délicate consiste à débiter le *National Geographic* à l'insu de la secrétaire du dentiste. La solution élégante consiste à prendre note de la parution et à photocopier le truc plus tard à la bibliothèque, ce qui est ennuyeux.

Autres outils nécessaires : le stylo et son compagnon, le calepin, que vous devriez toujours traîner avec vous. Les idées surgissent souvent au hasard d'une conversation ou d'une remarque de l'oncle Pierre. La situation ne permettant pas toujours de noter – vous ne voulez quand même pas passer pour un malotru –, faites-le dès que vous le pourrez. Notez le nom de tel comptable qui pourrait vous conseiller le moment venu. Notez les noms de clients potentiels quand ils vous viennent et fourrez tout ça dans une boîte de kleenex vide près de votre bureau.

D'autres outils de documentation peuvent être nécessaires quand vous savez un peu mieux ce que vous voulez. Par exemple, les rapports annuels des compagnies peuvent vous renseigner sur les besoins d'un client potentiel. Le plumitif du palais de justice regroupe toutes les causes existantes débattues devant juge ou jury. Si un de vos clients ou concurrents a eu des démêlés judiciaires, le dossier de la cause et les témoignages qui y sont inscrits pourraient contribuer à éclairer des faits qu'on vous cache ou que votre concurrent cache à vos futurs clients.

Si vous devez traiter avec le gouvernement provincial ou municipal, vous pourriez avoir recours à la Loi d'accès à l'information. Cette loi permet au simple citoyen d'obtenir tous les documents auxquels il a droit : études des fonctionnaires sur les dépotoirs, comptes de dépenses des dirigeants d'Hydro-Québec, soumission d'un concurrent. Tout. Chaque agence, ministère, municipalité a son officier de l'accès à l'information. Et comme toutes ces informations sont accessibles au simple citoyen sur simple demande, le travailleur autonome n'aura jamais à se justifier d'y faire appel.

La plus grande difficulté consiste à classer ses documents. Je range la plupart selon la géographie ou par thèmes, mais les idées intéressantes vont dans la chemise aux idées. Celle-là, impossible de la tenir en ordre. Un fouillis total, et idéal, puisque les bonnes idées surgissent parfois du simple effort de fouiller.

Datez tout. Après dix ans de stratification, vos plus vieux documents seront jaunis en conséquence, mais l'âge n'est pas toujours un signe de manque de pertinence. La date sur chaque document peut vous aider dans vos recherches pour repérer d'autres articles.

Élaguez vos chemises régulièrement. Chaque fois, c'est pareil : les doigts noircis d'encre, je regarde mon bureau couvert d'articles empilés en me maudissant d'avoir négligé tant de choses. Je jure d'y voir plus souvent et j'oublie de nouveau, ce qui est heureux. Comme les petits vins, les idées minables perdent de leur intérêt avec le temps alors que les bonnes y gagnent.

Si vous tondez une haie trop souvent, elle perd de la force et meurt. Si vous épluchez vos dossiers trop fréquemment, vous perdez leur plus grand mérite : celui de donner du temps au temps. Rien ne vaut la jachère pour cultiver les vraies bonnes zidées, un peu comme Gallant avec son casse-tête 3D.

Lectures utiles

Jean-Pierre BÉGIN et Danielle L'HEUREUX, *Des occasions d'affaires, 101 idées pour entreprendre*, collection « Mes affaires », 1995, 184 pages.

Sylvie LAFERTÉ, *Comment trouver son idée d'entreprise. Découvrez les bons filons* (4e édition), collection « Entreprendre », Montréal, Éditions Transcontinental, 2006, 222 pages.

Chapitre 3

Clôturer son idée

Comment protéger son idée

Un jour, un vagabond m'a dit à la blague : «Moé, qu'ossé tu veux que j'fesse avec une maison? Y a trop de voleurs!»

Bien des travailleurs autonomes, quand on leur demande de produire une idée intéressante et de la vendre, ont exactement le même raisonnement – sans rire! Certains sont carrément paralysés par l'inaction ou se retiennent de développer leur idée au maximum de crainte de se la faire voler. Cette crainte est légitime mais déplacée. Vous devriez, au contraire, développer une idée si formidable qu'on voudrait vous la voler! Mon expérience personnelle est que la plupart des cas avérés de vol d'idées concernent souvent des idées ordinaires qui sont dans l'air du temps.

Risquez-vous de vous faire pirater pendant vos démarches? Oui et non. Les voleurs n'aiment pas semer, ils préfèrent cueillir. Le risque de vol est proportionnel à l'intérêt et aux préparatifs. Une idée développée, avancée, utilisable est susceptible d'être volée. En journalisme, il arrive qu'un client achète une idée brute pour la réaliser lui-même ou la confier à quelqu'un d'autre. Il paiera

30 fois plus pour un article complet et définitif. Voilà la valeur du travail qu'on y met. Et c'est l'article achevé qui risque d'être piraté.

Ce risque ne devrait pas vous empêcher d'approcher des clients établis, qui sont généralement honnêtes. S'ils survivent et qu'ils ont bonne réputation, c'est probablement qu'ils ont un certain sens de l'éthique. Quand une idée est intéressante, ils l'achètent, ils ne la volent pas.

Cela dit, vous avez intérêt à vous protéger avant, ne serait-ce que pour montrer votre sérieux et décourager les moins scrupuleux – car il est parfois difficile de juger de l'honnêteté d'un interlocuteur avant d'avoir traité avec lui. Heureusement, le droit sur la propriété intellectuelle de votre idée est très bien établi dans tous les pays développés depuis un bon siècle, voire deux.

C'est en faisant un reportage sur les Franco-Ontariens que j'ai trouvé l'usage le plus farfelu d'une propriété intellectuelle, mais qui montre en même temps la solidité du droit en la matière. Dans les années 1970, un prof et quelques étudiants de l'Université Laurentienne, à Sudbury, ont créé un drapeau franco-ontarien qu'ils ont voulu protéger, avant d'essayer de l'imposer aux associations franco-ontariennes. Leur idée était de faire enregistrer le design du drapeau, mais le conseiller de l'Office de la protection intellectuelle leur a plutôt conseillé d'enregistrer l'expression « drapeau franco-ontarien » en utilisant une marque de commerce, ce qui se fait presque automatiquement et ne coûte que quelques dollars. Les militants sont ensuite allés voir l'Association des Canadiens français de l'Ontario en lui disant : « On vous propose un drapeau franco-ontarien, mais nous n'avons pas de temps à perdre en palabres. Si vous ne prenez pas l'idée, nous allons vous interdire d'utiliser l'expression "drapeau franco-ontarien" ». La position était inexpugnable et l'ACFO a dit oui en quelques mois !

Un ressort commercial puissant

Habituellement, les livres de conseil pour les travailleurs autonomes traitent dans les derniers chapitres des questions de droit d'auteur, de brevet, de marque déposée. Quand ils en parlent, c'est presque toujours sous l'angle de la protection. Or, ce n'est pas seulement une affaire de protection: bien au·contraire, la propriété intellectuelle est votre plus puissant ressort commercial.

Mon exemple favori, c'est George Lucas, le père de *Star Wars*. Dans les années 1970, après avoir produit *American Graffiti*, Lucas a approché quelques producteurs pour son nouveau projet, l'adaptation cinématographique de sa saga spatiale (qui n'existait encore que sous forme de romans). L'affaire fut menée rondement, mais Lucas exigeait d'être payé une fortune et les producteurs ne voulaient le payer que la moitié du montant exigé. Finalement, Lucas en a profité pour obtenir qu'il serait le propriétaire des droits sur la musique, les produits dérivés (genre figurines) et le nom de la franchise (Star Wars). Les producteurs ont dit oui, car cela représentait des broutilles – c'était encore le cas. Finalement, Lucas s'est enrichi avec la musique et les figurines, et quand les producteurs ont voulu faire la suite, c'est Lucas qui était le propriétaire!

Je suis toujours désolé de discuter avec des travailleurs autonomes qui n'ont aucune espèce d'idée du droit sur la propriété intellectuelle. C'est un peu comme si quelqu'un se lançait dans l'immobilier sans avoir aucune idée du droit immobilier!

La propriété intellectuelle, cela équivaut à planter une clôture dans le territoire de l'esprit humain et d'en devenir propriétaire. Après cela, comme tout proprio, vous en faites ce que vous voulez: vous pouvez laisser les gens entrer gratis ou bien vous installez un péage ou un guichet à l'entrée! Naturellement, plus votre idée est grosse ou belle ou excitante, plus il viendra de monde au guichet.

Qu'est-ce que ça mange en hiver ?

Il existe cinq types de protection légale courante : le droit d'auteur, les marques de commerce, le brevet, l'enregistrement des dessins industriels et l'enregistrement de la topographie de circuits imprimés. Il existe aussi une sixième forme de protection, nouvelle, touchant les « obtentions végétales », qui s'appliquent aux nouvelles plantes créées par manipulations génétiques, telles la tomate carrée, la pomme blindée, la patate propre.

Ce chapitre les définira dans cet ordre, sauf l'obtention végétale. La section sur le droit d'auteur sera la plus élaborée parce qu'elle touche plus de travailleurs autonomes et que ses applications complexes s'appliquent aux autres formes de droit. Et nous reparlerons au chapitre 11 de la façon de négocier sur ce point.

Un produit protégé ne peut être repris par quiconque sans permission ni compensation. Toutefois, vous devez établir la limite de votre propriété. Le notaire exécute un travail semblable quand vous achetez une maison. La propriété intellectuelle répond à des règles similaires. Sinon, qu'est-ce qui empêche quiconque de reproduire votre cahier de cours en calcul mental et de le vendre sans vous verser un sou ? N'importe qui a le droit de publier son livre sur le sujet, mais pas le vôtre. Vous serez d'autant pris au sérieux que vous aurez établi les limites de votre propriété.

La loi ne protège que ce qui existe sous une forme organisée. Une idée brute dans votre ciboulot – qu'il s'agisse d'un casse-tête en trois dimensions ou d'un scénario de film – ne peut être protégée. C'est quoi un casse-tête en trois dimensions ? Un jeu de Lego ou de Mecano ? Quand vous aurez donné à votre idée une forme concrète et intelligible, elle pourra enfin être protégée – si elle n'appartient pas déjà à un autre ! Dans le cas d'une idée créative, comme un livre ou un film, la protection n'est possible que lorsque vous l'avez menée à sa forme définitive. Et encore là, seule la forme finale est protégée.

Dans le domaine des services, la protection est d'un autre ordre. Offrir un service à domicile de jeu de meurtre est une bonne idée, mais il n'y a rien d'innovateur ou d'exclusif là-dedans. Vous pourriez par contre protéger la mise en scène du jeu de meurtre, le scénario, le nom de votre service. Ça, oui.

Ces protections établissent votre propriété intellectuelle, qui peut valoir très cher. Certains éditeurs demandent à leurs auteurs de signer des contrats de dix ans, même s'ils savent que cinq années seraient suffisantes. La raison en est que les financiers apprécient davantage un contrat de propriété à plus long terme, car il augmente la valeur de l'actif de la compagnie. C'est vrai pour vous; votre banquier appréciera que vous plantiez des jalons. Les compagnies pharmaceutiques, les éditeurs, l'industrie du disque, les inventeurs et les concepteurs de logiciels dépendent grandement de la propriété intellectuelle.

Rappelez-vous que vous ne négocierez jamais convenablement si vous ignorez ce que vous vendez au juste. Bien des journalistes pigistes s'imaginent qu'ils vendent des articles. C'est faux : ce qu'ils vendent, en réalité, c'est une licence de publication. À cause de cette confusion, ils ne réclament pas toujours leur dû. Combien vaut ce machin? Il n'y a pas de règle et il n'y en aura jamais, mais plus l'intérêt du machin est grand et moins il exige que l'acheteur y mette du sien, plus cet acheteur devrait payer cher pour l'obtenir. Un brevet pour un bidule sans utilité prévisible ne vaut presque rien, mais le brevet pour une sorte de radio qui vous permettrait de vous entretenir avec les anges trouverait aisément preneur et à prix fort.

Les litiges surgissent souvent parce que les travailleurs autonomes connaissent mal leurs droits et ne les ont pas affirmés. La protection légale de la propriété intellectuelle a deux défauts : elle est limitée territorialement et elle repose sur la bonne foi des parties. Vous ne touchez rien si l'acheteur ne vous demande pas une autorisation ou si vous n'avez pas vent de ses actions. L'État n'a pas de police pour faire respecter la propriété intellectuelle : il vous appartient de traîner les tricheurs devant le tribunal civil. L'État poursuit rarement au criminel pour fraude en matière de propriété intellectuelle. Pour connaître les étapes à suivre dans la réclamation de votre dû, lisez bien le chapitre 16 sur les mauvais payeurs.

Droit d'auteur

Le *copyright* s'applique à des textes, des chansons et des logiciels, des CD-ROM, des films, mais pas au titre, au nom, à l'idée de l'intrigue. Il protège toute création intellectuelle originale, non plagiée et permanente (ce qui exclut une liste d'épicerie ou une note sur un babillard). Il ne s'applique pas aux faits : « Il est tombé 93 cm de neige ce matin ! » mais à la formulation : « Ah ! que la neige a neigé ». Si Fido est vert dans la réalité, cette notion n'appartient à personne sauf à Fido (ou plutôt à son maître). Mais si Fido est vert, poétiquement parlant, ce vers appartient à celui qui l'a formulé, à plus forte raison s'il fait partie d'un ensemble créatif pompeusement appelé une « œuvre ». De même, dans le cadre d'un cours de formation en calcul mental, personne ne peut exiger un *copyright* sur les tables de multiplication. À qui appartient 2 + 2 = 4 ? On peut par contre très bien protéger la formulation du cahier de cours et son nom commercial.

Au Canada, le droit d'auteur s'applique automatiquement dès le moment de la création jusqu'à votre décès et peut être transmis aux héritiers pour les cinquante années suivantes ! Après quoi, l'ouvrage revient au domaine public. La mention *copyright* indique votre propriété, mais elle n'est pas nécessaire. Vous n'avez besoin d'aucune autorité gouvernementale pour indiquer, sur tout écrit pondu par vous, le fameux petit © suivi du nom du titulaire du droit, de l'année et de la mention « Tous droits réservés ». Cette inscription du *copyright* sur votre produit facilitera éventuellement la preuve que vous en êtes le créateur. Elle agit comme un avertissement, mais sa mention n'est ni nécessaire ni obligatoire. Autrement dit, votre document est protégé par le droit d'auteur même si rien ne dit que vous en êtes le propriétaire !

Pour authentifier votre propriété, vous pouvez aussi l'enregistrer au Bureau du droit d'auteur. S'il s'agit d'un document important, vous pouvez même en archiver des copies à la Bibliothèque nationale, où l'on attribuera à votre œuvre un numéro ISBN. L'enregistrement officiel est d'une utilité très relative : le gouvernement n'est pas tenu de vérifier si votre œuvre est authentique ou originale et s'il n'y a pas eu plagiat. Le document émis prouve de prime abord, mais pas nécessairement, que vous étiez le titulaire de l'œuvre à une date donnée et c'est l'autre partie qui devrait prouver le contraire. Donc, même un pirate pourrait enregistrer votre œuvre à son nom. Conservez toujours vos notes, ébauches, plans, et les diverses versions de genèse. En cas de litige, cette trace documentaire servira à confondre la partie adverse.

Avant de soumettre une œuvre à un client, les graphistes, les illustrateurs et les photographes se protègent d'une façon particulière : ils se postent à eux-mêmes l'original et les ébauches sous pli recommandé. À la réception, ils fourrent l'enveloppe dans un tiroir ou dans un coffret de sûreté. Si le client ou un tiers s'approprie l'œuvre malgré eux, ils décachetteront l'enveloppe devant le juge pour prouver qu'ils détenaient son contenu à la date du cachet de poste, et même avant puisque les ébauches sont antérieures.

Si vous n'avez rien négocié dans le contrat, la jurisprudence stipule que vous êtes réputé avoir vendu le minimum, c'est-à-dire une licence de première publication (voir plus loin). Dans le contrat, soyez attentif à la formulation, notamment au mot *cession*. Un droit d'utilisation est une autorisation temporaire. Une cession de droit, partielle ou totale, signifie que vous renoncez à votre droit d'auteur en permanence. La chose est correcte, mais l'autre partie devrait vous payer plus cher puisque l'acquisition permet un usage plus large que dans le cas d'une simple autorisation. Normalement, vous ne devriez vendre que des licences.

Sur le plan international, le droit d'auteur est reconnu en principe, mais vous êtes soumis à la règle de *copyright* qui s'applique dans chaque pays. Pendant longtemps, les États-Unis n'ont protégé les œuvres que durant vingt-huit ans. Tous les pays n'adhèrent pas aux traités internationaux sur le *copyright*. Longtemps, l'URSS n'a reconnu aucune forme de propriété. Autre cas célèbre : Taiwan, qui n'est même pas reconnue comme pays !

Les droits vendus peuvent prendre plusieurs formes. En voici une liste non exhaustive :

1. *Droit de première publication.* Comme son nom l'indique, il autorise un éditeur à diffuser votre ouvrage en exclusivité et en une seule langue. Ce contrat porte sur une période et un territoire limités. Vous pouvez vendre plusieurs droits de première publication simultanément dans plusieurs territoires et plusieurs langues qui ne se recoupent pas. L'acheteur ne peut revendre cet article à une autre publication sans votre consentement. Il a droit à une commission en tant qu'agent s'il a négocié pour vous, mais le gros du cachet devrait vous revenir.

2. *Droits secondaires.* Ils dérivent du précédent droit. L'acheteur accepte de reprendre une œuvre déjà publiée sur son territoire. Le droit de première publication doit cependant être éteint.

3. *Droit commercial.* Il permet à une entreprise d'acheter un tirage limité de votre document pour ses fins. Exemple : Campbell's achète le droit commercial (exclusif) d'une peinture de Andy Warhol pour son rapport annuel. Rodin aurait pu vendre son célèbre *Penseur* pour une publicité de dictionnaire ou de chiottes.

4. *Droits de reproduction.* Ils concernent la photocopie, la sérigraphie ou toute autre forme de copie à grande échelle, pour un congrès par exemple, mais pas la photocopie par un individu d'un article pour ses besoins personnels.

5. *Droits électroniques.* Ils portent sur la diffusion radio-télé de même que les CD-ROM et les communications par Internet, ce nouveau far west où tout le monde s'imagine qu'un texte

est une chose gratuite. Les tribunaux devront rendre d'importantes décisions d'ici quelques années. Un groupe de presse de Toronto est aux prises avec un recours collectif de 100 millions de dollars pour avoir piraté les droits électroniques de textes achetés sous licence de première publication.

6. *Droits d'adaptation et droits dérivés.* Ils se rapportent à tout usage non intégral ou hors du cadre propre de l'œuvre : confection de T-shirts, de personnages en peluche, de casse-tête, de films. Steven Spielberg aime tellement votre cours de calcul mental qu'il veut l'adapter pour en tirer un film ? Très bien, mais gardez les droits dérivés. George Lucas, père de *Star Wars,* a été le premier cinéaste à conserver les droits dérivés sur son film. C'est ainsi qu'il est devenu riche.

Chacun de ces droits peut être négocié selon le territoire, la langue, la durée, le médium et le degré d'exclusivité. Rappelez-vous seulement que si vous n'avez pas négocié un droit explicitement, personne d'autre ne peut prétendre le détenir. De plus, tous ces droits comportent deux caractéristiques primordiales :

•   Ils sont *indépendants.* Imaginez une armoire : ce n'est pas parce que vous avez ouvert un tiroir que les autres le sont aussi. Une galerie d'art qui a obtenu d'exhiber votre peinture à Terre-Neuve n'a pas nécessairement acquis le droit d'en faire un T-shirt pour le marché ontarien.

•• Ils sont *détachés de l'original.* Un peintre qui a vendu sa toile ne touche rien sur les ventes de l'objet à l'encan, mais il n'a rien cédé (sauf avis contraire) de ses droits de la reproduire, de la diffuser, de la distribuer, de l'adapter. Il en va de même de la personne qui achète votre disque : elle peut faire ce qu'elle veut de l'objet (le détruire, le vendre à un marchand de disques d'occasion), mais elle ne peut pas le reproduire en partie ou en totalité ou autoriser d'autres personnes à le faire.

Il n'y a qu'un seul droit que vous ne pouvez négocier. Il s'agit du *droit moral*. Il assure l'intégrité de votre œuvre. Même si vous avez cédé cette dernière, personne ne devrait la retoucher ou la modifier sans votre consentement préalable, ni même retirer votre nom s'il lui était associé, ou changer votre pseudonyme pour votre nom véritable si telle est votre volonté. Celui qui déciderait de peindre en rouge *Le Penseur* de Rodin aurait affaire aux héritiers du sculpteur.

Marque de commerce

Elle s'applique à une formulation très précise qui donne une valeur commerciale non pas au produit lui-même mais à son nom et à sa forme, qu'il s'agisse d'un mot, d'un groupe de mots, d'un dessin, d'un symbole, d'un sigle, d'un emballage et même de la forme d'un produit (bonbons en forme de papillon), ou d'une combinaison de ces éléments.

Seule la compagnie Coca-Cola peut commercialiser une boisson gazeuse ou un cola sous le nom de Coca-Cola, avec sa bouteille type. Quiconque inscrirait sa marque de commerce sur un T-shirt sans autorisation serait passible d'une poursuite en dommages. La boisson elle-même ne peut être protégée, car il s'agit d'un mélange, mais tout est dans le nom, c'est le cas de le dire !

Le Bureau des marques de commerce autorise – en huit mois – une marque de commerce, valide pour quinze ans et renouvelable indéfiniment. C'est le symbole ® ou [MD] (pour Marque déposée). La marque de commerce ne s'applique qu'au pays l'ayant autorisée. Si vous comptez vendre votre produit ailleurs, communiquez avec l'ambassade du pays concerné. Il est possible de faire respecter une marque de commerce sans l'enregistrer en vertu du fait que vous êtes propriétaire du produit en question, de sa forme, et que vous l'utilisez. Notez que les sigles ® ou [MD] ne sont valides que pour les marques dûment enregistrées, mais comme pour le droit d'auteur, cet enregistrement n'est pas obligatoire – on utilise alors le sigle ^{MC} (pour Marque de commerce). L'enregistrement officiel permet de protéger plus facilement son droit en inversant le fardeau de la preuve. Celui qui contesterait votre titre ramerait à contre-courant.

Au Canada, le critère de base est l'originalité. Le nom ne doit pas être réel, ni créer de confusion avec une autre marque, ni être une qualité normale du produit. Le gouvernement n'autorisera pas la crème glacée Glacée, peut-être bien la Chaude – qu'elle se vende ou pas lui importe peu. Le Chien brun ne sera jamais enregistré, mais peut-être le Chien vert. Votre demande sera rejetée s'il s'agit d'un nom de famille (sauf s'il a fini par être connu et identifié à un produit, comme Molson), ou une description, réelle ou trompeuse.

Les travailleurs autonomes dans le domaine des services gagneraient à mieux connaître la portée de cette forme de propriété intellectuelle. Si vous offrez un service de cuisine traditionnelle, vous pourriez obtenir une marque pour votre menu. Une consultante de Toronto a même obtenu la propriété du terme *Nouvelle économie*, l'objet de son livre, qui décrit les changements économiques que nous connaissons. Même le titre du présent livre pourrait faire l'objet d'une marque de commerce.

Brevet

Le brevet s'applique à une invention ou à une découverte et c'est le gouvernement qui émet le certificat de brevet, dont le numéro devrait apparaître sur votre produit ou sur votre documentation – une excellente présentation.

Le brevet assure un monopole pour une période fixe, vingt ans à partir de la date de la demande et non renouvelable. Le processus est long – près de deux ans – et très coûteux (plusieurs milliers de dollars), si on s'y prend mal. Il appartient à l'inventeur ou au découvreur de démontrer que son machin est bel et bien nouveau, premier au monde, fonctionnel, utile, exploitable, et qu'il constitue un apport inventif non évident pour l'initié. Le brevet est accordé au premier qui en fait la demande, mais l'invention ne doit pas non plus avoir été divulguée (sauf à l'agent de brevets agréé). Vous gagneriez à recourir aux services d'un agent de brevets agréé ou à une association d'inventeurs, qui peuvent vous faire épargner des sommes considérables.

Il n'existe pas de brevet secret : dès que vous obtenez votre brevet, votre invention devient publique. C'est la logique du procédé, qui vous protège, mais qui est aussi un instrument de diffusion de la technologie. Il n'est pas toujours dans votre intérêt de divulguer votre secret, et donc de faire breveter votre invention. Coca-Cola tient sa recette secrète. On ignore donc si son élément distinctif est brevetable, mais une chose est certaine : s'il avait été breveté, Pepsi ferait du coke aujourd'hui.

Le brevet a le défaut de ne s'appliquer qu'au pays où vous l'avez obtenu. Si vous voulez vendre un remède nouveau dans tous les pays, il vous faudra 217 brevets pour être blindé. Un même produit n'intéresse pas tout le monde. La motoneige ne présente aucun intérêt au Sahara et la motomarine trouve peu de preneurs en Mongolie intérieure. Il n'existe pas encore de convention internationale qui reconnaisse le brevet de façon aussi formelle que le droit d'auteur. Tout de même, les pays signataires du traité de Paris accordent un privilège de douze mois. Ainsi, après avoir déposé votre demande de brevet au Canada, vous pouvez également le faire dans les pays signataires, qui vous accordent une priorité à l'examen si votre demande est déposée chez eux dans les douze mois suivant votre demande dans votre pays d'origine. Toute autre demande concurrente passera en second.

Le brevet peut être exploité par son titulaire, cédé en totalité ou vendu sous licence à des tiers selon des formules beaucoup plus complexes impliquant le territoire et le temps. Le brevet peut valoir cher si votre produit a une valeur commerciale. En y mettant le temps, vous pourriez obtenir un brevet pour un nombriscope –

pour se regarder le nombril –, mais qui achèterait ça ? La valeur du brevet dépend du potentiel commercial de l'invention. Nouveauté n'est pas synonyme de bonne idée commerciale. C'est le drame des inventeurs.

Et quoi encore !

On peut protéger la forme, le motif, la décoration d'un appareil ou d'un objet utilitaire produit en série. Contrairement au droit d'auteur, qui est automatique dès la création, le dessin industriel doit être obligatoirement enregistré. On reconnaît que cet enregistrement a été fait au sigle *D* entouré d'un cercle apparaissant sur le produit. L'enregistrement ne s'applique qu'à l'aspect visible et non artistique. Il n'est valide que pour dix ans et il est non renouvelable. Il existe même une protection pour la **topographie d'un circuit intégré.** Ce nouveau type de protection s'applique à la forme d'un circuit électronique miniature appelé aussi puce. La performance d'une puce dépend justement de sa forme et des liens entre les circuits. Cette protection de dix ans maximum ne concerne que le circuit, pas la fonction. Autrement dit, si vous concevez un circuit ultrarapide permettant l'usage de cartes à puce, toute compagnie qui l'insérera dans une carte à puce devra vous payer. Par contre, si un concurrent produit un circuit différent pour la même fonction, ce concurrent est également protégé de plein droit !

Adresses utiles

Invention Québec inc.
8065, rue Viau, bureau 202
Montréal (Québec) H1R 2T2
Tél. : 514-728-4561 Téléc. : 514-728-2342
www.inventionquebec.ca info@inventionquebec.com

Office de la propriété intellectuelle du Canada
Place du Portage I
50, rue Victoria, bureau C-114
Gatineau (Québec) K1A 0C9
Par messagerie : J8X 3X1
Tél. : 819-997-1936 Téléc. : 819-953-7620
opic.contact@ic.gc.ca

Centre canadien d'innovation industrielle
295, boul. Hagey, bureau 15
Waterloo (Ontario) K2L 6R5
Tél. : 519-885-5870 Téléc. : 519-513-2421

Alliance des inventeurs canadiens
416-410-7792
www.inventorsalliance.com
info@inventorsalliance.com

Lectures utiles

Luc E. MORISSET, *Le Guide pratique de l'inventeur : en route vers le succès en 15 étapes,* Vieux-Montréal, CMP, 1994, 97 pages.

La référence obligée, lisible et complète

Lesley Ellen HARRIS, *Canadian Copyright Law, the Indispensable Guide for Writers, Musicians, Visual Artists, Filmmakers, Publishers, Editors, Teachers, Librarians, Students, Lawyers and Business People,* 2e édition, McGraw-Hill Ryerson, 1995, 304 pages.

Chapitre 4

Un compte de fées

Comment chiffrer votre affaire
pour le client et la banque

Les gens détestent les banquiers pour une seule raison, très simple : ces professionnels de l'argent savent faire la différence entre un compte en banque et un conte de fées.

Vos préparatifs ne consistent pas seulement à découvrir des idées et des clients, mais aussi à réfléchir aux questions pécuniaires. Il y en a deux de base : votre prix et votre financement. Commençons par la question du prix, la plus facile.

Prix

Le client, dès que vous l'aurez intéressé, n'aura qu'une question : combien ? Dans le merveilleux monde des écrivains, c'est parfois un casse-tête.

En fait, le prix repose d'abord sur des données objectives (vos coûts, le prix des matériaux, de l'équipement), mais également sur des facteurs subjectifs de nature culturelle. Quand j'ai besoin de me faire tondre, je vais chez le barbier et il m'en coûte 10 $ – ce qui enrage toujours ma femme, car il est bien rare que les femmes s'en tirent à moins de 50 $. Bien sûr, un coiffeur n'est pas un barbier, mais même les coiffeurs ne demandent aux hommes que le tiers ou la moitié du prix qu'ils demandent aux femmes.

Dans tous les cas, il faut en premier lieu établir son prix unitaire, c'est-à-dire le coût de base du service. Le calcul est simple. (Voir ci-dessous.) Vous devez d'abord prévoir tous vos frais pour une année d'activité et votre salaire. Si vos frais d'exploitation la première année se chiffrent à 15 000 $ et que vous souhaitez un revenu personnel de 35 000 $, votre chiffre d'affaires total doit atteindre 50 000 $.

Calculer son prix

Calculer son taux horaire ou quotidien, ou son coût unitaire, est assez simple quand il s'agit d'un travailleur autonome qui offre un service, mais un peu plus compliqué si vous offrez un produit. Commençons par le taux horaire.

Pour y arriver, vous devez d'abord établir combien vous voulez gagner (votre revenu personnel), vos frais de démarrage et d'exploitation, le nombre d'heures annuelles productives, votre marge de profit, et vous mettez ça dans le broyeur à chiffres.

X = votre salaire annuel : 35 000 $
Y = vos frais de démarrage et d'exploitation : 15 000 $
Z = le nombre annuel d'heures productives (le nombre total d'heures travaillées moins les heures improductives) : 1 250
P = profit : 10 %
Équation : $(X+Y) / Z + P$ = Taux horaire
(35 000 $ + 15 000 $) / 1 250 h + 10 % = 44 $/h
Pour obtenir le taux quotidien, multipliez par 8.

L'erreur à éviter est d'assumer que vous ferez des semaines de 40 heures productives (soit 2 000 heures par an). Ces heures productives sont ici les heures facturables. Car sur le total d'heures que vous travaillerez, vous passerez une partie de votre temps en travail improductif, entre autres à faire de la gestion et de la prospection, la vente, la négociation, le développement de votre entreprise. Estimons ici ce temps non facturable à un tiers. En moyenne, votre travail sera productif seulement pendant cinq des huit heures que vous travaillerez chaque jour. Le nombre annuel d'heures travaillées baisse donc à 1 250. Quant à la notion de profit dans le calcul, c'est évidemment la différence entre ce qu'il vous en coûte pour vivre (votre salaire) et le surplus que vous faites payer. J'ai indiqué 10 %, mais si vous voulez facturer pour un profit de 100 %, vous avez beau !

Si vous ne vendez pas un service, mais un produit, le calcul est un peu plus compliqué, car vous devez établir le juste prix pour chaque unité vendue. Ce calcul doit tenir compte de l'inventaire, entre autres. Mais il demeure foncièrement le même : la différence est que votre diviseur n'est plus le nombre d'heures productives, mais le nombre de toutous, de roues, de plats que vous voulez vendre dans une année – c'est un peu plus délicat, car certains frais sont variables selon la quantité que vous produirez. Le mieux est de demander conseil à votre comptable.

Toutefois, votre prix doit convenir au marché. Si le moindre avocat facture 75 $/h, un avocat à la pige n'a pas intérêt à exiger 44 $, même si ses coûts sont inférieurs. Question d'image. De même si vous voulez être coiffeur : personne ne vous prendra au sérieux si vous vous contentez de tarifs de barbier !

Il se peut que vous deviez consentir des concessions à ce chapitre au début pour vous faire connaître, mais vous ne pourrez pas en faire longtemps. Vous ne pouvez pas accepter de travailler à n'importe quel prix. Comment durer si on doit payer pour travailler ?

Il se peut également que vous engagiez pour la réalisation d'un contrat des frais spéciaux qui augmenteront ce coût unitaire. Il importe de bien négocier. (Voir chapitres 10 et 11.) Se rendre neuf fois à Saint-Georges de Beauce dans le cadre d'un contrat amène à consommer plus de temps et d'essence qu'aller voir un client une seule fois à Saint-Lambert.

Si vos clients préfèrent payer à forfait plutôt que selon un tarif horaire, il faut convertir ce taux horaire en forfait à partir de barèmes. Le barème établit la liste de toutes les étapes de travail depuis la commande jusqu'à la révision finale. Pour chaque étape, vous estimez le temps minimal et maximal requis, puis vous additionnez le tout et obtenez le nombre d'heures totales estimées. Vous multipliez ce nombre par votre taux horaire. La moyenne entre le maximum et le minimum, plus 15 %, devrait vous permettre d'établir un forfait réaliste.

Des fois, vous y gagnerez et d'autres fois, vous aurez sous-estimé. Je n'ai jamais fonctionné avec des barèmes trop rigides parce que, dans mon métier, il est assez difficile de prévoir en combien de temps on comprendra une chose que l'on ne connaît pas. La recherche, partie lourde du travail, je l'estime toujours en trois degrés : un peu, beaucoup, énormément. Le forfait varie sur cette base.

Financement

Un problème éprouvé par tout travailleur autonome consiste à s'assurer de quoi vivre avant de réaliser sa première vente. Ici, vous devez absolument enlever vos lunettes roses et mettre vos lunettes de banquier. Dans une situation idéale, vous devriez y avoir songé avant de vous lancer, mais ce n'est pas toujours possible.

L'argent ne pousse pas dans les arbres. Question : combien de temps pourrez-vous survivre sans revenu ? Cette question est la plus cruelle, mais la seule qui compte. Si vous avez une réserve de 10 000 $, mais qu'il vous en coûte 4 000 $ pour démarrer votre école de calcul mental, il ne vous restera que 6 000 $ pour assurer votre roulement. Combien de temps tient-on avec cette somme ? Cela dépend si on a une maison, des enfants, un conjoint avec un revenu stable. Si votre revenu n'est pas nécessaire pour assurer le bien-être familial, vous pourrez durer indéfiniment.

Vous devez donc établir votre bilan personnel et familial, vos finances personnelles et votre budget prévisionnel en décidant quelles dépenses sont évitables. Il se peut que vous vous rendiez compte que vous auriez tout à gagner à trouver un petit emploi à temps partiel pour vous financer le temps que les affaires roulent ou encore de conserver votre job de prof de maths à temps partiel le temps que votre école de formation au calcul mental décolle. Il n'y a pas de honte à cela.

- *Bilan.* Il établit la différence entre la valeur des biens dont vous êtes propriétaire (auto, maison, chalet, meubles, placements) et les emprunts contractés (hypothèque, prêts personnels, cartes de crédit, dettes diverses). Le résultat, votre avoir net, correspond à la valeur qu'un banquier peut prendre en garantie. Ne comptez pas l'auto louée comme un actif ni comme une dette : elle ne vous appartient pas. Le résultat du bilan vous permet d'établir si vous avez une chance raisonnable d'intéresser un banquier. Si vos dettes dépassent vos actifs, ce sera non.

- •• *Finances personnelles.* Les établir sert à déterminer un revenu convenable pour vous. On détermine ses finances personnelles simplement en détaillant ses obligations mensuelles personnelles, comme le loyer ou le remboursement hypothécaire, le chauffage, l'électricité, l'épicerie ; et les obligations annuelles : vêtements, taxes, assurances, auto, loisirs, entretien.

- ••• *Budget prévisionnel.* Il sert à calculer vos frais de démarrage et d'exploitation sur une base annuelle. Incluez les frais d'incorporation, le dépôt pour le téléphone ou l'électricité, l'achat de mobilier, les fournitures de bureau, la publicité. N'oubliez pas les frais d'exploitation mensuels et annuels. On y ajoute le surplus qu'on voudrait accumuler. Surtout, n'oubliez pas l'impôt !

(Le lecteur trouvera un état des revenus et dépenses détaillé au chapitre 18 et la liste des dépenses déductibles au chapitre 17.)

Financiers

Plusieurs organismes peuvent vous procurer du financement (voir les adresses utiles en fin de chapitre), mais plus de 80 % du capital viendra de vous, de vos amis et de vos parents. Ces derniers investissent généralement sous forme de don, de prêt ou de participation (moyennant un certain pourcentage de vos profits) si vous créez une société. Les combines varient à l'infini. En langage d'affaires, cet investissement personnel de votre part ou de celle de vos proches s'appelle *love money*, c'est-à-dire placement de faveur ou capital de démarrage.

Vous ne convaincrez jamais des étrangers, à plus forte raison des banquiers, si vous n'avez pas pu vous convaincre vous-même ou convaincre vos proches que votre projet est viable.

Si vous reprochez aux banques de ne pas vouloir prendre de risques, c'est que vous ne comprenez pas ce qu'est une banque. Ces institutions se doivent de prendre le moins possible de risques. La loi leur fixe des limites très strictes dans ce sens parce que le capital provient de l'argent des déposants. La vocation d'une banque est de préserver ces dépôts et accessoirement de prêter, pas de jouer les cascadeurs. Les risques, c'est vous et les investisseurs qui les prenez.

Seulement 7 % des travailleurs autonomes obtiennent du financement des banques ; les autres n'en obtiennent pas soit à cause du manque de sérieux dans leurs préparatifs ou leurs demandes, soit à cause de la bancophobie.

Ils arrivent surtout trop tard. Si vous comptez rendre visite à votre banquier, ne serait-ce que pour négocier une marge de crédit, faites-le tôt. N'attendez pas d'avoir la langue à terre. Quand tout aura été liquidé et que vous n'aurez plus rien à offrir en garantie, votre demande sera refusée. Est-ce dégueulasse ? Demandez-vous à quelles conditions vous prêteriez à un inconnu qui frapperait à votre porte pour vous convaincre de lui prêter 10 000 $. Si c'est un gueux, vous savez que ce serait un don. Ne seriez-vous pas plus enclin à accepter s'il avait une BMW à placer en garantie ? Pourquoi les critères seraient-ils différents dans votre cas ? Parce que la banque est riche ? Souvenez-vous que la banque ne prête pas son argent, mais l'argent des déposants...

Tout financier exige un plan d'affaires rédigé – et non chanté – en bonne et due forme. Ce plan doit comprendre votre étude de marché, votre bilan, votre état des revenus et dépenses, des budgets prévisionnels pour les deux prochaines années, vos sources de revenu de rechange et votre plan *B* en cas d'échec. Les diplômés des HEC aiment les chiffres : projections à court et moyen termes sur les prix, les coûts, les ventes, les profits et les liquidités. Quels seront vos inventaires ? Qui sont vos clients ? Avez-vous des échantillons ? Et souvenez-vous : ils ne cherchent pas les gros chiffres, mais les chiffres réalistes !

Il existe quelques trucs pour montrer votre sérieux. L'un d'eux consiste à obtenir une lettre d'intention d'un futur client ou un contrat écrit. Trouvez-en un qui soit crédible : une lettre sans en-tête signée par le beauf n'impressionnera guère. Tâchez de faire signer au client éventuel une « commande sous réserve », c'est-à-dire sous réserve que votre entreprise soit en activité.

Quand le poisson mord, le banquier lance une question bête : « Quelles ressources aurez-vous s'il faut refinancer ? » La première année d'exploitation, les pépins sont très nombreux, le budget est serré et le manque d'argent est le problème numéro un. Imaginez ! la crise financière pourrait même se présenter parce que votre affaire marche trop bien : un surcroît de commandes requerrait un surplus d'investissements. Les entreprises florissantes subissent toutes des crises de croissance et plusieurs en meurent quand l'entrepreneur n'a pas d'autres ressources de financement. Autre question favorite du banquier si vous dépendez d'une machine : « Aurez-vous l'argent pour la réparer si elle brise ? »

Le banquier raffole des emprunteurs qui ont d'autres ressources que leur projet, des atouts professionnels en cas de besoin (si vous pouvez faire du travail ailleurs en cas de manque), un coussin financier et une source parallèle de revenus (placement, conjoint). Bref, il veut que vous ayez la capacité de rebondir au lieu de vous écraser.

Le banquier prête toujours selon ses règles : c'est lui qui détermine vos besoins. Vous vouliez 75 000 $? Ce sera 30 000. Peut-être jugera-t-il que votre demande pour une marge de crédit devrait être transformée en emprunt pour équipement. Les banquiers exigeront vraisemblablement un endosseur et prêteront à un taux supérieur aux PME, même si les petits emprunteurs font moins souvent faillite que les compagnies et pour des montants moins élevés. Certains banquiers font aussi de la discrimination en exigeant que le mari de l'emprunteuse se porte garant du prêt, alors qu'ils n'exigent pas la réciproque quand c'est le mari qui emprunte !

Au début des années 1990, les institutions financières étaient très peu réceptives aux besoins des travailleurs autonomes. Les choses ont beaucoup changé, encore qu'il arrive fréquemment que l'on tombe sur des gérants particulièrement bouchés. Ce changement d'attitude s'explique en partie du fait qu'elles embauchent désormais elles-mêmes d'ex-employés devenus travailleurs autonomes et en partie du fait que les nouvelles entreprises qui se créent, notamment dans le secteur de la haute technologie, comportent les mêmes caractéristiques de base. Les entreprises de la nouvelle économie n'investissent plus dans la brique et le mortier, mais louent un local et disposent de quelques machines électroniques qui se dévaluent rapidement. Dans la république du Plateau-Mont-Royal, 75 % des demandes de prêt faites à la Caisse populaire Saint-Louis-de-France proviennent de travailleurs autonomes. Et le quart de ces prêts sont liés à des démarrages. Il s'agit certainement de l'institution financière qui s'y connaît le mieux quant aux besoins des travailleurs autonomes.

Là où le bât blesse, c'est au chapitre du revenu net. On le verra plus en détail aux chapitres 17, 18 et 19, mais les travailleurs autonomes ont le droit de déduire certains frais afférents à l'auto et au bureau à domicile. Or, l'effet de cette mesure est de réduire vos impôts, mais comme elle réduit votre revenu net, elle affecte forcément votre capacité d'emprunt. Par exemple, si vous gagnez 50 000 $ de revenu brut, et que vos frais généraux sont de 20 000 $, et que les frais de loyer et d'auto s'élèvent à 5 000, votre revenu net n'est que de 25 000. Certains banquiers acceptent de considérer que le revenu net réel du travailleur autonome est supérieur à son revenu net déclaré, du fait que les frais déduits pour l'auto et le bureau à domicile font partie de ces zones grises si avantageuses aux travailleurs autonomes, puisque vous auriez à les payer de toute façon, que vous soyez travailleur autonome ou employé! Par exemple, si vous tombez en congé parental pour un an, vous ne vous débarrasserez pas d'un sixième de votre maison ou de 38 % de votre auto (en supposant que ce soit la part que vous déduisez) parce que vous avez momentanément interrompu vos activités! D'autres banquiers sont particulièrement intraitables sur ce point et refusent d'en tenir compte. J'ai souvenir de quelques discussions épiques avec des banquiers qui refusaient de bouger, alors que je savais que le banquier dans le bureau à côté acceptait d'en tenir compte.

Leur tâche n'est guère simple. Ainsi, la banque doit de plus en plus évaluer les risques en fonction de critères plus ésotériques tels que les efforts de recherche, la propriété intellectuelle, la qualité de la gestion. La valeur morale prend une grande importance. C'est très très subjectif, ça. Le banquier, qui rêve de promotion, doit prêter des sommes considérables en se fondant sur les valeurs morales d'un inconnu? Ouf! on comprend qu'il hésite.

La présentation de votre personne et de votre entreprise revêt donc une importance capitale. Les banquiers sont sensibles à certains détails. Vos documents doivent être courts, faciles à lire. Votre historique bancaire doit être bien présenté. Classez cette pile de factures payées que vous leur présenterez! Les banquiers détestent qu'on leur cache des faits, par exemple une faillite personnelle dans le passé. Oubliez l'argent si vous êtes du genre évasif, ou du genre à créer des malentendus fréquents, ou difficile à joindre, ou si vous changez souvent de vérificateur ou subissez des enquêtes de solvabilité à répétition.

Il existe quelques trucs pour faire bonne impression et découvrir les établissements susceptibles de se rendre à vos arguments. Magasinez : les limites de prêt et les taux peuvent varier d'une banque à l'autre et même d'une succursale à l'autre. Le centre bancaire commercial le plus proche connaît mieux les besoins d'affaires qu'une succursale de centre commercial. Vous devriez toujours négocier avec trois ou quatre banques ou filiales à la fois. Et ce sont des gens qui prêtent, pas des machines. Voilà pourquoi il faut toujours demander à votre comptable de donner un petit coup de fil au gérant de banque pour vous présenter. Ce détail contribuera à l'établissement de votre valeur morale auprès des banques : on sait que les comptables sont des gens très très moraux...

Magasinez, soit, mais sans vous éparpiller. Une demande de prêt d'affaires exige beaucoup de temps et vous auriez du mal à répondre aux exigences de cinq ou six institutions à la fois. Et puis, les prêteurs se méfient de ceux qui butinent trop. C'est en partie pourquoi des frais d'examen de 50 ou 100 $ ont été institués.

Certaines conditions de financement sont inacceptables et vous devez les éviter comme la peste. D'abord, les prêts à taux usuraires. Il s'en pratique. Les banques ne vont jamais jusque-là, mais elles peuvent vous demander votre maison et tous vos biens en garantie pour le plus minuscule prêt. Si c'est le cas, changez vite de banque ! Sinon, qu'est-ce que ce sera quand vous demanderez un prêt plus important ?

L'essentiel est de vous réserver une marge de manœuvre. La banque veut que vous puissiez rebondir financièrement, soit, mais elle doit aussi vous laisser du jeu. Si on vous propose d'hypothéquer votre maison avant de vous offrir une marge de crédit, allez voir ailleurs. Sinon, quand vous aurez dépensé tout l'argent de cette hypothèque, il ne sera plus possible d'obtenir une marge de crédit.

S'il y a des oui qui sont des non – quand le banquier impose des conditions que vous devriez refuser –, il y a aussi des non qui se transforment en oui à condition de trouver où ça accroche. L'irritant est parfois minuscule : on ne comprend pas très bien ce que vous voulez offrir comme service ou on trouve vos scénarios un peu trop optimistes... Prenez le temps de discuter des irritants. Il se peut que le refus de la banque soit motivé par un problème anticipé qui n'existe pas ou qu'on ait mal compris certains de vos calculs : discutez, révisez et revenez à la charge. Ça ne marche pas toujours, mais ces longues journées à monter votre financement peuvent s'avérer les plus importantes de vos préparatifs.

Adresses utiles

Association communautaire d'emprunt de Montréal
3680, rue Jeanne-Mance, bureau 319
Montréal (Québec) H2X 2K5
Tél. : 514-843-7296 Téléc. : 514-843-6832
www.acemcreditcommunautaire.qc.ca
info@acemcreditcommunautaire.qc.ca

Banque de développement du Canada – Siège social
Édifice BDC
5, Place-Ville-Marie, bureau 300
Montréal (Québec) H3B 5E7
Tél. : 1-877-232-2269 Téléc. : 1-877-329-9232
www.bdc.ca

Cercles d'emprunt de Montréal
4475, boul. Saint-Laurent, bureau 201
Montréal, Québec H2W 1Z8
Tél. : 514-849-3271 Téléc. : 514-284-9509
www.cerclesdemprunt.com
cercles@cerclesdemprunt.com

Conseil régional de développement de l'île de Montréal
1550, rue Metcalfe, bureau 810
Montréal (Québec) H3A 1X6
Tél. : 514-842-2400 Téléc. :514-842-4599
www.crdim.org

Corporation de développement économique
et communautaire Centre-Sud/Plateau Mont-Royal
3565, rue Berri, bureau 200
Montréal (Québec) H2L 4G3
Tél. : 514-845-2332 Téléc. : 514-845-7244
www.cdec-cspmr.org
accueil@cdec-cspmr.org

Fonds communautaire d'accès au micro-crédit
Maison de l'emploi et du développement humain
100, boul. Ducharme, bureau 230
Sainte-Thérèse (Québec) J7E 4R6
Tél. : 450-437-1635 Téléc. : 450-437-8938
info@fondsmicrocredit.qc.ca

Investissement Québec
393, rue Saint-Jacques, bureau 500
Montréal (Québec) H2Y 1N9
Tél. : 514-873-4375 ou 1 800 461-2433, Téléc. : 514-873-4383

Société d'investissement jeunesse
615, boul. René-Lévesque Ouest, bureau 720
Montréal (Québec) H3B 1P5
Tél. : 514-879-0558 Téléc. : 514-879-0444
www.sij.qc.ca/
info-generales@sij.qc.ca

Société locale d'investissement dans le développement
économique (SOLIDEQ) – Siège Social
5050, boul. des Gradins, bureau 130
Québec (Québec) G2J 1P8
Tél. : 418-624-1634 Téléc. : 418-624-0462
http ://www.solideq.qc.ca/
solideq@fondsftq.com

Il s'agit d'un réseau d'investisseurs locaux relevant du Fonds
de solidarité des travailleurs (FTQ).

Chapitre 5

Votre trousseau

Ce qu'il faut savoir
pour s'aménager un beau bureau

L'organisation physique du bureau est le moins vital de tous les préparatifs, mais son impact psychologique est très fort, parce que ce type de préparatif vous met dans l'ambiance.

Deux principes doivent vous guider dans vos choix : le confort et le sérieux. Le sérieux est le trait commun des travailleurs autonomes qui réussissent. Cela ne veut pas dire qu'ils s'envoient en l'air en cravate ou qu'ils ne sourient jamais. Ils ont l'air organisé : voilà pour le sérieux. Les clients le remarquent dès le premier abord. En affaires, les apparences comptent beaucoup. Au début, quand vous tentez de réussir vos premières ventes, le sérieux est même plus important que le sens de l'organisation. L'efficacité viendra plus tard.

Être sérieux, cela veut dire travailler comme un vrai : une bonne proposition rédigée sans fautes et bien négociée sera l'un de vos meilleurs arguments de vente. La personne sérieuse a toujours le bon document pour le client ou le banquier. Les bons travailleurs autonomes ne sont pas organisés parce qu'ils ont du succès : ils ont du succès parce qu'ils sont organisés.

Un lieu

Le sérieux commence par l'achat d'un agenda et d'un carnet d'adresses de grand format. À chaque séminaire que j'offre aux pigistes, j'en vois qui font les gros yeux quand j'insiste sur ce point. Quelqu'un a même protesté : « Ça fait prétentieux ! » Précisément.

Étape suivante : le choix du siège social. Installerez-vous votre bureau à domicile ou dans un local loué ? Un bureau loué fait toujours bonne impression : il éloigne des interférences domestiques, mais il ajoute aux frais et on y trouve rarement un frigo et un four à micro-ondes.

Louer un espace avec d'autres travailleurs autonomes augmenterait votre visibilité. Le centre d'affaires, l'équivalent commercial de la commune, est une combine de plus en plus populaire. On y loue un bureau et des services à la carte, tels la réception, la saisie de données, le secrétariat, le télécopieur, le photocopieur, la traduction, la comptabilité, la tenue de livres, la reliure, la banque de données, la salle de conférences, le comptoir postal, la messagerie, les fournitures de bureau, la cuisinette, le gardien de sécurité, le stationnement. Vous ne prenez que ce qui vous convient.

Le bureau à domicile fait moins sérieux, même s'il a meilleure presse. Par contre, il ne coûte rien et vous pourrez même en déduire une partie (voir chapitre 17). Mais vous sacrifiez une pièce de votre chez-vous, qui sera ainsi fermée aux autres. Par contre, vous pourrez y travailler nu. Si vous recevez, il vous suffira de vous habiller et de ranger : le spectacle d'un lit défait intimide les clients, à moins que vous offriez un service d'escorte ! La solution est d'installer le bureau près de l'entrée. De toute façon, le bureau à domicile demande plus de discipline. Le matin, certains doivent se doucher et s'habiller en complet-cravate pour se convaincre qu'ils vont au bureau.

Vous devrez peut-être vous battre pour imposer le sérieux de votre bureau à domicile, mais vous n'êtes pas le seul. Certaines catégories de travailleurs autonomes n'ont pas le choix de s'installer à l'extérieur. Les avocats travaillant à domicile sont mal perçus par leurs clients, qui sentent que leurs entretiens seraient plus confidentiels dans un bureau et qui s'attendent à un certain prestige. Quant aux ingénieurs, on est habitué de les voir travailler en équipe et les solitaires sont dénigrés. Le problème peut être contourné si on loue un bureau à une firme qui a loué un peu trop d'espace pour ses besoins réels.

On peut cependant camoufler un bureau à domicile en vrai bureau grâce à quelques petits trucs. Par exemple, de nombreux travailleurs autonomes compensent l'absence de salle de réunion en invitant le client au restaurant. Il existe aussi des services d'identification d'affaires qui offrent une belle adresse, une réceptionniste, un service de photocopie, de messagerie, de réception de colis : 2000, boul. Le Corbusier fait toujours plus sérieux que 17, croissant Mon Plaisir. Par contre, méfiez-vous de la boîte postale : si elle cache une adresse, elle cache aussi parfois des escrocs. Vous ne voudriez pas que vos clients croient une telle chose ! Autre truc, mais qui demande un talent d'imitateur : vous décrochez en prenant la voix d'une secrétaire, vous placez en attente et vous répondez avec votre voix normale.

Certaines municipalités interdisent le travail à domicile. À l'origine, de tels règlements visaient à empêcher la prolifération des cimetières d'autos et des services d'escorte – les prostitués sont une catégorie peu désirable de travailleurs autonomes. Si votre commerce génère des déchets, du bruit, des odeurs et que votre camion-remorque est stationné en permanence dans la rue, les voisins vont se plaindre.

Pour vous enquérir du règlement, appelez à la ville, mais ne donnez pas votre nom. Par la suite, s'il faut un permis, tout est affaire de formulation : dans les secteurs résidentiels, on tolère la fabrication artisanale de bijoux, mais pas la bijouterie ! Si vous occupez 60 % de votre maison à faire un travail tranquille et solitaire, vous ne dérangez personne et personne ne s'en plaindra, sauf peut-être un voisin qui veut vous enquiquiner. Ça existe ! Si les voisins ronchonnent, faites valoir que votre présence leur assure une surveillance constante des environs et éloigne ainsi les cambrioleurs et les vandales.

L'aménagement

Le bureau à domicile devra avoir l'air d'un bureau, surtout si vous recevez. Pas question de travailler sur la table de cuisine entre deux piles d'assiettes. Si vous donnez des cours à domicile à de petits groupes, vous devriez aménager une salle de classe avec tout le gréement : fluorescents, faux plafond et pupitres. S'il s'agit au contraire de recevoir des dirigeants d'entreprise pour un service de consultation, vous devrez dépenser 15 000 $ en décoration. Certains clients tiendront absolument à voir vos bureaux avant de signer un contrat avec vous et s'y prendront de toutes les manières pour y parvenir.

La fonctionnalité doit primer la beauté. Pour augmenter ma surface de travail, j'ai disposé des bibliothèques Ikea derrière ma table de travail et sur le côté et installé une tablette exactement au niveau de la table. Je me suis aménagé une sorte de chute pour le recyclage, car la quantité de papier est stupéfiante. Comme j'aime bien avoir accès à ma paperasse, j'utilise les tablettes pour mes papiers les plus couramment utilisés, et je me suis même aménagé cinq tablettes très rapprochées – à peine deux ou trois centimètres d'écart entre chacune – où je range les machins genre agenda, carton de correspondance, tablettes de papier. Un beau bureau, équipé pour 1 500 $ en forçant. Le tout est assez laid, mais les apparences ne comptent pas dans mon cas.

Soyez modeste : il n'y a rien de plus triste que de voir un bon restaurant fermer après deux ou trois semaines parce que le propriétaire a tout mis dans le décor en s'imaginant que cela suffirait pour attirer les clients. Votre argent sera toujours mieux dépensé dans la mise en marché, sauf si le bureau lui-même est un outil de vente.

Ne sacrifiez jamais le confort au sérieux. Pourquoi souffrir un recoin sans lumière, un bureau trop petit, un écran trop près des yeux ? C'est vous le patron, alors faites-vous plaisir. Occupez une pièce agréable, avec une bonne fenêtre et un balcon. Pourquoi pas ? Le bureau à domicile présente des avantages à ce titre... si vous pouvez résister à la télé et au frigo. Cependant, le bureau à domicile devient trop sérieux si sa proximité vous empêche de dormir.

On peut facilement engager un designer de bureau si on manque d'idées : ils demandent 150 $ par pièce et leurs solutions sont souvent économiques. Règle importante : il faut une pièce consacrée ou un recoin très bien délimité. Cet aspect précis aide à mieux se concentrer, d'abord, mais surtout l'impôt préfère une pièce pour les déductions de loyer. Ce bureau trace une ligne que votre conjoint, vos enfants et vos amis devront respecter : ce n'est pas parce que vous êtes chez vous qu'on peut vous demander un service à toute heure du jour.

En priorité, il faut une table ou un bureau de bonne surface, des lampes bien disposées (à gauche si vous êtes droitier...) et une bonne chaise. Bien des gens sont mieux assis dans leur auto qu'au bureau : une chaise ergonomique à 600 $, inclinable, orientable, rotative, vous épargnera des séances de chiropraxie.

Prévoyez aussi un petit meuble pour le télécopieur et pour l'imprimante, si possible en retrait, ce qui évitera les interférences pendant les discussions avec un client, notamment celles au téléphone. Le bureau sans papier n'existe pas ; même si vous êtes un génie de l'informatique, vous faites erreur de ne prévoir aucun classeur et même un plateau à guidis : la quantité de courrier reçu chaque semaine est parfois impressionnante. Vous pouvez trouver du mobilier bon marché dans les compagnies de location.

Communications et informatique

Une grosse part du sérieux d'une entreprise se joue au téléphone. Voici trois faits à noter avant de choisir :

- Une ligne consacrée évite que votre ado en mue ne réponde à votre place de sa voix de mutant, en croyant répondre à un ami mutant ;

•• Le sans-fil devient gênant si vous répondez au client tandis que vous êtes en train d'engueuler ledit mutant, ou tandis que vous manquez de papier hygiénique ;

••• Vos bottins, votre télécopieur et votre imprimante doivent demeurer à portée de fil téléphonique pour vous permettre d'avoir réponse à tout sans interruption.

J'ai longtemps eu deux lignes, une pour mon téléphone et l'autre pour mon télécopieur, car je déteste zigonner sur des circuits ésotériques qui ne fonctionnent pas. Je n'ai jamais eu peur de la technologie de pointe, mais je ne suis pas un maniaque non plus : pendant quinze ans, j'ai laissé zigonner les bidouilleurs, et je me bornais à acheter des technologies éprouvées, rarement le dernier cri. C'était moins cher, et comme le zigonnage informatique me tanne, j'ai laissé faire ceux que cela passionne. Ils ont d'ailleurs bidouillé avec succès puisque depuis quelques années, cela fonctionne très bien : je n'ai plus qu'une ligne, et je paie Bell 9 $ par mois pour avoir un second numéro pour le télécopieur.

Je n'ai jamais été trop technophage : j'ai mis plusieurs années à acheter un téléphone cellulaire, et je laisse quelques générations de bidouilleurs perfectionner les iPod et autres BlackBerry avant de me lancer. À chacun son style : j'ai un téléphone cellulaire depuis cinq ans, mais je ne le prends que lorsque je pars en déplacement pour plus d'une journée. Et je donne très rarement mon numéro de téléphone : je considère personnellement comme embêtant d'avoir à retenir deux, voire trois numéros de téléphone pour tout le monde que je connais. D'ailleurs, je suis du nombre de ceux qui pensent que le téléphone cellulaire n'a pas encore rempli ses promesses : il coûte cher, et on est encore bien loin du grand rêve du numéro unique à bas coût. Remarquez que si mes activités changent, il pourrait soudain devenir nécessaire, mais il ne l'est pas pour l'instant : il est même rarement utile.

Les services des compagnies de téléphone destinés aux travailleurs autonomes ont beaucoup évolué. Il y a vingt ans, il fallait presque se cacher pour ne pas être forcé de prendre une ligne commerciale, beaucoup plus chère car il faut payer les appels locaux en échange de l'insigne avantage d'obtenir une annonce dans les Pages jaunes. Maintenant, elles recherchent les travailleurs autonomes et offrent de nombreux services et des tarifs concurrentiels pour le service résidentiel.

Un service essentiel : le télémessage, qui a remplacé le répondeur automatique à ruban magnétique qui fait criche-criche. Appelez donc votre répondeur et écoutez un peu ce que ça donne. Plus personne n'utilise une telle chose depuis dix ans. Le service de messagerie automatisé ne coûte presque rien et vous pouvez prendre vos messages de façon fiable depuis n'importe quel aéroport de l'Albanie jusqu'au Zaïre.

D'autres services sont d'utilité relative. Les gens très mobiles raffolent du renvoi automatique, qui fait suivre vos appels partout où vous allez. Si vous traitez avec des clients corporatifs, il se peut qu'ils apprécient la ligne 1-800 ou 1-888, qui dégage un très grand sérieux. Autre service spécialisé : le sélecteur, qui vous permet de canaliser certains appels vers le télémessage automatiquement. Particulièrement utile pour les amis qui persistent à vous appeler le jour pour commenter les nouvelles ou vous demander de garder leur petit dernier.

S'il y a un appareil dont il faut se méfier, c'est le cellulaire. À en croire la publicité, voilà l'attribut de la personne « occupée et sérieuse qui ne peut se permettre de manquer un appel ». Demandez-vous bien pourquoi il vous en faut un, car c'est un couteau à deux tranchants. Le cellulaire est utile à ceux qui font beaucoup de transit. Les clients n'apprécient pas toujours que des appels interrompent sans cesse vos réunions, surtout si vous essayez de les convaincre que vous leur accorderez toute votre attention.

L'électronique de bureau pose un problème. On peut se passer d'un ordinateur un certain temps, mais pas longtemps. Et il s'agira de l'un de vos plus gros investissements. Vous devez payer le prix qu'il faut pour des machines fiables, mais établissez bien vos besoins et votre compétence et surtout évaluez correctement la capacité du matériel.

Désormais, on peut difficilement se passer d'Internet, qui est devenu un outil standard de correspondance mais aussi de recherche. Depuis le tournant des années 2000, la fonctionnalité de l'informatique de bureau a beaucoup augmenté. Il n'est plus nécessaire de changer d'ordinateur si on doit changer d'imprimante, ce qui était le cas auparavant. Merci encore une fois aux générations de bidouilleurs, que cela passionne et que je laisse bidouiller. Il y en a qui raffolent des gadgets dernier cri. Pour moi, c'est le cri primal !

L'informatique a provoqué une révolution aussi importante que l'auto, à une différence près : si votre auto brise, vous allez chez le mécanicien. Mais pour faire fonctionner votre ordinateur, vous devez être un peu informaticien. (Tout le monde connaît l'histoire d'horreur du type – moi ! – qui a brûlé son disque dur en voulant installer son imprimante parce que le programme de l'imprimante et celui du détecteur de virus étaient incompatibles.) Payez moins pour la machine et davantage pour un *nerd* compétent qui vous installera le tout en moins de deux. Le choix de l'ordinateur est critique mais personnel. J'ai toujours préféré Apple au PC. Il coûte plus cher, mais il est beaucoup plus fiable. Je n'ai eu un PC que trois ans et j'ai franchement détesté, car les bogues sont nombreux et fréquents. Le PC est une technologie de bidouilleur.

Le sérieux devrait se limiter à ce que le client reçoit, voit ou perçoit. Malheur à ceux qui cherchent à épater la galerie en achetant 10 000 $ de bureautique dernier cri sans avoir évalué auparavant leurs besoins réels. Le client saura-t-il que votre télé-copieur a dix ans et que votre ordinosaure n'est pas de la prochaine génération ? Du moment que ça marche. Il est vrai que l'ordinateur portatif présente un gain de productivité important, si vous avez la forme de cerveau qui convient pour écrire dans un autobus ou une carlingue d'avion.

Mettez plutôt le paquet sur une bonne imprimante. L'imprimé est souvent votre seul contact « physique » avec le client. Et un bon appareil produira du papier à en-tête de qualité et même des brochures. Le photocopieur ? Efficace seulement si vous produisez de gros volumes, par exemple pour vos cours en calcul mental. Le télécopieur fait l'affaire pour une feuille occasionnelle. Personnellement, je suis un gros utilisateur du photocopieur de la pharmacie du coin : cela me coûte un peu plus cher la feuille, mais quand ça brise, je laisse la pharmacie s'arranger !

Adresse utile

Association professionnelle des designers d'intérieur du Québec
19, cours Le Royer Ouest, bureau 306
Montréal (Québec) H2Y 1W4
Tél. : 514-284-6263 Téléc. : 514-284-6112
www.apdiq.com

Chapitre 6

Inc. pour Vous

Ce qu'il faut savoir
sur les formes juridiques de votre affaire

Tous les débutants n'ont qu'une question : faut-il s'incorporer ou se faire immatriculer pour se lancer ? Vous n'avez qu'à être vous. Vous êtes une personne physique qui exerce une activité économique exigeant des redevances de clients. Quoi de plus naturel ! Pour satisfaire ces critères, vous n'avez de permission à demander à personne et aucun permis à obtenir – sauf si vous exercez dans un secteur réglementé (informez-vous). Il suffit de faire le travail et de le facturer.

Vous n'avez nullement besoin de vous incorporer, et l'immatriculation n'est nécessaire que si vous souhaitez faire des affaires sous un autre nom que le vôtre. Il se peut qu'une question d'image vous y pousse. En effet, certaines grosses sociétés ne traitent qu'avec d'autres sociétés. C'est stupide, mais c'est ainsi. Par contre, vous gagneriez à vous enregistrer dès le début à la TPS et à la TVQ, toutes deux gérées par Revenu Québec (voir chapitre 20). Pour vous inscrire, votre nom suffit : pas besoin d'être une compagnie !

Être travailleur autonome suffit pour profiter de presque tous les avantages d'une entreprise sans les inconvénients et les obligations juridiques d'Esso et compagnie. Toutefois, peut-être que vous sentirez tôt ou tard le besoin de vous associer ou d'embaucher pour rompre la solitude, pour réduire vos frais ou pour faire plus d'argent.

Vaut-il mieux détenir 10 % d'une boulangerie, avec tout ce que ça comporte d'organisation, ou 100 % d'un petit pain ? Au cours de vos préparatifs, vous constaterez peut-être que vous n'y arriverez pas seul, qu'il vous faut des associés ou un allié, généralement un client qui vous aide à développer votre idée. Il arrive qu'une idée soit plus porteuse que prévu. Il n'y a pas de mérite à travailler tout seul dans son coin si ce n'est pas nécessaire. Les circonstances, la nature de votre idée ou votre ambition vous dicteront la marche à suivre.

Prenons le cas des ingénieurs : il est très rare que l'un d'eux réalise seul un projet d'envergure. Ce dernier requerra des ingénieurs civils, en électricité, en mécanique, industriels, et que sais-je encore. Le travail d'équipe est inhérent à la profession. Les ingénieurs qui travaillent à domicile ou seuls sont souvent décriés par leurs pairs – à tort, à mon avis – comme des « ingénieurs de cave » incapables de travailler en équipe, mal assurés, sans prestige. Le marché les limite à de petits projets et aux études de faisabilité. L'association est naturelle dans ce domaine, comme chez les organisateurs d'événements, qui doivent réunir plusieurs compétences. Il y a aussi une question d'image : le client cherche un organisateur organisé.

Avant de faire le saut organisationnel, souvenez-vous que toute forme d'entreprise entraîne des obligations. Pour les travailleurs autonomes, le regroupement de deux personnes est souvent plus difficile que de passer de 2 à 10. C'est normal. Les artisans ont tous cette difficulté : ils exercent un mode de vie axé sur le plaisir cathartique de produire. Si leur affaire grossit, ils devront faire faire, embaucher, gérer, licencier. Il est assez difficile de demeurer artisan quand 15 personnes comptent sur vos efforts pour continuer de travailler.

Toute organisation doit générer un bon chiffre d'affaires pour financer sa lourdeur – beaux bureaux, salle de réunion, secrétariat, employés. Si 3 individus qui gagnaient 50 000 $ chacun s'associent, le chiffre d'affaires total de leur nouvelle compagnie devrait dépasser 150 000 $, à moins que leurs dépenses globales diminuent considérablement ou qu'ils bénéficient d'avantages fiscaux nouveaux. Une chose est certaine, le bénéfice net global, lui, doit être supérieur à la somme des parties. Sinon, pourquoi s'associer ?

Il faut donc vendre, surtout si vous avez des employés en plus. Un travailleur autonome travaillant seul dans le domaine des services fait en général un bénéfice net de 65 %. Une entreprise, avec ses employés, ses frais d'administration et de représentation, est forcément moins rentable en proportion. Pour gagner le même montant ou plus au bout du compte, il lui faut donc brasser de grosses affaires. Au mieux, les grandes firmes de consultants tirent un bénéfice net de 5 % (quoique les associés se soient tous versé un salaire). C'est dire combien plus efficace il faut être.

Le travailleur autonome qui se lance dans une telle entreprise consacrera beaucoup de temps à vendre ses idées et à trouver des clients simplement pour faire tourner la machine. Une telle forme d'association ne signifie pas moins de travail, mais plus, et davantage d'organisation – mais aussi plus d'argent si tout va bien !

« Je n'ai pas abandonné mon emploi et travaillé comme un malade à me lancer pour finir dans une compagnie ! » direz-vous, non sans raison. C'est vrai, à la différence que vous êtes le patron : associé, actionnaire ou propriétaire. Au lieu d'un bonsaï, vous cultivez un grand arbre, voire un jardin. Vous demeurez travailleur autonome. C'est votre projet qui vous pousse ailleurs.

Voici les formes juridiques de l'entreprise les plus courantes. Avant de choisir, consultez un comptable agréé, un avocat ou un fiscaliste :

1. *Entreprise individuelle.* Voilà l'authentique travailleur autonome, format *basic*, sans guidis, qui fait des affaires en son nom. Ce type d'entreprise existe dès qu'une personne exerce une activité économique organisée afin d'offrir un bien ou un service. Cette entreprise (vous) peut même embaucher, et vous n'avez besoin d'aucun autre statut juridique pour remplir vos obligations légales d'employeur. Il faut cependant s'immatriculer pour faire affaire sous un nom autre que le sien. Peu réglementée, cette entreprise, même immatriculée, est entièrement assimilée à vous-même. Vous êtes personnellement responsable des poursuites et des dettes. Cette entité survit rarement au propriétaire en cas de décès. Au chapitre des déductions des frais d'affaires, cette entreprise individuelle a droit aux mêmes avantages fiscaux que n'importe quelle société (voir chapitre 17 sur les déductions). Vous pouvez même vous inscrire à la TPS et à la TVQ, et la percevoir en votre nom propre (voir chapitre 20).

   La seule véritable complication dans ce nirvana de simplicité viendra si vous voulez faire affaire sous un autre nom que celui que votre mère vous a donné. Par exemple, cela vous embête de vendre du terreau de fumier de mouton sous votre nom, et cela embête aussi votre mère. Vous pouvez donc décider d'exploiter votre affaire sous le nom Au Bon Fumier d'Antan. Cela s'appelle une « raison sociale ». Dans un tel cas, vous n'avez qu'à vous présenter au registraire des entreprises du gouvernement du Québec pour faire enregistrer votre raison sociale. On vous donnera alors un numéro de matricule, qui vous permettra d'ouvrir un compte d'entreprise et d'y déposer des chèques faits au nom du Bon Fumier d'Antan. Chaque année, vous devrez produire une déclaration, qui renouvellera votre matricule et vous coûtera 48 $. À partir de 2006, cette déclaration se fera directement en annexe de votre déclaration de revenus et le montant forfaitaire de 48 $ sera prélevé par la même occasion. Mais ce matricule n'est rien d'autre qu'une autorisation de fonctionner sous votre raison sociale : ce n'est ni une société légalement constituée ni une compagnie proprement dite.

2. *Société par actions* ou *compagnie*. Il s'agit d'une entité légale considérée comme une personne morale, c'est-à-dire qu'elle a des droits et des obligations propres aux personnes. La compagnie paie ses propres impôts et emprunte en son nom. Par contre, elle ne peut exiger de pension ni aller en prison! Elle doit produire ses états financiers. En cas de poursuites, les procédures sont intentées contre la société et non pas contre les actionnaires, sauf exception. Les risques individuels sont donc moins élevés – les administrateurs sont quand même responsables des salaires et peuvent devoir rendre compte de leurs décisions lorsqu'ils utilisent le voile corporatif pour commettre une fraude ou des abus de droit.

La compagnie présente des avantages importants, notamment sur le plan fiscal : les petites sociétés québécoises ne paient qu'environ 22 % d'impôt pour les premiers 400 000 $ de profit. Et le gouvernement québécois octroie même un congé fiscal de cinq ans sous certaines conditions! Les actionnaires peuvent se verser un salaire (imposable en tant que revenu de personne) et un dividende, qui sera ajouté à leur revenu s'ils le désirent. Vous pouvez aussi y accumuler du capital sur lequel vous ne paierez que l'impôt des compagnies, mais pas d'impôt personnel, du moins jusqu'à ce que vous le retiriez (voir ci-contre). Par contre, la compagnie doit payer une taxe sur le capital. Pour financer la compagnie, vous pouvez utiliser votre REÉR jusqu'à 25 000 $, mais seulement à des conditions très restrictives – la principale étant que vous ne pouvez pas être le seul actionnaire. Elle facilite les déductions pour le bureau à domicile, car elle vous permet de louer un espace dans votre maison plutôt que de seulement compter les frais financiers et d'entretien. Si vous ne comptez qu'un seul client, une incorporation vous protège de toute contestation par le fisc de votre privilège de travailleur autonome – pour en savoir davantage sur ce point, référez-vous au chapitre 18.

Cependant, il s'agit d'une organisation lourde et paperassière. Les frais de constitution s'élèvent, en moyenne, à 1 400 $. Il faut se choisir une charte, fédérale ou provinciale selon certains critères, autoriser la raison sociale, émettre des actions, tenir un livre des procès-verbaux, agir par résolutions et règlements. Et il faut produire une déclaration de revenus distincte, des vérifications comptables, des feuilles de paie pour les salaires. Le tout est plus léger quand la compagnie ne comprend qu'un actionnaire principal, qui peut être le président du conseil d'administration et le seul administrateur. Mais ces trois fonctions doivent exister. La plupart des comptables et des fiscalistes sont d'accord pour dire qu'il ne vous sert à rien de vous incorporer si votre chiffre d'affaires ne dépasse pas les 100 000 $. Cela tient aux frais, qui sont assez lourds, mais aussi au fait que l'avantage fiscal de l'incorporation n'est pas aussi évident qu'on le dit (voir ci-dessous). Mais attention aux généralisations : si votre entreprise suppose un investissement important en matériel, l'incorporation peut être très rentable même si votre chiffre d'affaires sera inférieur à 100 000 $.

Le fameux avantage fiscal

L'avantage fiscal d'une compagnie par rapport à une société de personne doit être bien compris car, au bout du compte, tout dépend de vos buts mais aussi de votre situation. Supposons deux travailleurs autonomes, Monsieur Moi et Madame Inc., produisant le même service, avec les mêmes dépenses et le même revenu, sauf que Monsieur Moi n'est pas incorporé, alors que c'est le cas de Madame Inc.

Monsieur Moi avait prévu un chiffre d'affaires de 50 000 $ la première année, contre des dépenses de 15 000 $, pour un bénéfice net de 35 000. Voilà un bénéfice net qui devient son salaire personnel et sur lequel il sera imposé automatiquement – il paiera environ 10 200 $ à l'impôt. Mais que se passe-t-il si Monsieur Moi connaît un tel succès que son chiffre d'affaires grimpe à 200 000 $ la première année (avec les mêmes dépenses) ? Il paiera environ 80 000 $ d'impôt. C'est énorme.

Madame Inc. a vu venir le coup et s'est incorporée à temps. Sa compagnie lui verse un salaire de 35 000 $ par année, sur lequel elle paiera 10 200 $ d'impôt. Ce salaire s'ajoute aux dépenses de la compagnie, dont le bénéfice net chute à 150 000 $. Le fisc, qui impose sa compagnie à environ 22 %, viendra chercher 33 000 $, ce qui laissera tout de même 117 000 en réserve dans la compagnie. En tout, Madame Inc. et sa compagnie auront versé 43 200 au fisc, soit environ 37 000 de moins que Monsieur Moi.

Mais attention : ce scénario est vrai seulement si Madame Inc. laisse ses 117 000 $ dans sa compagnie. Car si elle transfère tout dans son compte en banque, par dividendes, le fisc lui réclamera des impôts totaux sur ces sommes additionnelles qui devraient faire que son taux d'imposition global sera pratiquement le même que pour Monsieur Moi !

Pourquoi ? C'est la théorie de « l'intégration fiscale » qui veut cela. En vertu de cette théorie, l'imposition globale de Monsieur Moi et de Madame Inc. seront les mêmes, qu'ils soient incorporés ou non. Toutefois, il y a toutes sortes de cas particuliers. Par exemple, si Madame Inc. laisse son argent dans la compagnie, elle paiera moins. Mais si elle retire tout, elle paiera au moins autant d'impôt, alors pourquoi s'incorporer ?

Autre exemple, dans le cas d'un chiffre d'affaires relativement modeste, inférieur à 100 000 $, le travailleur autonome non incorporé profite de bas taux d'imposition et de toutes sortes de déductions et de crédits de base spéciaux qui ont pour effet de l'avantager.

À l'inverse, les travailleurs autonomes incorporés jouissent d'un crédit d'impôt sur les 30 000 premiers dollars de dividendes. C'est extraordinaire ! Sauf que les dividendes n'entrent pas dans le calcul du REÉR ou de la Régie des rentes du Québec (selon la logique qu'il s'agit de revenus de placements). Si bien qu'un tel revenu ne vous permet pas de contribuer au REÉR ou même à la RRQ ! On ne peut pas gagner sur tous les plans !

Alors, à quoi sert-il de s'incorporer ? L'entreprise sert d'abord de réserve de capital. Elle est également très avantageuse si votre entreprise requiert un investissement lourd, car les règles comptables un peu différentes feront en sorte que vous aurez davantage de liquidités.

La morale de l'histoire : l'incorporation n'est pas nécessairement avantageuse pour tout le monde, mais elle peut l'être dans
bien des cas. Vous devriez consulter un fiscaliste ou un comptable
agréé, qui pourra vous aider à déterminer à quel cas particulier
vous appartenez !

3. *Société en nom collectif.* Non, ce n'est pas une compagnie ni
    une coop. La S.E.N.C. regroupe plus d'un propriétaire sous
    une même raison sociale. L'immatriculation est ici obligatoire.
    Et vous devriez rédiger une convention de sociétaires avec un
    avocat. Cette convention prévoit notamment les obligations
    de chacun, leur apport financier, la dissolution éventuelle de la
    société et ce qui advient en cas de décès d'un associé. Comme
    la responsabilité peut être partagée, on la finance plus aisé-
    ment, mais les avantages fiscaux se limitent à ceux des indi-
    vidus. Un profit de 100 000 $ se répartit obligatoirement entre
    les associés, qui paient l'impôt selon leur taux personnel d'im-
    position.

    Au quotidien, la S.E.N.C. se compose d'un patron (les asso-
    ciés) et d'employés qui partagent des ressources communes
    dans le but de se verser un salaire, de toucher des avantages
    sociaux (vacances, assurances) et de produire un profit. Les
    associés, qui ont fourni chacun une mise de fonds, ne sont
    pas portés à chercher une autre job ou un autre contrat : ils
    travaillent pour le bien du groupe et font fructifier leur place-
    ment. Si l'un quitte la société, il doit vendre ses parts à ses
    anciens associés selon une formule préétablie.

    La part relative des associés peut varier à l'infini, selon la mise
    de fonds de chacun mais aussi leur apport. Un seul associé
    qui trouve du travail pour tous les autres, qui gère le bureau
    et fait la réputation de la société devrait normalement se
    réserver quelques prérogatives. Un ex-solitaire devenu associé
    a des obligations de performance : il doit produire, sinon les

associés ne toléreront pas longtemps qu'il mange leur profit. Ils vont lui racheter sa part pour le mettre dehors ou le garder comme employé.

4. La *société virtuelle*. Le nom est très à la mode par les temps qui courent, particulièrement dans le petit monde des travailleurs autonomes de la république du Plateau-Mont-Royal. Il ne s'agit nullement d'une formule juridique nouvelle, mais d'un nom poétique donné à des individus, associés ou incorporés, dont l'entreprise commune n'a pas pignon sur rue. Le siège social est plié en deux dans le classeur d'un avocat. Chaque partenaire travaille à domicile. C'est donc une compagnie ou une S.E.N.C. de plein droit, les beaux bureaux en moins. Cette formule, qui gagne en popularité, demande à faire ses preuves, car il est difficile de contrôler l'usage réel que chacun fait de son temps. L'émulation est plus difficile à obtenir.

5. *Société de dépenses*. Il ne s'agit nullement d'une formule juridique prédéfinie mais d'une entente entre des individus, un peu comme celle entre les colocataires d'un appartement. Les colocs mettent en commun leurs activités non pas pour partager leurs profits mais seulement pour partager certaines dépenses et réduire certains coûts.

Ce type de regroupement est très prisé chez les jeunes professionnels fauchés, qui partagent ainsi un local, des appareils et certains frais de bureau comme ceux relatifs à la comptabilité. Ils s'entraident, se conseillent, se corrigent et se refilent des contacts. Les clients apprécient ce genre de regroupement parce qu'il suffit d'un appel pour trouver deux ou trois personnes capables de réaliser diverses facettes d'un même projet. Les débutants raffolent de cette formule. Quoi de mieux pour trouver des clients et des conseils, mais aussi du soutien moral et un effet d'entraînement? De plus, elle n'engage personne à une promesse de rendement. Du moment que chaque membre paie sa part de bureau et des services.

Par contre, ce type d'association subit un fort taux de roulement. Souvent, dès qu'un membre se trouve un emploi ou un contrat de longue durée, il décroche. L'absence de mise de fonds fait que personne n'est attaché. Les autres membres doivent aussitôt le remplacer s'ils veulent conserver des frais très bas – c'est la raison d'être de ce genre de regroupement.

Réfléchissez avant de vous y joindre. L'accent sur les coûts et l'entraide intéresse les débutants au premier chef. Mais si vos affaires roulent bien et que vous travaillez à votre aise depuis chez vous, pourquoi payer 180 $ par mois de plus pour un bureau ? Êtes-vous certain que vous ferez suffisamment plus d'affaires pour couvrir cette dépense ? À moins, bien sûr, qu'il faille sortir de la maison parce qu'il est devenu impossible d'y travailler, à cause des enfants par exemple.

6. *Coopérative.* Enfin, on peut adopter la coopérative, dont les attributs sont prévus dans la loi. Cette entité n'est pas moins paperassière qu'une compagnie, mais elle fonctionne différemment. Chaque membre ne détient qu'un vote, quelle que soit sa mise de fonds – dans la compagnie, le vote est proportionnel au capital de chacun. Advenant un profit, les membres reçoivent une ristourne, non pas un dividende. La coopérative existe toujours pour réaliser un objectif commun : assurer un service, donner du travail. Les membres peuvent être salariés ou profiter de rabais. Cette lourde formule n'est pas toujours la plus appropriée pour un regroupement de travailleurs autonomes cherchant simplement à diminuer leurs dépenses. Il lui faudra peut-être un autre but.

Adresse utile

Registraire des entreprises – à Québec :
800, place D'Youville, Québec (Québec) G1R 4Y5
Tél. : 418-643-3625

À Montréal : 800, rue du Square-Victoria
Montréal (Québec) H4Z 1H9
Tél. :1 888 291-4443
http ://www.req.gouv.qc.ca/

Deuxième partie

La vente et le financement

Chapitre 7

Pour boire, il faut vendre

Ce qu'il faut savoir
pour vendre efficacement

Malgré toutes vos études de marché et le meilleur plan d'affaires du monde, votre idée ne sera véritablement viable que lorsque vous aurez entrepris de la vendre. C'est là le réel test.

La plupart des gens qui disent être nuls en vente manquent en réalité d'expérience. J'ai fait beaucoup d'exploration de cavernes à une certaine époque et je n'ai jamais rencontré un vrai claustrophobe, même si tous les profanes disent l'être ! La crainte vient toujours de l'ignorance ou, au contraire, de la certitude qu'on est mal préparé. En tant qu'écrivain, j'ai longtemps cru que je n'étais pas fait pour la vente. Sauf que, avec le temps, je me suis trouvé un certain talent et même un goût féroce pour négocier ma propriété intellectuelle.

Le talent de vendre n'est pas inné, mais il s'apprend. Les bons vendeurs ont toujours un bon produit. Dans le cas du président-concepteur-vendeur-comptable que vous êtes, la qualité et la pertinence du produit ou du service dépendent de vous. Mieux vous aurez ciblé les désirs des acheteurs éventuels, plus la chose sera facile à vendre.

La vente, c'est comme l'amour : on devient meilleur avec la pratique. Il est possible de déléguer le travail de vente, mais chacun devrait faire l'effort de vendre lui-même au début. Ce contact avec la clientèle est nécessaire à l'aboutissement du projet. Mais si vous êtes toujours aussi nul après un certain temps et n'avez aucun goût pour la vente, tout n'est pas perdu ! Il existe des vendeurs professionnels ou agents, parfois nuls dans l'art de développer un produit ou un service original, qui ne demandent qu'à vous représenter moyennant une commission – encore des travailleurs autonomes !

Sans faire dans la pensée positive, il faut savoir surmonter quelques faux problèmes psychologiques :

- « *Chus p'tit.* » Ce n'est pas parce que vous êtes petit que vous ne serez pas capable : 59 % des exportations américaines sont réalisées par des entreprises de 19 employés et moins ! Cinquante-neuf pour cent ! Comme le disait ma mère : « Pas-Capab, yé mort. Y s'est fait tuer par Essaye. »

- « *Je reste à Saint-Éloigné.* » Le fait d'exploiter une affaire hors des grands centres ne devrait pas être un obstacle, à condition de ne pas penser comme un demeuré. Rester en région, ce n'est pas une montagne. Les bonnes idées intéressent tout le monde. La grande ville permet seulement de trouver plus de preneurs pour une mauvaise idée. Travailleurs autonomes de Montréal et de Saint-Éloigné, même combat.

- « *C'est de l'ouvrage.* » Le seul problème avec les grandes idées, c'est qu'il faut être à la hauteur ou prendre les moyens de l'être : vous ne vendrez pas vos services de formation en calcul mental à la Banque de Montréal si vous ne parlez pas l'anglais. De même, vous avez raison de trouver les Américains bouchés, arrogants, suffisants, mais vous ne leur vendrez rien si vous ne baragouinez pas leur langue.

Au chapitre 8, il sera question de publicité, à ne pas confondre avec la sollicitation en personne, qui fait l'objet du chapitre 9. Avant de commencer à vendre, vous devez réaliser deux approches essentielles : devenir visible et préparer vos documents.

Soyez visible

Vous êtes-vous déjà demandé comment les avocats et les comptables agréés vendent leurs services ? Certes, leur profession leur assure un certain monopole, mais leur ordre professionnel leur interdit de faire de la sollicitation.

Comment vendre sans solliciter ? Les avocats et les comptables agréés, en plus d'être des maniaques de la carte professionnelle, s'assurent une très grande visibilité par leur engagement social et dans leur réseau (voir encadré ci-dessous).

Pour ne pas finir comme une queue de veau[3]

Quand il est question de réseautage, un terme à la mode que j'abhorre, prenez garde de vous éparpiller. Il peut être utile de se monter un réseau de contacts, mais si cela prend tout votre temps, vous devriez songer à devenir lobbyiste !

1. Sachez ce que vous voulez. Quels fournisseurs ou clients visez-vous ? Qui peuvent être vos partenaires ? Cherchez-vous une visibilité locale, régionale, provinciale ?
2. Soyez réaliste. Combien de contacts voulez-vous établir ? Quelle image voulez-vous projeter ? Si vous comptabilisez toutes les dettes morales qu'on a contractées auprès de vous, vous serez rejeté.
3. Soyez efficace. Combien de temps pourrez-vous consacrer chaque mois aux relations écrites et verbales ?
4. Investissez un peu. Quels congrès, déjeuners-causeries, séminaires vous seraient vraiment profitables ?

---

3. Librement inspiré de « Sept Clés pour se bâtir un bon réseau de contacts », par Nathalie A. Aubut, dans la revue *L'autonome*, janvier-février 1997, p. 24.

5. Établissez un échéancier. Prévoyez des étapes et évaluez le moment où vous devriez commencer à récolter ce que vous semez. Plus votre plan d'affaires est ambitieux, plus le résultat escompté sera long à atteindre. Même si vous faites des progrès appréciables, le résultat final pourrait n'être atteint qu'après plusieurs années de persévérance.
6. Réévaluez. Si rien ne marche tel que prévu, peut-être est-il temps de changer de cap.

Quelques individus mieux branchés que d'autres ont la capacité de vous faire sauter d'un groupe à l'autre, souvent de façon inattendue. Quand le journaliste Pierre Duhamel a quitté *Commerce* pour devenir rédacteur en chef d'*Affaires Plus*, je l'ai suivi et j'ai ajouté une nouvelle publication à ma liste de clients. Sa remplaçante, Catherine Leconte, a fort apprécié mon travail et m'a recommandé à son mari, un certain Jean-François Lisée, qui s'occupait de la section politique à *L'actualité* à l'époque et qui cherchait justement un bon petit pigiste. J'avais déjà fait quelques tentatives inégales dans ce média, mais Lisée m'a donné ma chance en me confiant mon premier reportage important à *L'actualité*.

Les associations professionnelles servent avant tout à créer des liens. La plupart offrent des publications, des conseils et des séminaires de formation. Vous pouvez ainsi rompre avec la solitude, vous familiariser avec des sujets d'actualité et avec vos concurrents eux-mêmes. Je conseille de devenir membre d'au moins une association hors Québec. Ça débarrasse du réflexe d'insulaire qui empêche de voir les occasions d'affaires sur la rive droite de la rivière des Outaouais et au sud du 45e parallèle.

Les avocats et les comptables deviennent reconnaissables et reconnus dans leur communauté en s'engageant dans la politique locale et dans les œuvres philanthropiques ou culturelles. Ils sont membres de groupes d'affaires, donnent des conférences, écrivent des articles, s'activent dans leur chambre de commerce, au conseil d'école. Ils participent aussi à des congrès techniques ou politiques.

Votre présence au sein d'organismes – journal, comité, conseil d'administration – vous place au cœur de l'action. Voilà le véhicule idéal pour nouer des liens avec des personnes bien branchées occupant de véritables postes de décision, qui vous aideront peut-être à mettre vos idées au point et à ouvrir une porte ou deux. Prenez garde toutefois de vous éparpiller. (Voir l'encadré précédent.)

Les meilleurs se dévouent toujours par réel souci du service rendu, auquel se mêle la certitude que le bien ne peut faire de mal à personne et que charité bien ordonnée commence par soi-même. L'engagement social est une puissante courroie de transmission, mais la courroie peut se bloquer si vous agissez par pur carriérisme et toujours superficiellement. Les bénévoles discernent vite ceux qui aident pour s'aider, qui en font le moins possible pour le maximum de résultats personnels. Cette attitude vous nuirait à la longue. Si vous ne vous sentez pas la vocation, bornez-vous à assister aux congrès.

Outils

Avant de commencer à vendre, il faut se munir de quelques outils, à commencer par une pochette comprenant la description du produit ou du service offert et de l'entreprise qui l'offre. Il s'agit de se présenter sous un jour favorable sans rien inventer. Pas question de photocopier deux ou trois feuillets du plan d'affaires : ce document cerne plutôt la situation et compare vos concurrents dans des termes qu'ils n'aimeraient peut-être pas. Votre pochette doit comprendre des photos, un produit de démonstration, des coupures de presse sur votre entreprise ou sur une conjoncture qui justifie votre nouveau service, des commentaires de clients satisfaits. Naturellement, pour une première vente, les bons mots de la clientèle seront rares, mais l'une des personnes influentes qui vous ont aidé pourrait bien émettre un commentaire favorable à votre égard. Ces documents doivent être concis, convaincants :

ne tournez pas autour du pot. Certaines entreprises ne veulent voir que votre pochette – pas vous –, mais la pochette sert le plus souvent à appuyer vos autres démarches.

Dans le secteur des services, le *curriculum vitæ* (CV) est indispensable, mais n'y mettez pas tout : son contenu doit également être pertinent. Pas besoin de remonter aux circonstances de votre conception. Si, dans la recherche d'emploi, le CV est l'un des principaux outils, il n'est qu'un élément secondaire de la pochette de vente d'un travailleur autonome. Il ne suffit pas de dire : « Ohé ! Je suis là, je suis bon, je suis compétent. » Pour l'instant, le client n'a rien à faire de votre compétence : il cherche une solution à un problème.

Et si la qualité du travail est la meilleure carte de visite, personne ne peut se passer de cartes professionnelles et de papier à lettres, surtout pour traiter avec les grandes compagnies. Les politiciens, les gens d'affaires, les congressistes et les scientifiques raffolent des cartes professionnelles, qu'ils demandent constamment – inutilement, mais jouer le jeu contribuera à vous situer à leur niveau. En présenter une fait sérieux (même si c'est profondément ridicule). J'en agrafe aussi à mes factures (il faut bien les écouler) ou quand j'envoie une coupure d'article à un collègue ou à un client.

Veillez à la correction du langage dans tous vos documents. À lire tout ce qui se dit et s'écrit en général, on pourrait croire que la masse n'y verra que du feu. Le problème, c'est que les meilleurs sont, comme par hasard, les plus soigneux. Et vous pourriez tomber sur quelqu'un qui n'aime pas les « phôtes ». Les « phôtes » ont le défaut de faire douter de vos compétences, et pas seulement comme écrivain : Êtes-vous vraiment la personne qui voit à tout comme vous le prétendez ? Pourquoi alors n'avez-vous pas pris le temps de vous relire ou d'ouvrir un dictionnaire ? Même le dernier des bassistes rock doit connaître ses accords et suivre la batterie s'il ne veut pas finir dans le métro. Un musicien ne dit jamais : « Y vont comprendre pareil. » C'est une évidence.

Pourquoi en serait-il autrement pour l'écrit ? Dans une pile de propositions, une bonne offre bourrée de « phôtes » passe toujours en deuxième. Si vous écrivez comme un pied, faites relire vos documents importants par un autre travailleur autonome spécialisé appelé correcteur ou réviseur, ou par un traducteur si vous avez pondu un texte dans une langue autre que votre langue maternelle, même si vous croyez la connaître – les carences verbales ne dérangent jamais autant que les carences écrites, ne serait-ce que parce qu'elles passent et que les écrits restent.

Les documents compris dans votre pochette ne sont pas des artifices. Ils servent à transmettre la même information à plusieurs personnes. Même si vous rencontrez vous-même le président de *McDonald's* en tête-à-tête, sa décision à votre égard sera prise en collégialité, c'est-à-dire après qu'il aura consulté ses collègues ou le personnel qui sera concerné pour le meilleur et pour le pire par votre offre. Votre pochette vous assure que tout le monde reçoive les informations fournies de la même façon, ce qui n'est pas le cas des présentations orales, toujours déformées par les intermédiaires même s'il s'agit de vos meilleurs amis. Quant au degré de perception des informations, il vous restera à le vérifier et à rajuster le tir au besoin.

Une mise en garde : même si l'ordinateur le plus ordinaire vous permet de concevoir une brochure potable, donnez-vous la peine d'appeler au cégep le plus proche pour y engager un étudiant en graphisme. Ravi d'ajouter une expérience professionnelle à son portfolio, il exécutera le travail pour pas cher et avec professionnalisme. Afin de ne pas tomber sur un cancre, demandez le chouchou du prof.

Lectures utiles

Harry, BECKWITH, *Vendre l'invisible : un guide pratique de marketing moderne,* traduit de l'américain par Christian Hallé, Varennes, ADA, 2001, 310 pages.

CARDINAL, Lise, *Réseautage d'affaires : Mode de vie*, Montréal, Éditions Transcontinental, 2004, 264 pages.

Collectif, *Le Français au bureau*, 6ᵉ édition, Sainte-Foy, Publications du Québec, 2005, 760 pages.

SAMSON, Alain, *Promettez beaucoup, livrez davantage*, Montréal, Éditions Transcontinental, 2000, 155 pages.

VIGNY, Georges, *Comment gagner la course à l'exportation : la trousse de planification, les sources et ressources disponibles, les secteurs et pays prometteurs, de A à Z*, Montréal, Éditions Transcontinental, collection « Entreprendre », 1998, 270 pages.

Chapitre 8

Faites passer le message

Ce qu'il faut savoir
pour réussir sa publicité

Tout le monde n'a pas les moyens de se payer une annonce pendant le septième match des finales de la coupe Stanley. D'ailleurs, à quoi bon si elle vous fait connaître mais n'apporte aucun contrat?

C'est la nature de votre produit qui doit vous guider dans le choix d'un média pour vous faire connaître. S'il s'agit d'un produit de masse ou qui s'adresse à un grand nombre d'acheteurs potentiels, vous avez le choix entre toute une série de médias. Au contraire, si votre idée doit être adaptée à un petit nombre de clients, vous adopterez la sollicitation en personne, dont il sera question au prochain chapitre.

On voit rarement une combinaison des deux, mais c'est pourtant ce qu'a réussi Paul Gallant, l'inventeur du casse-tête en trois dimensions et une école de marketing à lui seul. Avec son prototype de Puzz-3D, il est allé frapper à la porte de F.A.O. Schwarz, le célèbre magasin de jouets new-yorkais et vitrine de toute l'industrie. Schwarz en a pris 200 boîtes. Fort de cette visibilité acquise,

Gallant a lancé sa publicité de masse par étapes (foires, kiosques, articles, journaux, *infomercials*, etc.)

Ce succès de marketing comporte trois leçons. *Primo*, Gallant n'a pas sous-estimé l'intérêt de son idée. Les néophytes croient souvent, à tort, qu'ils doivent s'adresser à de petits clients parce qu'ils sont petits eux-mêmes. C'est plutôt leur idée qui devrait les porter. Les grands clients ne sont pas grands pour rien. Schwarz a eu de grandes idées et son entreprise sait les reconnaître chez les autres. La grenouille Wrebbit est devenue aussi grosse que le bœuf, et c'est maintenant Gallant qui montre un flair exceptionnel pour détecter d'autres idées comptant un fort potentiel. C'est toujours aux mêmes que ça arrive.

Deuxio, Gallant a correctement évalué la portée de son idée, ce qui demande connaissances et instinct. Certaines idées sont par nature locales – « Je fais des communications » ; « Je coiffe les cheveux » – ou plus larges – « Je fais des relations publiques dans le domaine pharmaceutique ». Votre idée de service à domicile en soins des pieds est forcément locale au début : ça n'aurait aucun sens d'essayer d'offrir le même service à Chicoutimi si vous vivez à Montréal. Par contre, si vous concevez des mallettes pour infirmières itinérantes, vous franchirez les frontières !

Troisio : Gallant a choisi son média (la vitrine de F.A.O. Schwarz) en fonction d'un résultat précis à atteindre (la visibilité dans son industrie), pas seulement parce que ce média flattait son *ego*. La pub télé est convenable pour lancer un service de consultation astrologique ou un nouvel éplucheur à patates, mais pas nécessairement pour annoncer un atlas. Pour un service de consultation en « thérapie par la couleur », un média transmettant la couleur vendra sûrement mieux que la radio ou qu'un hebdo publié en noir et blanc. Et si vous offrez un service de barbier à Magog, peut-être que les téléspectateurs de Trois-Rivières n'ont pas besoin d'en entendre parler. À moins que ce soit un service de barbier *sexy*...

Dans tous les cas, vous avez l'obligation d'être clair dans le message et intéressant dans la forme, car le client se fait une idée très rapidement. Nous sommes tous équipés d'un petit ordinateur dans le cerveau qui soupèse le problème, le compare à l'offre, met un prix dessus. Le circuit surchauffe quand le messager est irritant ou confus. Cette machine à jugeote tranche en trente secondes, parfois moins.

On ne redira jamais trop l'importance du slogan. Un consultant en publicité de Vancouver offrait aux annonceurs locaux un service-conseil pour améliorer leur publicité et leurs documents de vente, tous pitoyables. Son slogan : « Un rapport pour un dollar, parce que rien n'est gratuit ». Une pub accrocheuse pour un consultant en publicité. Il a reçu une quarantaine de réponses dont le tiers de gens qui sont devenus ses clients.

Ne manquez pas de consulter un spécialiste, ne serait-ce que pour valider vos choix si vous tenez à préparer votre pub vous-même. Prenez le temps de bien choisir : les consultants ont tous leur spécialité. Très peu de gens savent faire du bon télémarketing. Tenez-vous loin du consultant qui tente de vous faire mettre tous vos œufs dans le même panier. Il faut toujours garder des réserves pour relancer le public, de trois à sept fois à la télé ! C'est aussi vrai pour tous les médias. Sans relance, votre publicité pourrait ne rien donner. Toujours relancer.

Mettez au point votre message

Le but de toute publicité est bien sûr de vendre, et le moyen ultime d'y parvenir est de susciter le bouche à oreille, qui peut provoquer un véritable raz-de-marée. Ceux qui y parviennent sont en général ceux qui maîtrisent le message autour de leur produit ou de leur service. Vous pouvez payer une fortune pour embaucher des publicitaires qui feront le travail pour vous, mais vous vous rendrez compte qu'ils discuteront beaucoup pour découvrir les ingrédients de votre idée.

Quels ingrédients? Si vous comprenez qu'une idée peut avoir des ingrédients, vous répondrez mieux aux questions. Vous pourrez même faire un bon bout de chemin, voire toute la route, dans la conception et la mise en application de votre publicité.

Le public, qu'il soit hyperrestreint ou au contraire élargi à toute la population, réagit à quatre ingrédients, qui sont toujours les mêmes : l'histoire, l'actualité, la nouveauté et la personnalité.

1) *L'histoire.* C'est, je pense, la partie la plus difficile à saisir, mais l'une des plus importantes, car elle a des répercussions directes non seulement sur votre capacité de vendre, mais sur la forme que prendra votre communication. L'histoire, c'est ce qui vous pousse à raconter. Ces histoires sont souvent très simples, de type anecdotique : Guy A. Lepage devait sortir avec son caniche dépeigné et vous avez su lui faire (au cabot) une mise en plis convenable. Un autre type d'histoire est le genre découvreur : après vous être cassé une jambe, vous avez trouvé comment construire une béquille-robot. D'autres portent une morale.

L'histoire est facile à découvrir : c'est ce qu'on veut raconter, parce que cela amuse, attire l'attention, transmet une leçon.

Pourquoi l'histoire est-elle si importante? J'ai beaucoup réfléchi sur ce point et j'en suis venu à la conclusion que l'histoire correspond exactement à la structure de la pensée : elle consiste à dire quoi, qui, où, quand, et cela passe ensuite au comment et au pourquoi. Les journalistes appellent cela les cinq W de l'information : *who, what, where, when, why* – moi, je dis qu'il y en a un sixième, *how,* mais peu importe. L'histoire les organise naturellement. Monsieur Tout-le-monde est englouti dans l'intensité de la vie quotidienne et doit traiter de problèmes complexes et extrêmement variés. Or, notre cerveau est équipé d'un tiroir spécial, et assez grand, pour les histoires. Cela tient au fait que l'histoire est le fil conducteur qui vous dit où se place le fait que vous êtes en train d'examiner. On dirait que le cerveau humain reconnaît une histoire parce qu'il pense comme cela. C'est Montesquieu qui écrivait : « Au pays des triangles, Dieu aurait trois faces. » Il disait ça pour critiquer la religion, qui est une construction humaine. Moi, je vous dis ça parce que toutes les grandes religions du monde sont organisées autour d'une histoire que certains tiennent pour véridique, mais qui est belle et dont ceux qui y croient ne se tannent pas. Elles se sont structurées autour d'un archétype humain qui s'appelle l'histoire. C'est fort comme ça, une bonne histoire.

Autour de l'histoire, toute l'information s'organise miraculeusement, et Monsieur Tout-le-monde respire d'aise. « Ah, histoire ! » Heureusement pour vous, l'histoire peut être assez simple. Cela ne tient parfois qu'en quelques lignes. Un mécréant comme moi vous dira même que si des histoires sont assez fortes pour vendre Jésus, Allah ou Bouddha à des milliards d'humains, imaginez ce que vous pouvez faire, vous, avec une vraie bonne histoire autour de votre affaire !

2) *L'actualité.* Tout est affaire de *timing*, comme cela se dit de plus en plus dans les cercles parisiens. Tout le monde veut être dans le coup, c'est normal. Vous n'avez pas tellement de contrôle sur l'imprévisible. Si vous lancez votre nouveau service de nettoyage de fenêtres sur corde – pour remplacer les nacelles – juste au moment d'un tragique accident de laveurs de vitres au centre-ville de Montréal, on peut dire que vous tombez à propos.

L'actualité est bien faite parce qu'elle est cyclique et donc partiellement prévisible. Si vous êtes informés, vous savez quand aura lieu le prochain sommet de la Terre : cela ajoutera de la pertinence à votre nouveau service de conseil en recyclage. Votre tout nouveau procédé de détection des ouragans ? Cela tombe bien, il y a une saison des ouragans chaque année. Il y a toujours des cycles dans l'actualité.

Vous pouvez toutefois vous insérer dans l'actualité si vous apportez un éclairage nouveau à un problème de l'heure. Une polémique se prépare sur l'utilisation de calculettes en quatrième secondaire? Un reportage sur la formation en calcul mental serait à propos. De même, à l'approche de l'Action de grâces, votre service de recyclage de dinde intéressera sûrement, parce que c'est la dinde, et parce que c'est l'Action de grâces. À Pâques, c'est le jambon. La neige, c'est l'hiver. L'été, c'est « avec pas de neige », comme dirait Mario Tremblay.

3) *L'originalité.* Personne n'en a parlé, personne ne l'a fait comme vous allez le faire. Il y a environ un million de banlieusards qui empruntent chaque jour un des 21 ponts permettant d'accéder à l'île de Montréal. Or, j'ai été le premier à proposer à *L'actualité* un reportage assez joli sur le tour de l'île de Montréal en canot – 120 km en quatre jours, puisque vous voulez tout savoir. J'ai une collègue, Chantal Dauray, qui a vendu à son éditeur un livre intitulé *Nos rituels*, et qui parle justement de la façon d'organiser un *shower*, une première communion, un enterrement, etc. Elle est en train de se monter une business parallèle de conseils en rituels : personne n'y avait pensé avant, sauf le pape.

4) *La personnalité* enfin se joue sur deux plans : celle du sujet et la vôtre. Si vous êtes conseiller en orientation et que vous avez eu vous-même étant jeune des difficultés d'orientation, cela pourrait ajouter à votre message. Si vous êtes architecte et que vous lancez une nouvelle sorte de structure, le fait que vous soyez mohawk et que votre père figure sur les photos sautées des monteurs de structures new-yorkais (la plupart sont des Mohawks) ajoute de la force à votre message. Vous êtes barbier et vous êtes chauve? Pourquoi pas! Cet élément de personnalité peut jouer pour vous ou contre vous. Anne-Marie

Péladeau, la sœur de l'autre, aurait bien du mal à lancer un service de consultation en désintoxication – elle n'en est pas sortie. Un conseiller marital à son cinquième divorce ou une diététicienne obèse ne gagnent pas nécessairement à jouer de leur personnalité. Bizarrement, par contre, un barbier chauve suscite tout de suite la sympathie. Si vous êtes habile, votre personnalité peut faire partie intégrante de votre message.

Ces quatre ingrédients (histoire, actualité, originalité, personnalité) se combinent de toutes les manières. Mais il faut garder en tête qu'ils ne sont pas nécessaires non plus. Je dirais qu'une bonne histoire trouvera toujours preneur, mais vous ramerez davantage si elle n'est pas dans l'air du temps, si elle n'est pas originale et s'il n'y a pas un élément de personnalité là-dedans. De même, votre communication peut très bien réussir si vous ne misez absolument que sur l'originalité.

Tous les goûts sont dans la nature, et il est certain que ce qui est intéressant, actuel, original pour l'un sera plate, quétaine, niaiseux pour un autre.

Si votre message réunit les quatre ingrédients à bonne dose, votre communication réussira sans doute à susciter le bouche à oreille.

Les vitrines

Encore faut-il, également, bien choisir son véhicule publicitaire. Nous voulons tous que « tout le monde en parle ». Mais « tout le monde » est un concept large : si vous vendez un service hyperspécialisé, comme la communication dans le milieu pharmaceutique, « tout le monde » se résume à quelques centaines de personnes, tout au plus. Vous n'avez pas besoin de Guy A. Lepage. La clé du succès aura été de bien choisir les canaux par lesquels vous allez joindre *votre* « tout le monde ».

Pour décrire l'intérêt et les dangers inhérents à divers médias, je m'inspire largement de l'excellent *Comment faire sa publicité soi-même*[4]. J'y ajoute aussi certaines catégories de mon cru. Allons-y du simple au compliqué.

1. La *signature* ou *logo* désigne uniformément toutes vos communications. Elle est l'équivalent visuel du slogan. On songe au *Q* du logo d'Hydro-Québec, au *M* des pizzas de *McDonald's* ou à la grenouille de Wrebbit. Auditivement, la ritournelle joue le même rôle. Pendant des années, Coke a axé sa publicité sur les huit mêmes notes accrocheuses, aisément reconnaissables, que les publicitaires ont soumises à toutes les variations.

2. L'*enseigne* est avant tout locale. Combien de passants franchiraient votre seuil s'ils voyaient de l'extérieur que vous existez ?

3. L'*envoi postal* peut coûter cher. Ciblez d'abord la clientèle visée sur vos listes d'envoi. Il existe de nombreux trucs : avec la lettre personnalisée, on peut utiliser l'enveloppe elle-même comme message, mais tout le document doit être aussi détaillé et aussi explicatif que possible, chiffres à l'appui. Soulignez, engagez à l'action, rendez la tâche facile.

4. Le *dépliant publicitaire* a perdu de l'efficacité car tout le monde en produit. Il comporte peu de texte et son pliage doit être étudié avec soin. Prévoyez le canal de distribution et indiquez clairement à qui il s'adressera.

5. La *communication interne* d'entreprise est souvent négligée. Les employés des grandes compagnies forment de grands groupes de consommateurs bien payés. Si vous souhaitez convaincre les dirigeants, vous gagnerez à accroître votre notoriété chez les employés. À cet effet, pourquoi ne pas exploiter le réseau informel des congrès, des surprises-parties

---

4. Claude Cossette, *Comment faire sa publicité soi-même* (2ᵉ édition), Montréal, Éditions Transcontinental, 1989, 184 pages.

et des rencontres sportives – si vous avez de bons contacts à l'interne –, mais aussi le bulletin interne, la trousse du nouvel employé, le babillard?

7. La bonne vieille *vitrine* tombe en désuétude parce qu'elle est mal comprise. Il ne s'agit pas seulement d'entasser des produits pour les soumettre aux passants. Un commerce-phare, comme F.A.O. Schwarz dans le domaine du jouet, assure une visibilité parfois démesurée.

8. La *foire* coûte très cher, car il faut louer son stand, le décorer, déplacer du personnel, y passer des jours entiers sans voir le soleil. L'intérêt qu'on y portera dépend de l'intérêt du produit, mais aussi de sa présentation : voyez un spécialiste en aménagement de stand. Distinguez bien les foires publiques, genre Salon des métiers d'art, des foires commerciales réservées aux spécialistes d'une industrie. À vous de choisir. Une variante pour tester son idée (Gallant l'a fait) consiste à installer un petit stand une journée au mail pour voir la réaction de Monsieur Tout-le-monde. Sur le plan international, la foire est très utile et vous pourriez bénéficier de subventions gouvernementales – il reste de l'argent pour ça.

9. Le *télémarketing*, un hybride de la publicité de masse et de la sollicitation personnelle, peut vous jouer des tours. Il s'adresse à un grand nombre, qu'on détermine par des listes de publipostage ou par des associations. Mais on approche les gens au téléphone en les appelant un à un. Vous devez établir avec soin votre stratégie : Je téléphone à la maison ou au bureau? Je fais de la prospection ou de la relance? Je veux obtenir un contrat, un rendez-vous, une information ou une commande? Vous avez intérêt à préparer un plan de dialogue et à choisir des télémarketeurs qui savent répondre aux questions difficiles. Le téléphone est un médium intimiste : un client intéressé entrera rapidement dans le vif du sujet et posera des

questions imprévues. Un télémarketeur inepte, inculte et sans esprit vous brûlera à coup sûr. Si vous vendez des abonnements de concerts symphoniques, il se doit de savoir comment prononcer le nom du compositeur Dvořák. S'il s'enfarge dans le nom de Rimski-Korsakov ou de l'excellent Chostakovitch, le mélomane à l'autre bout du fil va raccrocher quand il entendra le télémarketeux lui dire qu'il s'agit d'une « excellente sélection de musique du temps de Jésus ».

Les médias

10. Le *site Web*. C'est un hybride de la vitrine, du dépliant et du télémarketing. Cela peut coûter très cher, mais on peut s'en tirer de façon très économique. Surtout, cela permet d'être partout. Par exemple, depuis cinq ans, je publie mes livres aux États-Unis, au Canada anglais, au Québec, au Royaume-Uni, en France, et j'en ai même un qui est traduit en chinois et en néerlandais. Comme je ne peux pas être partout pour tout le monde en même temps, le site Web m'est extrêmement utile pour donner la même information à tous, afficher les dernières critiques (quand elles ne sont pas trop critiques). J'ai longtemps hésité à savoir si je ne devais pas également vendre moi-même mes livres, ce qui peut être assez payant, mais j'y ai renoncé, car la chose est extrêmement complexe : mon site se contente de diriger les lecteurs vers amazon.com, ou renaud-bray.com et autre archambault.ca. L'inconvénient du site Web est qu'il faut constamment y mettre du nouveau et l'entretenir.

11. Les *journaux* et les *hebdos* véhiculent presque toujours une publicité graphiquement moins travaillée que dans un magazine, mais où la présence du prix et de l'adresse exacte des services offerts ne détonne pas. Les publireportages, c'est-à-dire des publicités déguisées en articles de journaux, sont

en vogue. Si vous pratiquez des soins à domicile, les journaux communautaires ou même le feuillet paroissial seront pour vous la meilleure courroie de transmission. Dans le domaine de la vente par la poste (*mailorder*), plusieurs se lancent dans les petites annonces, très lues apparemment. Ne négligez pas les journaux des communautés culturelles. Certains consultants dotés de bagou se taillent souvent une place de chroniqueur dans une feuille de chou locale, où ils « ploguent » parfois allégrement leurs services.

Un « publicitaire » malcommode

Les journalistes sont très sollicités parce qu'un reportage journalistique est un puissant véhicule qui peut déclencher une vague de bouche à oreille ou l'entretenir longtemps en plus de donner de la crédibilité à votre pochette.

Malheureusement, les travailleurs autonomes et leurs relationnistes s'y prennent toujours mal. « J'ai un client, un consultant qui réussit très bien » est pathétiquement vide d'intérêt. Pis ?

Les bons journalistes sont passés maîtres dans l'art de sentir les ingrédients d'une bonne idée – l'histoire, son actualité, son originalité, sa touche de personnalité – qui sont les caractéristiques d'une bonne communication (on en a parlé au début du chapitre). Encadrez cette pensée dans votre chemise publicitaire : **PAS D'ARTIK SANS HISTOIRE. Vous n'avez aucune chance d'intéresser un journaliste si votre machin ne comporte ni histoire, ni actualité, ni originalité, ni même un élément de personnalité.**

Les journalistes détestent une chose : qu'on les confonde avec les publicitaires. Un « ti-tartik » ne doit jamais être désigné comme une publicité, même s'il constituerait en fait une bonne annonce. Particularité qui les distingue tout à fait des publicitaires : les bons journalistes mettent en doute les faits, exigent des détails, voire des preuves. Vous devez être prêt à estimer votre chiffre d'affaires, à expliquer qui sont vos concurrents et même à fournir des numéros de téléphone. Le but du journaliste n'est pas de vous couler, mais de publier une information juste. Si vous patinez, si vous vous braquez ou si vous êtes trop évasif, le journaliste ne parlera pas de vous ou bien il vous coulera parce qu'il a senti qu'on le prenait pour une valise.

12. Les *magazines* procurent surtout la notoriété à cause de la prépondérance des images. Vous pouvez y passer un contenu important, mais les publicitaires tentent plutôt de se démarquer du texte rédactionnel en soignant la photo. Un grand magazine comme *L'actualité* n'est peut-être pas l'idéal pour votre service en soins de pieds pour les vieillards, mais avez-vous songé à *Bel Âge*? à la revue *RND*? à *Madame au foyer*? Votre siège pliable pour les soins à domicile trouvera sûrement preneur dans la revue de l'Ordre des infirmières ou dans les bulletins de CLSC.

13. La *radio* est l'équivalent électronique des quotidiens et des hebdos. Foncièrement locale, elle coûte moins cher. Elle sert à vendre et rarement à établir une notoriété. La contrainte de temps y est forte; l'image, totalement absente. L'annonce radiophonique demande une plus grande virtuosité littéraire – en principe! – et des talents de dialoguiste, car le contenu et l'intérêt doivent passer verbalement, un peu comme en télémarketing, mais à sens unique. Par contre, l'auditeur radio, faute de «zappette», est plus captif que le téléspectateur, mais il est souvent distrait par une tâche.

14. La *télé*, tout le monde en rêve parce qu'elle assure la notoriété, encore plus que les grands magazines. La contrainte de temps y est tellement forte qu'il n'y a pas moyen d'y passer du contenu et la «zappette» a considérablement réduit la patience des téléspectateurs. Ne négligez pas les petits postes locaux ou communautaires, pas chers, où vous pouvez même vous expliquer plus longuement – car ils cherchent à remplir le temps d'antenne –, et qui peuvent faire un excellent boulot. Si vous réussissez à obtenir en plus un reportage, vous aurez atteint un des grands objectifs de la publicité de masse: la saturation.

Lectures utiles

CHIASSON, Marc, *Marketing gagnant pour petit budget*, Montréal, Éditions Transcontinental, collection « Entreprendre », 2ᵉ éd., 1999, 190 pages.

DUPONT, Luc, *1001 Trucs publicitaires* (3ᵉ édition revue et enrichie), Montréal, Éditions Transcontinental, 2005, 353 pages.

FRIEDMANN, Susan A., *La réussite de votre exposition, conseils et technique* ou *Exhibit Tips*, Exhibitors Association International, Bawden Printings, 1995, 14 pages. (Cette brochure est disponible chez Nomadic Display, 3060, rue Brabant-Marineau, Saint-Laurent, Québec, H4S 1K7, 1-888-956-8886.)

SAMSON, Alain, en collaboration avec Georges VIGNY, *Ouvrez vite! : faites la bonne offre, au bon client, au bon moment*, Montréal, Éditions Transcontinental, 1995, 257 pages.

Adresse utile

Exportation et développement Canada

À Montréal :
800, Place-Victoria, bureau 4520
C.P. 124, Tour de la Bourse
Montréal (Québec) H4Z 1C3
Tél. : 514-908-9200 Téléc. : 514-878-9891

À Québec :
2875, boulevard Laurier, bureau 1340
Ste-Foy (Québec) G1V 2M2
Tél. : 418-266-6130 Téléc. : 418-266-6131

Chapitre 9

Le pied dans la porte

Ce qu'il faut savoir pour réussir
au petit jeu de la sollicitation directe

J'ai un ami vendeur d'autos qui examine d'abord les souliers de quiconque met le pied dans sa salle de montre : le modèle et leur état le renseignent rapidement sur les préférences, le caractère et le sérieux du visiteur. Cette approche est bonne dans un commerce d'objets de prix, mais pas si vous vendez des toutous par la poste ou dirigez un service de graphisme d'entreprise.

Les projets, services ou produits qui s'adressent à une clientèle plus spécialisée ou élitiste ne se vendent qu'en personne, sans recours à aucune des techniques de masse dont il a été question au chapitre précédent. C'est particulièrement vrai si votre client fait partie intégrante du développement du produit – comme en informatique.

La vente n'est pas une science exacte : vous traitez avec des personnes qui ont chacune leur caractère et leurs soucis. Les clients (entreprises ou personnes) veulent soit régler un problème, soit améliorer leur rentabilité. Quand on les approche dans cet esprit, il y a de grosses chances qu'ils écoutent.

Ils ont tous un profil commun : le client est presque toujours une personne ordinaire, plus ou moins renseignée, débordée. Il n'a pas le temps de s'asseoir pour déchiffrer une idée mal présentée ou incompréhensible et il veut rentrer tôt. Il évolue dans un univers fermé, son entreprise ou son petit monde à lui, que vous avez intérêt à comprendre.

Les goûts de qui ?

Les bons vendeurs savent reconnaître le facteur décisif. Combien de vendeurs d'autos ont vu une vente leur échapper parce que madame n'aimait pas la couleur ou le vendeur ! Un cas classique, stéréotypé au possible, et pourtant vrai : l'acheteur décide rarement seul.

Dans le cas des entreprises s'ajoute une difficulté supplémentaire : il faut découvrir le bon interlocuteur. Vous n'irez nulle part si vous offrez vos services à la personne que vous remplacerez ! Le directeur des achats ne sera guère emballé par un service de gestion des achats qui le priverait d'emploi.

On découvre le plus souvent la bonne personne en appelant la secrétaire du président, parfois mieux informée sur les rouages de l'entreprise que les vice-présidents. Un message livré par elle est auréolé de son autorité. De façon générale, même les secrétaires les plus débordées doivent devenir vos alliées. Ce sont elles qui filtrent l'information parvenant au patron et donc ce qu'il en pensera. Ne soyez jamais méprisant envers les secrétaires.

Le client préfère toujours une présentation plutôt qu'une autre. Au début, la tactique consiste tout simplement à lui téléphoner pour savoir exactement sous quelle forme vous devriez lui soumettre votre idée. Le but n'est pas de recevoir un cours de vente, mais de convenir dès le départ de la meilleure méthode pour épargner du temps à tout le monde. Cette attitude professionnelle sera appréciée.

Vous faites fausse route si vous envoyez un *curriculum vitæ*. Il s'agit d'une erreur courante du travailleur autonome par défaut, en quête d'un emploi et qui oublie qu'il devrait plutôt rechercher du travail. L'envoi d'un CV par le travailleur autonome est aussi tristement inefficace que la circulaire de Provigo. La lettre-CV produit un résultat dans un seul cas : dans une entreprise naissante ou en difficulté. Celle-là recherche de jeunes et dynamiques candidats prêts à travailler pour presque rien, voire gratis, afin d'assurer sa survie et sa croissance. C'est ainsi que j'ai débuté à l'hebdomadaire *Voir* en 1987. Maintenant établi, *Voir* cherche peu de personnel, il cherche surtout des idées...

Les bonnes manières / *The good manners*

Les codes, verbaux ou non verbaux, interpellent autant sinon plus votre interlocuteur que vos arguments les plus percutants. Les génies de l'informatique détestent ceux qui portent des complets trois pièces ou les tailleurs classiques, alors que les banquiers se méfient des jeans. Pourquoi ramer à contre-courant ?

Ce n'est pas un hasard si l'étiquette, le protocole et le décorum refont surface alors que les travailleurs à domicile prolifèrent. À mon avis, c'est en partie pour dresser un mur entre son intimité et les autres, et en partie pour montrer aux autres qu'on se préoccupe d'eux. Soignez vos manières.

Respecter une certaine étiquette est aussi important qu'une bonne orthographe. Quand le client vous convoque à dîner, sachez tenir votre fourchette. Au cours d'une conversation, vous devriez toujours vouvoyer un aîné, un étranger, une personne de l'autre sexe, sauf si cette personne vous permet le contraire. Rien de plus insultant que de se faire tutoyer dès la première phrase par un télé-marketeux : « Toé, t'aimes-tu ça, Chose Takovitch ? »

Les Québécois sont les seuls francophones du monde à tutoyer d'emblée des étrangers. Ils calquent l'anglais, langue qui ne fait pas la distinction entre le *tu* familier et le *vous* formel. En réalité, cela montre à quel point la culture anglo-saxonne est incomprise. On croit à tort que la langue anglaise est beaucoup plus simple, alors que c'est plutôt le contraire. Les anglophones, malgré une propension marquée pour la familiarité et l'usage du diminutif, ont un code de manières très nuancé. Les manières à table revêtent une grande importance, de même que la façon dont est exprimée une idée. Par écrit, ils sont directs, mais en groupe, ils préfèrent de loin l'*understatement*, ou litote, qui consiste à parler légèrement en sous-entendu. Ils ne préfèrent pas une chose, ils voudraient plutôt (« *I'd rather...* »). *I prefer*, le premier réflexe du francophone qui croit parler l'anglais, est même perçu comme légèrement arrogant.

Comme la culture anglaise est très peu homogène, ethniquement et religieusement, le formalisme n'en est pas absent. On dit *Sir* à un étranger, et *Ms.* (prononcez Miz) à une étrangère. *Madam* est réservé aux vieilles dames, mais Dame aux femmes à statut élevé, dont on ignore le titre de noblesse si elles en ont un. Et bien des femmes sont insultées qu'on les appelle *Mrs.* ou encore *Miss*. Autres savantes distinctions : on dit *Father* à un prêtre catholique, mais *Reverend* à un pasteur protestant ; *Doctor* à un diplômé de doctorat ; *Professor* s'il enseigne à l'université. Et rappelez-vous que le fameux « Phoque ! » québécois, si banalisé, est un juron très vulgaire en anglais, et qui se conjugue par-dessus le marché. *Shocking* !

Quant aux Français, c'est une autre histoire. On les dit arrogants ou impolis, mais les étrangers n'imaginent même pas qu'ils produisent la même impression dans l'esprit d'un Français. C'est que tous les peuples – dont les Français – définissent différemment de nous leur bulle privée ou publique. Par exemple, un client qui ne dit pas bonjour en entrant dans un commerce ou un rayon de grand magasin est perçu comme un intrus : l'argent est un sujet assez privé en France, et donc toutes les questions qui s'y rapportent. Et comme l'argent et l'identité sont des sujets assez privés en France, il ne faut surtout pas aborder les Français en leur demandant leur nom et ce qu'ils font dans la vie. Par contre, si vous n'êtes pas d'accord avec eux, ça ne les gêne pas de l'entendre. Comme ils aiment traiter en affaires avec des gens qu'ils connaissent, ils ne parleront d'affaires qu'entre le fromage et le dessert, après avoir longuement conversé et fait connaissance – sans vous parler de leur famille, car ces sujets sont réservés aux intimes. Quant à savoir le pourquoi et le comment, je ne peux que vous conseiller de lire mon autre livre[5] !

Les trois formes

Il y a trois formes de sollicitation possibles : par téléphone, en personne et par écrit.

5. Jean-Benoît Nadeau et Julie Barlow, *Pas si fous, ces Français !*, Paris, Seuil, 2005.

• Si vous sollicitez par *téléphone*, rappelez-vous qu'il s'agit d'un médium intimiste qui ne pardonne pas. Le client peut vous trouver des défauts qu'il ne remarquerait pas si vous vous trouviez face à lui : votre voix est sifflante, votre bouche clapote, vous expirez bruyamment des narines, vous grognez. Vous auriez intérêt à vous écouter sur une bande avant de commencer. Et prévoyez un plan de dialogue ou des arguments écrits pour amener le client sur votre terrain.

Au cours des préliminaires, soyez prêt à répondre aux questions principales, car il se peut que la secrétaire vous passe le patron immédiatement. Les choses vont parfois plus vite que prévu, surtout quand (et parce que) l'idée est bonne. La vente est rarement conclue au téléphone cependant, surtout dans le cas de contrats importants. Votre but devrait toujours être de rencontrer le client. Gardez des informations en réserve, par exemple le prix : vous devez susciter le désir d'un tête-à-tête chez le client potentiel.

•• Si le client demande une *rencontre*, soyez-y aussi méticuleux que dans une entrevue d'emploi : l'impression première y compte tout autant. Le but de la rencontre est évidemment de produire une forte impression, mais le client se souviendra aussi plus longtemps de votre tête si elle ne lui revient pas. Assurez-vous que cette rencontre sera en atmosphère contrôlée et que l'interlocuteur vous entendra sans se faire déranger toutes les trois minutes.

Les règles classiques d'entrevue – courtoisie, fermeté, clarté – s'appliquent, à cette différence près que vous ne sollicitez pas un emploi mais offrez un service. C'est donc vous qui devez contrôler l'entrevue, même si c'est le client qui l'a demandée. Sondez les besoins du client tout en lui laissant l'impression que vous répondez à ses souhaits. Un truc de journaliste : avant la rencontre, demandez à la secrétaire du client concerné de vous faire parvenir son *curriculum vitæ*. Vous pourriez y trouver des perches : «Vous êtes capitaine de milice? Dans quelle unité?» «Vous avez étudié au même collège que moi!» etc.

••• Il se peut que le client soit impossible à joindre ou qu'il exige une *présentation écrite*. Bien tourner une idée par écrit est un art exigeant – et assez bien payé, figurez-vous! Même pour vos sollicitations téléphoniques ou en personne, vous devriez toujours avoir un document écrit, sous forme de lettre présentant votre idée ou les principaux points de votre proposition, peut-être accompagné de brochures et de votre carte de visite.

Même si vous êtes à la hauteur, votre sollicitation en personne connaîtra des ratés si vous n'avez rien d'écrit à remettre. Votre écrit est d'abord un aide-mémoire. Il n'est pas certain que la personne à qui vous avez parlé se rappellera même votre nom une minute après votre départ. Une carte de visite peut vous être utile, ici, mais que voulez-vous que votre interlocuteur fasse avec une carte s'il ne se rappelle pas ce que vous lui avez dit? Votre meilleure carte de visite est encore une bonne proposition écrite bien formulée, avec votre nom écrit dessus.

L'autre raison de la nécessité de l'écrit se trouve dans la façon dont se prennent les décisions : à plusieurs. Si, à la prochaine réunion, votre interlocuteur se rappelle par miracle votre idée non écrite, soyez assuré qu'elle sera déformée et transformée au-delà de toute vraisemblance. C'est le jeu du téléphone arabe. Par contre, si votre géniale proposition est écrite, votre interlocuteur passera le document à ses collègues qui liront directement vos idées telles que vous les exposez. Ainsi, même dans un contexte de sollicitation en personne, un document écrit vous aide à maîtriser la communication à l'interne. Autrement, vous dépendez totalement de la bonne foi, de la mémoire et de la fiabilité de quidams que vous ne connaissez ni d'Ève ni d'Adam. Ça fait beaucoup.

La relance

Dans le cas de la sollicitation en personne, la relance est particulièrement importante pour soutenir l'intérêt, mais elle se complique du fait que, bien que vous vouliez vendre, votre interlocuteur pourrait être agacé par votre insistance. Pas question de l'indisposer, mais vous voudriez qu'il se branche! Comment se montrer ferme sans être inconvenant? Ce petit jeu peut durer des mois.

Votre documentation doit comprendre du matériel de relance, par exemple des articles nouveaux sur le sujet qui répondent à une objection réelle ou supposée. Ne ratez pas l'occasion de répandre une bonne nouvelle si vous avez remporté un prix ou si le *Time* raconte votre victoire sur les mouffettes de Saint-Foulard-de-La-Tuque. Et si vous êtes sur le point de décrocher un autre contrat qui prendra tout votre temps, vous devriez en aviser votre client pour qu'il se décide au plus vite. Tous ces prétextes, même l'annonce de vos vacances, sont utiles. Ils permettent d'ajouter au produit et de souligner votre compétence tout en détournant l'attention du client de l'objet réel de votre appel, la vente, auquel vous arriverez bien.

La première vente peut être très longue à réaliser, surtout si vous offrez un service jusque-là inexistant, sans concurrence, unique. Il vous revient de convaincre les clients de l'intérêt qu'il présente. Un travailleur autonome de Québec a mis deux ans à intéresser un premier client à son test de qualité de l'air, un machin nouveau qu'il devait d'abord mettre au point. Quand tout a été prêt, il a suffi de quelques articles dans des journaux pour intéresser des acheteurs, mais il lui avait fallu des mois de préparatifs.

Voici les six étapes classiques de la relance.

- Premier appel : «Avez-vous bien tout reçu?»
- Deuxième appel : «Manque-t-il quelque chose?»
- Troisième appel : «Comment l'équipe reçoit-elle l'idée?»
- Quatrième appel : «Quelle est la réponse? Ça se dirige où?»

- Cinquième appel : « Dois-je refaire ma présentation à vos collègues ? »
- Sixième appel : « Qu'est-ce qui accroche ? »

Que faire si c'est non ? En publicité de masse, la seule réponse négative est le silence. Il faut sonder pour déterminer quel est le problème : manque de synchronisme, mauvaise idée, mauvaise approche, mauvais médium. En personne, vous auriez pu sentir que ça accrochait dès le début.

Deux réactions s'offrent à vous : vous rentrez dans vos terres pour panser vos plaies et bouder ou vous demandez franchement ce qui déplaît. Votre interlocuteur manque peut-être de temps pour vous écouter. Peut-être jongle-t-il avec deux ou trois problèmes ? Peut-être vous adressez-vous à la mauvaise personne ? Devriez-vous embaucher un représentant ? Ne vous gênez pas pour vous informer : la réponse pourrait vous économiser du temps et de l'argent.

Interrogez votre client : il se peut qu'il juge votre proposition intéressante, mais qu'il hésite parce que votre présentation est trop mauvaise pour toucher ses collègues. Ses réponses vous aideront à raffiner votre approche. Un client qui devient un allié peut passer de longues heures avec vous.

Certains non sont très constructifs. Une fois, j'avais soumis huit idées d'articles à une prestigieuse revue de Toronto. Après deux mois d'attente, j'ai reçu un carton format carte postale : le rédacteur en chef ne voulait d'aucune de mes huit idées, mais il souhaitait que je le rappelle car il aimait ma façon d'écrire.

Rien ne vous empêche de revenir à la charge, car les non définitifs sont très rares. Même si le client juge votre offre sans intérêt, il se peut que vous l'ayez tout simplement mal présentée à son goût. J'ai reçu des dizaines de refus pour des idées de reportage pourtant fantastiques. Dans plusieurs cas, j'ai préparé une seconde offre, mieux tournée, et le client ne s'est même pas rappelé qu'il m'avait déjà dit non !

Lectures utiles

Pas si fous, ces Français!, NADEAU, Jean-Benoît et Julie Barlow, Paris, Seuil, 2005, 353 pages.

PERREAULT, Jocelyn D. et Raynald LAVOIE, *Comment se vendre quand on est le produit?*, Cap-Rouge, Éditions du TAD, « Collection Desjardins pour le travailleur autonome », n° 2, 1998, 87 pages.

PLATT, Polly, *French or Foe? Getting the most out of visiting, living, and working in France*, Paris, Distribooks, 1998, 272 pages.

Chapitre 10

Tout est négociable

Les conditions pour bien négocier

Le client n'a pas toujours raison ; il a même souvent tort, surtout quand il est question d'argent. Il ne cherche pas nécessairement à vous exploiter, du moins consciemment, mais il veut tirer le maximum de votre travail. Comme vous. Au chapitre de la négociation, vous devez absolument vous départir de vos réflexes d'employé. Votre client n'est pas un supérieur hiérarchique, il est théoriquement votre égal.

Notez bien qu'on emploie le même genre de franchise quand il s'agit de négocier avec un futur associé, un partenaire ou un allié. On mesure le sérieux du client en demandant un engagement ferme ou en vérifiant auprès du supérieur. Si ça patine, c'est qu'il y a anguille sous roche. Assurez-vous que votre interlocuteur est autorisé à négocier, ou qu'il en a bien discuté avec tous les intéressés.

Discutez franchement, mais n'attaquez jamais votre interlocuteur personnellement. Il obéit parfois à des exigences qu'il désapprouve ; il défendra peut-être vos intérêts auprès de son patron.

- Règle d'or : *Tout est négociable.* Demandez, même si vous savez que ce sera non. Vous pourriez être surpris de la réponse du client. Et il n'y a pas de gêne. Ce n'est pas sale de parler d'argent, ce n'est pas non plus de la prostitution. La plupart des travailleurs autonomes qui se plaignent d'être exploités ont justement peur de négocier, par indolence, incompétence, gêne, ou simplement à cause de l'idée préconçue qu'un artiste ne s'abaisse jamais à le faire.

.. Règle d'argent : *Prenez toujours le temps* de préciser la commande vague par écrit, même et surtout si ça presse. Dans la sierra mexicaine, un ami indien me disait un jour : « La meilleure façon de se dépêcher est de prendre son temps. » Le vieil Indien n'avait pas lu La Fontaine, mais il avait vu neiger.

... Règle de bronze : *Suivez votre instinct.* Un client qui n'a pas l'air fiable ne l'est probablement pas. Le sixième sens détecte des choses que l'esprit refuse de voir. Si vous comptez vos doigts après chaque rencontre, vous avez affaire à un requin. Vous n'avez peut-être pas les moyens de fuir, mais négociez serré et ne commencez qu'après avoir enfilé ceinture et bretelles.

.... Et un petit extra : *Votre talent n'est pas naturel.* Certains compliments insidieux visent à flatter votre *ego* et à justifier un bas tarif. Attention ! Vous avez ramé longtemps pour en arriver là. L'effort n'est naturel pour personne. C'est la raison pour laquelle vous devez négocier des conditions décentes, ne serait-ce que pour affirmer ce qui vous semble juste. Même si vous savez que ce sera non. Et rappelez-vous que bien négocier non plus n'est pas un talent naturel ! Ce n'est pas pour rien que ce chapitre et les trois suivants portent sur la négociation. Car c'est à travers la négociation et le contrat que s'exprime le lien entre votre idée, vos intentions, les conditions de réalisation de votre idée, ses marchés potentiels et votre capacité matérielle d'exécuter votre projet.

Le jeu se joue à deux

En anglais, on dit : *it takes two to tango* (le tango se danse à deux). Il en va de même pour la négociation, qui est un art à mi-chemin entre le jeu de l'impro, le menuet et le Monopoly. Ce qui fait trois moitiés et montre bien toute la place que vous pouvez y prendre !

Je vous conseille d'aller en Afrique du Nord ou au Moyen-Orient au moins une fois dans votre vie rien que pour le souk. L'endroit est déplaisant et agressant, mais c'est là que se vit le jeu de l'offre et de la demande à l'état brut. C'est là aussi que la négociation se pratique crûment pour ce qu'elle est : une performance quasi artistique. Julie, quand elle étudiait l'arabe en Tunisie, était devenue une acheteuse tellement redoutable que tous les étudiants de son école lui demandaient de négocier leurs tapis. Et quand nous sommes retournés ensemble en Algérie, je l'ai vue aller, ma Julie. Et c'est ainsi que j'ai pris conscience de toute la partie psychologique qui se joue dans ce genre de transaction. Dans le souk, ils sont des dizaines de marchands de tapis, qui vendent des produits dont la qualité et le prix varient considérablement. Tout l'art de négocier réside dans l'habileté à se montrer intéressé, mais pas trop.

Comme travailleur autonome, vous êtes dans la position du marchand de tapis : vous voulez vendre, mais pas trop non plus. Si vous voulez trop vendre, l'acheteur sait que vous allez faire des concessions terribles. Pareil pour l'acheteur : si vous débarquez chez le marchand en disant que vous voulez ce tapis et aucun autre, le prix vient de monter. Le jeu se joue à deux.

Il y a donc beaucoup de théâtre là-dedans, sauf que cela s'apparente davantage à la ligue d'impro qu'à la Comédie-Française. Si vous lui demandez une concession, votre interlocuteur réagira souvent durement en disant que vous exagérez ou en menaçant d'interrompre la discussion... sauf qu'il continuera de discuter. Vous devriez lui jouer la même pièce s'il vous propose des conditions que vous n'aimez pas – il peut être rentable de l'ignorer un jour ou deux.

Sachez dire non

Vous serez en mesure de bien négocier si vous êtes capable de dire non, un mot apparemment difficile à prononcer si je me fie aux difficultés dont me témoignent les travailleurs autonomes. C'est pourtant le mot magique de toute négociation. Ce n'est pas une insulte. Dites-vous bien que même les prostitué(e)s ne disent pas oui à tout. Alors pourquoi accepteriez-vous n'importe quoi ?

Si vous craignez de paraître brutal, gardez en mémoire qu'il existe une bonne douzaine de façons élégantes (et productives) de dire non, qui sont autant de motifs qui permettent à votre acheteur de s'adapter, s'il est acheteur, et qui vous permettent même d'améliorer votre position.

- Je n'ai pas le temps ;
- Je n'en suis pas capable ;
- Je ne comprends pas la commande ;
- Ce n'est pas (plus) de mon domaine ;
- Ça ne m'intéresse pas ;
- C'est trop court ;
- C'est trop long ;
- Ça ne paye pas ;
- C'est trop de travail ;
- Untel paie plus cher ;
- La dernière commande a mal tourné ;
- Mon associé refuse que je travaille à ce prix ;
- J'en connais trois autres que ça intéresserait ;
- Je ne peux pas commencer avant un mois ;
- Et la bombe : tu m'écœures !

Il y a une autre façon de dire non : c'est la rature. Si votre client potentiel vous présente un contrat qui dit : « L'auteur cède aux

Éditions du Trucmuche les droits de première publication sur l'Article pour l'univers entier, pour l'éternité, sur tous les supports et tous les autres droits au monde», vous pouvez toujours leur répondre : «L'auteur cède aux Éditions du Trucmuche les droits de première publication sur l'Article ~~pour l'univers entier, pour l'éternité, sur tous les supports et tous les autres droits au monde...~~» En prime, vous mettez dans la marge votre joli paraphe pour dire que c'est vraiment ce que vous pensez, et vous attendez de voir si ça réagit à l'autre bout! Il y a de grosses chances que ça passe.

Tous ces «non» doivent être motivés : ma femme n'aime réellement pas que je travaille en bas d'un certain tarif (pas plus que le patron ne permet à votre rédacteur de vous payer le montant qu'il voudrait). Si vous avez plusieurs raisons de dire non, soyez clairs et donnez-les toutes. Votre client, s'il y tient, acceptera peut-être de vous payer plus comme offre préliminaire et discutera ensuite de ce que vous détestez du sujet.

De même, les motifs que vous invoquez doivent être les bons : si vous dites non parce que votre dernière commande a mal tourné ou que le client ne paie pas assez de toute façon, il ne sert à rien de biaiser en invoquant le fait que la commande est trop grosse ou trop petite. Car si le client accepte de l'augmenter ou de la rétrécir, vous serez quand même pris pour faire une grosse commande avec un client peu fiable et qui ne paie pas de toute façon!

Le don d'ubiquité est un vieux rêve qui a peut-être inspiré les progrès techniques des deux derniers siècles. Le téléphone, entre autres, vous permet de négocier une cargaison de clous de girofle en provenance de Dar es-Salaam pendant que vous rédigez un rapport dans votre chambre d'hôtel à La Sarre. L'avion vous aide à faire des sauts continentaux en moins de temps qu'il n'en fallait pour embarquer les malles au temps du *Titanic*. Grâce à Internet, vous êtes partout, virtuellement parlant. Les échanges sont d'une rapidité et d'une densité inouïes et pourtant, vous ne pouvez régler qu'un problème à la fois. L'ubiquité n'a pas encore été inventée, ni la machine à dormir, ni la machine à régler les problèmes à votre place.

Attention au temps : il n'est compressible pour personne, bien qu'une possibilité de revenus importants aide parfois à en trouver temporairement. N'importe qui peut rester debout quarante-huit heures d'affilée pour une juteuse commande de 5 000 $, mais pas une semaine sans dormir même pour 10 fois plus. Si vous refusez un contrat pour une raison pécuniaire, soyez prêt à discuter du prix que vous jugez acceptable. Ces questions se règlent parfois très rapidement. Parmi les solutions au problème de temps, on trouve l'embauche d'un adjoint ou la location d'un ordinateur portatif. Le client se montre parfois remarquablement compréhensif devant un refus pour des motifs matériels, surtout s'il tient à vous !

Mais quand c'est non, c'est non. Méfiez-vous des flatteries du client. Un ami à qui j'avais dit non par manque de temps a tout fait pour me convaincre d'accepter sa commande malgré tout. Devant son insistance – il était coincé –, j'ai dit oui à reculons, en le prévenant qu'il prenait un risque, mais il a insisté. Il a obtenu ce que j'avais prévu : une pourriture qu'il a dû reprendre au complet. Il a lui-même admis qu'il n'aurait jamais dû me pousser de la sorte. Le pire, c'est que le temps perdu a nui à une autre de mes commandes. J'aurais dû m'en tenir à mon premier réflexe, qui était le bon !

Toutes ces conditions ne sont pas toujours réunies : votre situation financière vous interdit peut-être d'être capricieux, vous n'avez pas encore une réputation à la hauteur de vos attentes – mais elles vous aident à bien discuter. Votre instinct vous servira par exemple à mesurer à quel point votre acheteur est acheteur, ce qui n'est pas toujours évident.

À vos débuts, vous serez souvent forcé de dire oui à des conditions que vous savez inacceptables, mais vous débutez... Cela dit, vous ne devriez pas faire ces concessions sans avoir au moins essayé de les modifier à votre avantage. Les 15 façons de dire non vous seront alors utiles. Dites-vous seulement deux choses : il y a mieux ailleurs et cela ira mieux la prochaine fois.

Sachant cela, vous êtes prêt à passer aux palabres !

Lecture utile

Ministère de l'Industrie et du Commerce, *L'Art de négocier*, 48 pages, ISBN 2-89472-079-3.

Chapitre 11

Votre épingle du jeu

Comment sortir gagnant
de n'importe quelle négociation

Combien est-ce que je peux avoir ?

C'est toujours la question que les néophytes posent quand on arrive au chapitre de la négociation, sans doute celui où il y a le plus de méprises. Il est très rare que je n'obtienne pas quelque chose quand je négocie, mais je n'obtiens pas nécessairement *plus* : je peux même vouloir moins (de travail) et être payé mieux (ce qui ne veut pas dire plus). C'est Lucien Bouchard, mieux connu comme ex-premier ministre, mais qui est en fait un redoutable négociateur patronal, qui disait qu'il n'existe pas de bonne négociation où chacune des parties ne fait pas de concessions.

En fait, vous pouvez négocier sur cinq plans distincts : les attentes, le tarif, la propriété, les frais et les modalités. Alouette ! Pour les débutants, dont la réputation n'est pas encore établie, le tarif est parfois l'élément le moins négociable, mais tout se règle en général rapidement si vous y avez bien réfléchi d'avance.

Attentes

Le client sait-il ce qu'il veut? «Je veux un meuble» n'est pas une réponse suffisante. Faut-il créer un nouveau design ou réaliser une fusion Le Greco-Villas? Est-ce que ça presse? Faudra-t-il mettre toutes les autres commandes de côté pour répondre à celle-ci? Ce travail vous amènera-t-il à faire beaucoup d'appels téléphoniques, de démarches? beaucoup de déplacements? Quel est le risque? Le client prendra-t-il n'importe quelle idée? Y aura-t-il un peu, moyennement ou beaucoup de travail préparatoire? La qualité requise est-elle faible, moyenne ou élevée? Un interlocuteur qui ne veut pas s'asseoir pour discuter de la forme, de ses préférences ou de l'usage qu'il fera du produit qu'il demande représente un risque pour vous, à moins qu'il ne soit tout simplement pas autorisé à négocier.

Il faut parfois ramener le client sur le plancher des vaches : il s'agit d'anticiper les difficultés et d'y mettre un prix. En 1994, un magazine de Toronto souhaitait m'envoyer en Haïti interviewer un ministre du gouvernement putschiste juste avant le débarquement de la force d'intervention internationale. À cause de l'embargo décrété par l'Organisation des États américains, il n'y avait ni vol commercial direct ni transaction par carte de crédit. Il aurait fallu passer la frontière illégalement, avec beaucoup d'argent comptant pour soudoyer le personnel politique là-bas. On n'est généralement pas assuré dans une zone de rébellion si on est entré illégalement dans un pays, à moins d'avoir acheté une assurance spéciale fort chère. Un débarquement impromptu aurait rendu mon séjour inconfortable, d'autant plus si les tontons macoutes s'étaient mis en tête de décapiter les touristes ou si les *F-15* avaient commencé à tirer à la roquette près de l'hôtel. Mon rédacteur en chef a finalement estimé que le téléphone était un outil incomparable.

Il arrive que la commande défie les lois de la physique ou la loi tout court. Ne manquez pas de le signaler au client. Repérez aussi les contradictions. Il se peut que votre interlocuteur, qui voulait une affiche à dominante rouge, soit contredit par son associé qui parle plutôt d'une dominante blanche sur fond bleu. Pardon ? Vous devriez vous tenir loin jusqu'à ce qu'ils se branchent.

Soyez toujours honnête à cette étape, autrement vous risquez de mal travailler et de ternir ultimement votre nom. « Ne t'en fais pas, ce sera facile, dit le client. Untel a toute l'information. » Or, Untel n'a rien et ne sait rien. Rapportez-le immédiatement : votre travail s'en trouve compliqué et le client devrait en tenir compte.

Si plusieurs employés sont supposés approuver votre travail, négociez leur nombre et la quantité de révisions. Un rédacteur de discours pour le ministère du Changement d'idée trouverait vite infernal que 19 attachés politiques émettent des opinions contradictoires sur son travail. Il devrait peut-être exiger que les 19 s'entendent sur les corrections avant de les lui communiquer. Il faudrait toujours que vous exigiez de traiter avec le moins de répondants possible.

Même quand la commande est précise, vous devriez la résumer par écrit telle que vous l'avez comprise et envoyer le tout au client pour approbation. Peut-être ses idées se sont-elles précisées dans l'intervalle, ou peut-être avez-vous mal compris.

L'échéance est un élément important des attentes de votre client. J'ai des clients qui sont toujours surpris quand je leur dis : je ne peux pas le faire avant trois mois. Je leur explique que ma cour est pleine et qu'il n'est pas payant pour moi d'arrêter un truc pour en commencer un autre, à plus forte raison si je ne reçois aucune compensation pour ce retard.

Réfléchissez. Il se peut que, dans votre excitation, vous ayez oublié des aspects importants. Quelques jours après avoir accepté (en principe), rien ne vous empêche de rappeler le client pour discuter des conséquences de certains points. Si vous sentez que le client ne coopère pas, rappelez-le et annoncez-lui que vous ne pouvez terminer la commande. La nouvelle pourrait le choquer dans le bon sens. S'il vous crie des bêtises ou s'il n'a aucune réaction, ce ne sera pas une grosse perte.

Attention d'en faire trop à l'étape du défrichage. La tâche du client se limite à définir ce qu'il veut et à vous communiquer ses attentes et ses obligations. C'est vous qui faites le travail. Vous pouvez discuter longtemps pour définir une commande, mais si le client finit par avoir l'impression de tout faire à votre place, vous vous y prenez mal.

À l'inverse, si le client ne sait vraiment pas ce qu'il veut, vous gagneriez à fragmenter la commande en négociant pour une consultation d'abord. Avant de bâtir un pont, les bonnes firmes d'ingénierie négocient toujours une étude économique (pour savoir si ce sera utile) et une étude de faisabilité. En général, s'il me faut plus d'une heure pour comprendre ce que le client veut, je considère qu'il devrait me payer pour faire une pré-recherche afin de clarifier l'affaire.

Si le client ne se branche pas, faites-lui bien comprendre (par écrit) qu'il vous donne le mandat de produire n'importe quoi, qu'il prendra n'importe quoi et qu'il paiera pour n'importe quoi. En général, une telle lettre le secoue. Ne soyez pas défiant mais posé : vous ne voulez ni lui faire perdre son temps ni perdre le vôtre. Et si le client refuse de définir ce qu'il veut tout en précisant qu'il ne se contentera pas de n'importe quoi, vous avez affaire à un con. Tenez-vous loin. Autrement, vous prenez un risque.

Tarif

Il n'existe pas de vrai prix. Le vrai prix, c'est ce que le client accepte de payer. Un tarif élevé offusque rarement un client sérieux, surtout si votre réputation ou la qualité de vos échanges justifie ce prix. Mais soyez toujours prêt à argumenter quand vous en demandez plus.

Le prix se discute à partir de la norme qui a cours dans le milieu. En publicité ou en rédaction commerciale, le tarif horaire de base est de 75 $. Les débutants sont toujours tentés de demander le minimum, mais ils font erreur. Si le client est certain de votre compétence, vous n'avez pas intérêt à offrir vos services à rabais. Si vous avez un prix en tête, ajoutez-y 25 % pour voir.

Si on vous laisse le choix, le tarif horaire ou quotidien est la formule la plus avantageuse pour vous. Certains types de contrats ne se font tout simplement pas autrement qu'à l'heure. Par exemple, la gestion de crise en relations publiques. Si le village d'Oka vous avait appelé pour régler une petite affaire de barricade mohawk près d'un terrain de golf, votre petit forfait de 2 000 $ aurait vite été insuffisant !

Le forfait est particulièrement intéressant si vous pouvez accomplir le travail plus vite que le client ne l'anticipe. Il faut savoir compter et il faut de l'expérience. Si vous négociez à forfait, prenez soin de bien délimiter le travail. Un client qui vous demande de rédiger une brochure ne peut pas y ajouter la production gratis de son rapport annuel. Vous devriez déterminer quelle durée maximale raisonnable couvre le forfait : une commande de 100 $ que vous devriez réaliser en une demi-journée n'est plus rentable au neuvième jour.

Une variante du forfait, le prix à l'unité (à la page, à la photo, à l'illustration), est intéressante à condition que vous conveniez au départ avec le client qu'il s'agit d'unités livrées et non acceptées. Il n'est pas rare que des photographes se fassent commander trois photos par un client qui n'en voulait en réalité qu'une et qui insiste après livraison pour ne payer que celle-là. Les clients utilisent cette méthode injuste quand ils éprouvent des difficultés financières.

Le tarif devrait être établi selon la valeur du travail, pas selon ce qu'il vous coûte ! Il n'est pas rare que des comptables agréés qui facturent au taux de 125 $/h dans un grand cabinet ne facturent que 75 $ quand ils travaillent à domicile parce qu'ils ont moins de frais. C'est une erreur. Le client n'a pas besoin de savoir ce que ça vous coûte de lui fournir ce qu'il demande et il vous juge aussi en partie à vos honoraires : c'est une question d'image.

Certains clients connaissent très bien les tarifs du marché et refusent de payer plus. C'est de bonne guerre. Faites la même chose et fixez-vous une norme : « Je veux bien travailler à ce prix, mais pas pour une commande inférieure à 1 000 $. » « C'est 70 $/h, minimum deux heures », m'a dit le plombier quand ma tuyauterie a gelé un premier janvier. J'ai trouvé son idée très bonne. Un client qui me demande de prendre l'avion une journée pour aller donner une conférence d'une demi-heure et m'en retourner le jour suivant devrait me payer deux jours, pas une demi-heure.

Si deux clients se disputent vos services, pourquoi ne pas vous essayer à faire monter les enchères ? Ne divulguez pas le nom du concurrent – ils pourraient s'arranger pour se partager votre travail en décidant qui passe en premier. Peut-être n'avez-vous pas deux clients potentiels ? On peut bluffer, mais rappelez-vous que ce petit jeu se joue à deux : vous pourriez vous retrouver Gros-Jean comme devant si votre client potentiel négociait avec plusieurs de vos concurrents.

Il faut parfois être inventif. Le client qui refuse de payer davantage que le tarif horaire en vigueur accepte parfois de verser un supplément forfaitaire ou de troquer un service. Par exemple, vous pouvez négocier à rabais la conception d'un logiciel de gestion de ses stations-service en échange d'un bon d'essence gratuite d'un an. Un autre truc consiste à offrir un gadget en prime ou un service additionnel. Ainsi, le consultant en relations publiques pourrait également examiner le marketing et la publicité du client ; ce n'est pas son domaine, mais il en connaît un bout.

Si le besoin vous force à accepter des conditions désavantageuses, jurez-vous que c'est la dernière fois et dites-le bien au client. On ne perd rien à être honnête. Et s'il le faut, parlez-en au patron. Toujours poliment, demandez s'il ne vous céderait pas des actions de son entreprise. Après tout, en acceptant de travailler à rabais pour lui, vous le financez !

Propriété

Souvent, la question de la propriété ne se pose pas. Par exemple, si vous vendez une cargaison de tapis à un type, il est propriétaire parce qu'il achète. Dans d'autres cas, si vous faites un plan pour un pont, la propriété du pont revient d'emblée à celui qui le construit – à moins bien sûr que vous vouliez négocier (et investir) pour devenir copropriétaire du pont. Il en va tout autrement si l'objet de votre transaction est une propriété intellectuelle – un produit breveté, un cours de calcul rapide avec un cahier, un slogan publicitaire. Nous en avons parlé au chapitre 3, mais il s'agit maintenant d'y mettre un prix.

Il n'existe aucun prix déterminé quant à la propriété intellectuelle. Certaines associations fournissent des barèmes de prix pour des articles, des photocopies, des scénarios. Mais cela sert seulement de repère. Car le bon prix est, ultimement, celui que l'acheteur est prêt à payer. Il y a tout de même une échelle. Un exemplaire d'un livre de poche vaut dix dollars. Pour un million de dollars, vous achetez la maison d'édition et les contrats.

Mais l'objet de la négociation ici n'est pas tant le prix d'un travail ou d'un produit que le prix que l'on donne à une propriété intellectuelle, ce qui est bien différent. Dans les faits, cette propriété se traduira en dollars. Dans certains cas, vous serez payé une somme forfaitaire, dans d'autres cas sous forme de *redevance*, aussi connue sous l'anglicisme «royauté». Pour des petits droits impliquant de petits montants, le forfait est parfois la meilleure combine. Quoi qu'il en soit, si vous cédez votre propriété intellectuelle (ou une partie) pour l'univers entier, dans tous les pays, toutes les langues, etc., vous pouvez tirer des sommes substantielles d'une telle transaction. Si votre propriété intellectuelle intéresse beaucoup votre client, vous êtes aussi en position de force pour demander un *à-valoir*, mieux connu sous le terme «avance» – il s'agit simplement ici pour votre vis-à-vis de vous payer une partie de votre forfait ou de vos redevances futures à la signature du contrat, ou avant la mise en marché du produit.

En toute logique, un client qui veut la propriété pleine et entière de votre propriété intellectuelle devrait payer plus cher que celui qui n'en veut que l'usage, et encore cet usage peut être limité à sa plus simple expression : l'exemplaire unique, ou encore le droit de première publication exclusive, par exemple. Entre les deux, il y a un univers. Plus le client en demande, plus il compromet votre capacité d'exploiter votre idée et d'en tirer des revenus, et donc plus il doit vous offrir de redevances, dont une part pourra être réclamée d'avance en à-valoir.

La beauté de l'affaire est qu'un volet de votre propriété intellectuelle, qui peut-être ne valait rien à vos yeux, peut soudain acquérir une valeur considérable. Prenons le cas d'une personne offrant un cours de calcul mental. Elle peut se borner à vendre le cahier. Mais un de ses clients, une banque, lui demande soudain de céder les droits audiovisuels. Pourquoi ? Pas pour en faire une série documentaire – encore que... –, mais simplement pour filmer le cours et le présenter aux autres employés qui ne sont pas présents. Voilà un autre droit, qui ne valait rien et qui vaut tout à coup quelque chose ! Cela ne veut pas dire que vous devez leur céder tous les droits audiovisuels – qu'en ont-ils à faire ? –, mais vous pouvez certainement les autoriser (moyennant un supplément) à rediffuser la cassette à leurs employés (et à personne d'autre).

Cet exemple montre un autre aspect important de ce genre de négociation : il faut toujours soupeser qui est le mieux placé pour faire fructifier un droit. Par exemple, la banque est particulièrement bien placée pour diffuser la conférence vidéo à ses employés, mais pas nécessairement mieux placée que vous pour en faire un documentaire, une série télévisée, un livre sur cassette, etc. Dans ce cas, peut-être vaut-il mieux ne lui donner aucun droit audiovisuel (sauf celui de vous filmer et de diffuser la cassette à ses employés).

Prenons un autre cas : vous êtes l'inventeur d'un nouveau type de béquille-robot (elle marche toute seule ! – genre...). Assurément une idée qui peut faire le tour du monde. En supposant que vous avez pu vous assurer d'un brevet dans tous les pays du monde, êtes-vous la personne la mieux placée pour la produire, la vendre, la distribuer au Japon, en Allemagne ou en République tchèque ? Peut-être pas. Autrement dit, si vous n'avez pas au minimum un représentant local, votre invention ne vaut rien – sauf pour quelqu'un qui excelle dans l'art de trouver des représentants locaux ! Donc, selon le principe qu'il vaut mieux avoir 1 %, 5 % ou 10 % d'une boulangerie que 100 % d'un petit pain, il vaudra peut-être mieux que vous cédiez (ou accordiez des licences sur) vos droits pour avoir une chance de faire fructifier votre béquille-robot. Celle-ci marchera d'autant mieux toute seule que vous saurez trouver du monde qui fera marcher le brevet !

Dans tous les cas, quand j'ai le choix, je m'efforce toujours de vendre le minimum, pas le maximum. Pourquoi céder les droits audiovisuels sur votre cours de calcul mental à quelqu'un qui ne sait même pas comment il ferait un documentaire ou une émission et qui n'a aucun contact dans le milieu ? Vous devriez à tout le moins demander à votre interlocuteur pourquoi il les veut, ce qu'il compte en faire et qui il connaît. Il se peut que vous n'ayez pas le choix de les laisser aller (il se peut aussi que cela ne vaille rien, car il n'y a pas de documentaire possible à en faire). Mais si vous anticipez un usage potentiel, vous devriez au moins signifier à votre vis-à-vis que vous n'avez pas l'intention d'abandonner ces droits sans contrepartie. S'ils tiennent aux droits audiovisuels complets, accordez-leur une licence temporaire (un an) non exclusive (ce qui vous donne le droit de faire ce que vous voulez) – et n'oubliez pas d'inclure des redevances là-dessus et, pourquoi pas ? un à-valoir...

Une dernière précaution, en particulier s'il s'agit de brevet : il se peut que le détenteur d'un brevet concurrent vous approche pour acquérir le droit sur votre brevet. Dans un tel cas, sondez bien ses intentions. Peut-être vous fait-il miroiter mer et monde non pas pour réellement tenter de commercialiser votre invention, mais dans le seul but de vous sortir du marché en vous bloquant tout accès. Alors, méfiance...

Frais

Tout client devrait rembourser les frais particuliers nécessaires à la réalisation d'un travail (déplacements, séjour à l'hôtel, interurbains, messagerie, matériel), en particulier s'il vous envoie en service commandé. Il se peut qu'il vous impose d'entrée de jeu un montant maximal, ce qui est très correct. Soyez prêt à lui présenter un budget.

Parmi les frais les plus courants se trouve le téléphone. Le client ne vous remboursera pas vos frais de service et de location de base, mais il devrait payer les interurbains. Ne le faites pas profiter des rabais! Certains travailleurs autonomes ajoutent 15 % car il est parfois difficile de répartir le compte de téléphone entre plusieurs clients. Le travailleur autonome assume les frais à l'aide de sa marge de crédit et de ses liquidités : ça se paye!

L'auto se rembourse à un taux que vous devriez fixer avec le client. Le gouvernement paie à ses fonctionnaires 0,53 $/km : cela comprend tous les frais, dont l'essence et l'amortissement. Si vous faites 12 000 km dans une année, vous paierez amplement la location de votre BMW à ce tarif.

Les frais résultant de caprices particuliers du client devraient vous être remboursés ou ajoutés spécifiquement au forfait. Cent Dessins vous commande 1 200 aide-mémoire plastifiés. Ce client exige que vous fassiez imprimer le document chez le beau-frère du fondateur de la compagnie à Lac-Mégantic, où vous devrez vous rendre 19 fois? Qu'il rembourse vos frais d'interurbains, de courrier et de déplacement! Vous n'êtes pas le ministère du Développement des beaufs. Ajoutez-y donc, tandis que vous y êtes, un tarif horaire pour vos déplacements.

Si le client refuse de vous payer des frais particuliers, faites en sorte qu'il les assume lui-même. Une bonne technique consiste à obtenir son numéro de messagerie et à lui faire payer directement vos envois. Les ouvriers, quand il s'agit de construire un meuble ou une maison, font généralement commander le matériel par le client : c'est un gage de sérieux.

En cas de refus total, votre meilleur argument a trait à la qualité du travail : vous vous déplacerez moins souvent, vous ferez moins d'appels. Le client procède-t-il différemment avec ses propres clients ? Demandez au récalcitrant s'il connaît un truc pour faire 300 appels interurbains par télépathie ou s'il vous prêterait son auto.

Certains clients ont des politiques strictes. L'un d'eux rembourse un déplacement en auto de Montréal à Boucherville, mais pas de Montréal à Kirkland, tout simplement parce que Kirkland est sur l'île de Montréal. D'autres demanderont que vous leur remettiez le bien que vous avez acheté à leurs frais, par exemple un bottin particulier.

Méfiez-vous des économies de bouts de chandelles. Un client qui exige un aller-retour Montréal – Val-d'Or en autocar devrait vous payer également le temps du voyage. Au bout du compte, ça ne reviendra pas plus cher que l'avion, quoique l'autocar et le train présentent tout de même l'avantage d'un certain confort : vous pouvez en profiter pour lire ou avancer dans votre travail. À vous de juger. Avec le développement des technologies de communication, les frais d'interurbains sont maintenant ridiculement bas. Par contre, le cellulaire rend le coût des communications locales prohibitif. Quant à Internet, il entraîne une augmentation des frais d'impression : le document que l'on vous envoyait jadis par la poste est maintenant disponible sur Internet, c'est donc vous qui absorbez le coût d'impression.

Les clients remboursent rarement les frais généraux comme le papier, les stylos, l'encre, le service téléphonique. Toutefois, les firmes-conseils (relations publiques, ingénieurs, avocats) facturent souvent ces frais au client en ajoutant une prime de 8 % à 15 % à leurs honoraires ou à leur compte de dépenses. Après tout, le client rembourse bien les frais spéciaux de ses employés, en plus de les administrer. Le client ne sera peut-être pas d'accord, mais vous ne perdez rien à essayer. Vous avez pour votre cause un argument de poids : chaque fois que le client engage un avocat, il doit payer ce genre de frais.

Méfiez-vous toujours du client qui affirme que tous les frais devraient être compris dans le tarif. Dans le domaine des services, se conformer à cette approche est suicidaire. Si le client insiste, retournez son argument comme un gant et demandez-lui quel niveau de frais il juge acceptable. Vous verrez bien s'il dit n'importe quoi. De là, vous pouvez fixer un maximum de frais qui vous sont imputables, disons 15 % du montant facturé en additionnant tout. Au-delà de cette limite, le client doit accepter qu'il dépasse la norme et vous rembourser la différence. C'est tordu, mais on en voit de toutes les couleurs.

Modalités

Elles sont aussi importantes que le prix. Esso vous commande la rédaction de son rapport et de sa notice annuels de même que de son prospectus. Un contrat de 100 000 $ US et une montagne de travail à livrer dans six mois. Payant. Il faudra engager un recherchiste et un correcteur, et aller trois fois une semaine à Manhattan pour interviewer la haute gomme. Esso paie tout et vous offre même l'essence gratis pour un an. Mais si vous travaillez six mois là-dessus sans revenus, vous risquez d'avoir la langue longue à la fin. Si en plus le client vous paie seulement deux mois après la livraison, votre crédit gonflé à bloc risque d'inquiéter le banquier. Vous aurez même assumé quelques milliers de dollars d'intérêts imprévus !

On amoindrit le choc de deux façons : en négociant des avances et en faisant payer les frais de service le plus tôt possible à mesure, avant même de les avoir payés !

Demandez toujours le paiement en plusieurs versements. Je pratique invariablement ce système pour toute commande excédant 2 000 $. Cette méthode vous maintiendra à flot. Il m'arrive d'accepter de travailler à un tarif inférieur si le client me remet un premier versement de 50 % dès la commande. Certains rechignent, mais il n'empêche que confier une tâche à un pigiste leur revient moins cher que de verser un salaire à un employé. Pour vous assurer que l'argent viendra, indiquez au client que vous amorcerez le travail dès réception du chèque. Les travailleurs autonomes gagneraient à pratiquer cette exigence, courante dans l'industrie de la construction. Elle a le mérite de donner une réalité à votre entente verbale et garantit le sérieux du client.

Quand elle touche une propriété intellectuelle, cette avance comporte un impact financier et psychologique particulièrement important. La raison est bien simple : c'est que vos vis-à-vis ont aussi un travail à faire, pour exploiter à votre place le droit d'auteur cédé. Plus l'à-valoir versé sera important, plus ils devront mettre d'efforts pour le repayer ! S'ils ne le font pas, ils auront versé cette avance en pure perte – car une condition première de tels à-valoir est précisément que vous n'avez pas à les rembourser s'ils ne font rien.

Dans le cas de dépenses importantes, négociez une avance sur les frais de recherche, à ne pas confondre avec le premier versement sur vos honoraires. Vous devrez peut-être produire un budget, mais si on vous demande de faire enquête auprès d'un fournisseur de litchis à Bangkok pendant une semaine, il n'y a aucune raison pour qu'on vous rembourse vos frais seulement après livraison de la dernière caisse de fruits.

Assurez-vous aussi du délai de paiement des factures. Un client qui paie en cinq jours est préférable à celui qui paie six mois après la livraison du travail. Informez-en le client pour qu'il comprenne bien la portée de ses gestes. Ne le laissez pas abuser. Dès qu'un travail est approuvé, votre facture doit prendre le chemin de la comptabilité et le chèque devrait être émis sans délai. Logiquement, celui qui paie plus tard devrait payer plus cher. Mais comme il est aussi le plus pingre, il va tenter de payer moins cher, l'écœurant. Tout le temps que vous attendez, vous le subventionnez. Personnellement, j'ai pour politique de ne pas entreprendre un second contrat avec un nouveau client tant que le chèque n'est pas arrivé. Si ça niaise, je le dis (on en reparle au chapitre 16).

Évitez la formule du paiement sur utilisation. On vous commande une illustration payable après parution de la publicité dans laquelle elle doit figurer. À ces conditions, vous attendrez votre chèque longtemps si le client annule sa campagne avant le lancement!

« Êtes-vous solvable ? » Voilà une question importante qui risque de choquer ce client, mais vous aurez passé le message. Les clients craignent de projeter une image d'instabilité et de crise financière, qui pourrait agacer le banquier.

Les débutants se font fréquemment approcher par des entreprises en démarrage, peu solvables, souvent en difficulté et qui tentent de les leurrer avec des tarifs mirobolants mais pas toujours payés. Dans un cas semblable, tentez donc de parler à un fournisseur ou vérifiez les antécédents judiciaires du client. Si vous vous en méfiez mais que la nécessité vous taraude, demandez-lui de verser le montant prévu dans un compte en fiducie, pour prouver qu'il a l'argent.

Une autre modalité, beaucoup plus délicate à négocier, est le dédommagement. Il arrive que vos services ne soient plus requis parce que la situation ou la stratégie du client a changé. Un sondage préalable à votre cours de formation en calcul mental indique que les employés du client sont analphabètes! Ils ne pourront même pas lire vos tables, encore moins le cahier. Si le client avait commandé cette évaluation, vous devriez recevoir une compensation. Si une préévaluation fait partie de votre stratégie de marketing, la situation avantage le client!

Les débutants ou les inconnus sont rarement en mesure de négocier un dédommagement. Le client craint les filous qui négocient une telle clause afin de toucher un dédommagement sans effort. S'il accepte, ce sera à condition que vous fournissiez la preuve de vos progrès, souvent sous forme de rapports. À l'inverse, certains clients n'aiment pas reconnaître qu'ils ont changé d'avis, d'où l'intérêt de tout confirmer par écrit.

Chapitre 12

Ne soyez pas newfie

Quelques idées fausses
et quelques vérités sur les contrats

Il faut se méfier de soi-même quand on signe un contrat. Terre-Neuve l'a appris à ses dépens dans l'affaire du contrat de Churchill Falls. L'histoire commence en 1969 : Hydro-Québec veut acheter 5 000 mégawatts de Newfoundland and Labrador Hydro, qui bâtit un immense barrage à Churchill Falls au Labrador. Le contrat liera les deux compagnies jusqu'en 2041. Les Terre-Neuviens (les Newfies de l'histoire) viennent à peine de sabler le champagne qu'ils s'aperçoivent que le contrat ne comporte aucune clause d'indexation. L'électricité sera donc vendue au prix de l'année 1979, quelle que soit l'inflation. Autrement dit : plus le temps passe, moins Hydro-Québec paiera cher. Un contrat en or, pour 5 000 mégawatts, un septième de la puissance totale du réseau québécois. L'équivalent de Grande-Baleine à rabais – on pourrait dire de Grand-Sapin. Les Terre-Neuviens ont contesté, mais la cour suprême a conclu que le contrat signé était aussi solide que le barrage.

Il y a de bons et de mauvais contrats, comme il y a de bonnes et de mauvaises gens. Si vous comptez vos doigts après avoir serré la main du client, un contrat blindé ne vous protégera d'aucune façon. Le client de mauvaise foi pourra toujours prétexter quelque défaut dans le produit ou dans le service. Quand on songe que de grandes transactions immobilières sont conclues sur la foi d'une poignée de main ; que des milliers de couples vivent en concubinage sans le moindre contrat écrit pour la maison et le fonds de retraite, on se dit : « Pourquoi donc signer un contrat pour une tartine de trois heures ? »

C'est quoi un contrat ? Un écrit ? Non, pas nécessairement. Il résulte du consentement écrit ou verbal des parties sur un objet précis.

Verbal ou écrit ?

En 20 ans de métier, j'ai écrit plus de 1 000 articles de magazine et publié six livres. Presque tous mes articles ont été écrits sur la foi d'ententes verbales, mais pour chacun de mes livres, le contrat écrit était requis.

Le contrat écrit est nécessaire si la commande est compliquée ou difficile, s'il doit couvrir une longue durée, s'il porte sur des droits complexes, si vous devez traiter avec quelqu'un qui ne connaît rien à ce que vous faites ou qui paraît confus et, enfin, si le contrat représente une somme importante – l'équivalent d'un jour, d'une semaine, d'un mois de travail, à vous de juger. Mais pour des articles, dont la propriété n'est pas en cause et pour lesquels la portée du droit d'auteur est limitée, j'ai très rarement eu à signer un contrat au début de la commande.

Contrairement à ce que l'on entend, UN CONTRAT VERBAL A VALEUR LÉGALE – je répète : UN CONTRAT VERBAL A VALEUR LÉGALE. On verra ci-dessous comment et pourquoi. Cependant, aucun contrat, même s'il est écrit à l'encre d'or sur des feuilles en titane, ne vous protège jamais parfaitement contre un client malhonnête qui n'a l'intention d'en respecter ni l'esprit ni la lettre. Car alors, le contrat est toujours trop détaillé ou pas assez, le client est de mauvaise foi ; les conditions du travail ont changé... J'ai pour règle qu'il ne sert à rien de signer un contrat avec quelqu'un s'il est incapable de respecter sa parole. Je préfère foncer confiant que de patauger méfiant. Les différends se règlent à mesure. J'aurais même plutôt tendance à me lier par contrat avec un client éprouvé avec qui je me suis déjà entendu verbalement, pas avec le premier venu. Je dirais même que le contrat verbal est plus avantageux dans de nombreuses circonstances, ne serait-ce que parce qu'il est plus aisément adaptable.

Contrat rime avec avocat et bien des clients (surtout les petits) n'aiment pas les fournisseurs qui insistent pour définir la moindre clause. Les mauvais travailleurs autonomes incapables de respecter leur parole pour une chose aussi élémentaire que la date de livraison sont légion ! Les clients redoutent surtout la paperasse : seriez-vous du genre à passer plus de temps à fignoler des contrats qu'à produire ? La paperasserie et l'avocasserie rebutent le client et aussi le pigiste. Mais répétons-le, avant de l'expliquer : un contrat n'est pas nécessairement écrit.

Le contrat verbal

Je le répète encore une fois, car c'est crucial : UN CONTRAT VERBAL A VALEUR LÉGALE. Trop de travailleurs autonomes se font avoir au début en imaginant le contraire. Le contrat verbal est plus flexible. Il repose sur la bonne foi des parties et leur mémoire, mais ce défaut est le plus souvent contrecarré par l'existence de témoins et d'écrits qui prouvent son existence. Le droit est très clair sur le fait que, pour un contrat de moins de 1 500 $, cette preuve peut être faite par témoin. Pour des contrats de 1 500 $ et plus, les témoignages sont recevables si vous avez un écrit relatif à votre travail. Si Chose vous passe une commande par écrit, conservez cet écrit. S'il passe la commande par téléphone, transmettez-lui une lettre par télécopieur ou par Internet (avec preuve de réception).

L'élément déterminant est que vous soyez en mesure de prouver qu'il y a « relation contractuelle » : c'est-à-dire que vous vous êtes entendus sur le prix, l'échéance, les modalités et les modifications sur ces divers points en cours de route. Une poignée de main suffit pour qu'il y ait une relation juridique établie, et une correspondance suivie sur le sujet en est la preuve irréfutable. Imaginez un type qui se pointe sans prévenir et qui commence à réparer votre clôture sans que vous le lui ayez demandé : vous allez le renvoyer, à moins que, en effet, ce ne soit pas une mauvaise idée, et alors vous le laissez faire, vous lui apportez de l'eau, vous lui prêtez vos outils. Il y a entente contractuelle. À retenir : devant un juge, c'est votre parole contre celle du client – et l'attestation de vos écrits et témoins respectifs. On en parle davantage au chapitre 16, mais en droit civil, la cour ne tient compte que de la « prépondérance de la preuve ». Si vous avez parsemé votre travail de correspondance, de rapports et de plans, vous aurez ajouté à votre bonne foi et ferez ainsi pencher la balance en votre faveur. Internet, qui a beaucoup remplacé les communications orales, est tout à l'avantage des travailleurs autonomes, car il permet d'établir plus aisément l'existence de cette relation contractuelle. Une avance négociée et reçue, même minime, est la preuve qu'une entente verbale a été conclue : le type ne vous a sûrement pas fait un cadeau.

Il se peut que la commande requière que vous débutiez sur-le-champ sans même attendre l'avance et sans même avoir le temps de discuter du fond. Dans ce cas, envoyez un écrit au client à la première occasion. Quand le client vous appelle pour une information, répondez-lui par Internet ou par télécopieur. Une confirmation tacite de votre contrat peut résulter d'un échange de courriel aussi anodin que « Salut Dick, je pars pour le weekend, ton projet avance. Ciao. Nick »

Afin de lier davantage l'autre partie, rien n'empêche d'écrire une lettre résumant l'entente. Le *compte rendu écrit* résume sur papier les obligations des parties (voir ci-contre). Vous noterez dans l'exemple que plusieurs questions forcent le client à répondre. L'avant-dernier paragraphe demande au client de consentir, mais même s'il ne réplique pas, il aura peine à argumenter qu'il ne doit rien. *Qui ne dit mot consent.* Vous n'avez pas à demander la permission pour rédiger un tel compte rendu et le client ne devrait pas s'en offusquer : il permet simplement d'établir que le client et vous êtes sur la même longueur d'onde.

St-Roch-de-l'Achigan

Objet : la cueillette du pissenlit

Cher client,

La présente vise à confirmer les détails de notre entretien de ce matin.

Vous m'avez commandé un document d'information sur la cueillette du pissenlit sous l'angle de la racine, et vous m'avez fourni quelques contacts fort utiles. Je vous en remercie. La longueur doit être de 1 730 mots exactement et je dois suggérer des idées d'illustrations, qui seront exécutées par un tiers.

Nous avons convenu d'un forfait de 1 000 $, plus les frais de déplacement et d'interurbains. Je dois également recevoir une avance de 300 $ la semaine prochaine et vous remettre la version finale révisée du texte au plus tard le 30 févriembre. Cette date étant un jour férié, voulez-vous le texte pour le 29 ou le 31 ? Préférez-vous le lundi suivant la semaine des quatre jeudis ?

Vous avez beaucoup insisté pour que je parle au frère Marie-Victorin, ce qui risque d'être compliqué car, depuis 1944, il mange les pissenlits par la racine. Êtes-vous toujours intéressé par son témoignage ? Pourquoi pas Jean-Claude Vigor ?

[[Paragraphe optionnel : Si les conditions et modalités énumérées vous conviennent toujours, pourriez-vous signer la présente lettre et me la retourner ? Je commencerai aussitôt le travail. Si je n'ai pas reçu de vos nouvelles à la réception de votre avance, j'assumerai que ces conditions vous conviennent.]]

Espérant une réponse diligente, je vous prie d'agréer l'expression de mes sentiments les meilleurs.

Flore Racine

Le contrat écrit

Parfois visé par un avocat ou un notaire mais pas nécessairement, un contrat écrit formalise l'entente. Chaque partie le signe. Parafez chaque page, chaque ajout, chaque retrait, chaque rature. Les clauses (numérotées) prévoient l'exécution, le paiement et le règlement en cas de litige. Tous les points couverts pendant la négociation doivent y figurer car le contrat écrit a préséance sur toute entente verbale préalable.

Un point important à déterminer d'emblée est de savoir qui, de l'acheteur ou du fournisseur, rédigera le contrat – cela ne se fait pas à deux. Il n'y a aucune règle en la matière. Si vous en savez plus long que votre client, cette responsabilité vous incombera sans doute. Par contre, le client peut également avoir un contrat-type à partir duquel il aime travailler et sur lequel il fait ses modulations. Les deux sont acceptables. La rédaction du contrat est normalement précédé d'une discussion au cours de laquelle les deux parties conviennent des termes généraux sur le prix, les avances, la propriété, la durée, et certaines modalités – qui seront ensuite précisées sur le contrat.

Pour avoir valeur légale, un contrat ne doit pas obligatoirement être rédigé par un professionnel du droit ni même comporter les formules consacrées. Le contrat écrit facilite la preuve, c'est tout. Pour un contrat complexe, vous avez intérêt à le faire vérifier par un avocat, mais vous épargnerez beaucoup en faisant le défrichage vous-même. Un collègue expérimenté, un avocat ou votre association professionnelle peuvent aisément vous conseiller sur les principaux points à surveiller et sur le pourquoi de clauses apparemment irritantes.

Un bon contrat écrit doit pouvoir survivre au temps, aux changements de patron, aux aléas de la vie. Il prévoit donc tous les cas de figures possibles et il est forcément rébarbatif. Il y sera question de non-livraison, de retards, de défauts, de non-paiement, de faillite, de vices cachés, de poursuites. C'est désagréable, mais comme un bon contrat de mariage, il doit prévoir le divorce. Vous faites une erreur grave en interprétant la présence de ces diverses clauses comme une manifestation de l'intention du client de vouloir vous «fourrer». En général, le contrat vise à vous protéger. Il assure des règles du jeu claires quand ça va mal, et il lie clairement les parties. En pratique, cela veut dire que même si votre vis-à-vis s'est fait licencié deux jours après la signature du contrat, son successeur sera lié par les mêmes règles.

Le contrat vous permet donc d'établir des règles qui font votre affaire. Par exemple, dans mon domaine, l'édition, les contrats prévoient toujours que les droits sur le livre retournent à l'auteur sans conditions en cas de faillite de l'éditeur. Cela vise à vous éviter de voir votre livre ballotter d'un éditeur à l'autre. Autre exemple : en cas de mauvaise créance, le droit civil ne vous permet d'ajouter que les intérêts légaux – sauf si votre contrat prévoit justement des pénalités additionnelles en cas de retards ou de chèques sans provision, les «NSF». De telles clauses sont habituellement automatiques dans les contrats écrits, mais si vous voyez que votre client tique là-dessus, cela signifie peut-être qu'il lui arrive de faire de tels chèques...

Souvenez-vous qu'un contrat est une position de négociation. Bien que vous vous soyez entendus verbalement sur certains termes au préalable, c'est vraiment au contrat que vous voyez comment cela s'articule. Il se peut que le client, un peu pressé, ait ajouté les clauses sur lesquelles vous vous êtes entendus à un contrat-type déjà formaté, sans se relire. Certaines clauses peuvent donc se contredire. À vous d'y voir.

Si jamais un client avec qui vous avez l'habitude de traiter verbalement vous propose soudain un contrat écrit, comme ça, pour rien, prudence! D'habitude, les clients s'en méfient comme de la peste! Demandez-lui d'abord pourquoi ce changement. Demandez toujours pourquoi! Il se peut qu'il s'inquiète de vous perdre parce que vous lui faites faire de bonnes affaires, parce que vous êtes très productif, etc., auquel cas, vous pourriez négocier à la hausse. Il se peut aussi qu'il essaie de vous enfirouaper, notamment sur la question de la propriété intellectuelle.

La portée

La formule de votre contrat dépend beaucoup de la portée que vous voulez lui donner et de son objet, et aussi des contraintes légales ou culturelles. Par exemple, il est bien rare que les coiffeurs ou les plombiers s'encombrent d'un contrat écrit pour des commandes individuelles de clients qui ne font que passer, mais les coiffeurs de TVA ont un contrat normatif, car TVA ne veut pas s'embêter à devoir discuter avec ses coiffeurs tous les jours.

Il se peut que votre contrat doive se conformer à une entente collective prénégociée. En principe, quand vous embauchez un plombier, il vous facture le taux horaire prescrit par son compagnonnage. Les chanteurs et comédiens membres de l'Union des Artistes (UDA) doivent obligatoirement travailler selon des normes minimales négociées avec les producteurs. Ces derniers y souscrivent en payant leur dû et en n'engageant que des artistes en règle. Tout artiste membre qui travaillerait pour un producteur non reconnu aurait maille à partir avec l'UDA. L'Union des écrivaines et des écrivains québécois (UNEQ) a aussi imposé une sorte de contrat répondant à des normes minimales. Mais contrairement à l'UDA, l'UNEQ ne gère pas directement les contrats. Hors des milieux artistiques et ouvriers, il n'existe pas de formule collective pour les travailleurs autonomes. Certains ordres professionnels fixent des tarifs pour leurs membres, mais l'existence de ces tarifs a simplement une valeur indicative et n'affecte aucun contrat.

Il existe divers types de formules contractuelles. En fait, il y en a autant qu'il y a de contrats, mais je les catégorise de la façon suivante :

- *Formule unitaire.* Elle s'applique à un ouvrage précis et défini pour un client. Elle est malcommode pour de petites commandes ou lorsque vous vendez un produit uniforme, mais presque obligatoire avec les grandes entreprises, où les employés, mobiles, doivent obéir à des directives. Vous ne voudriez pas que le successeur de la personne qui a requis vos services conteste la commande de son prédécesseur!

•• *Formule normative.* Cette formule ne concerne qu'un seul travailleur autonome, en général bien établi, et un seul client. Elle porte sur une durée fixe mais un nombre indéterminé d'ouvrages. Combien vos services seront-ils payés cette année? Quelles dépenses seront admissibles? Quelles avances toucherez-vous? Quel rendement exigera-t-on de vous par mois, par semaine? Quels droits cédez-vous? Où travaillerez-vous?

••• *Formule exclusive.* La forme varie selon que vous offrez un bien ou un service. Si vous vendez une potiche en céramique à un certain Richard Richer d'Outremont, peut-être voudrez-vous conserver le droit de la reprendre à des fins d'exposition. Pensez à vos besoins. S'il s'agit d'un produit de consommation (article, photo, nouvelle, création littéraire, illustration), n'accordez de licence que dans les limites de la compétence du client. Par exemple, votre cahier de formation en calcul mental pourrait faire un très beau livre. Avant de céder tous les droits en français, assurez-vous que l'éditeur est vraiment apte à vendre des livres ailleurs qu'au Québec.

Quand l'exclusivité s'attache à votre personne, vous abdiquez votre autonomie : le client veut vos services. La formule peut vous interdire de prendre d'autres contrats, vous limiter à certains concurrents ou donner un droit de regard au client signataire. La prime pour un tel contrat doit être supérieure parce qu'il vous lie personnellement. Cette formule peut être drôlement confortable si vous négociez le versement d'un forfait régulier, plus des primes si vous produisez plus que prévu.

Une variante pourrait consister en une exclusivité sur un aspect de votre travail, mais pas sur le reste. Par exemple, tel client veut toutes vos photos de mode et rien d'autre, ce qui ne vous empêche nullement de faire de la photo de voiture. Vous avez le droit de gagner votre croûte.

Lire entre les lignes

Avant de pouvoir lire entre les lignes de votre contrat, commencez donc par lire les lignes! La plupart des gens qui se font avoir avec un contrat ne l'ont lu qu'après l'avoir signé! Ce contrat devrait se conformer à vos objectifs. Par exemple, si la banque Bank vous demande de lui monter un cours de formation en calcul mental et qu'elle exige d'être propriétaire des documents que vous produisez et du cours, vous perdez toute possibilité de reprendre votre cours ailleurs et d'en faire une affaire – à moins que cette propriété soit non exclusive, c'est-à-dire que la banque achète les droits pour elle-même, mais vous autorise à l'exploiter de votre côté également. Toute concession que l'on exige de vous devrait normalement être compensée sous forme de redevance ou de forfait, dont une bonne part sera payable d'avance.

Ne signez jamais un contrat sous pression et relisez-le toujours à tête reposée avant d'y apposer votre griffe. Combien d'auteurs ont été littéralement éliminés du circuit parce qu'ils avaient engagé toutes leurs œuvres futures! En cas d'oubli, vous dépendrez de la bonne volonté du client pour modifier le contrat initial. Dans tous les cas, n'oubliez jamais les critères suivants :

1. *Temps et territoire.* Fixez toujours une limite à un contrat normatif ou d'exclusivité, sinon vous serez entravé à vie.

2. *Propriété.* Définissez bien la propriété et les droits d'utilisation de ce que vous vendez.

3. *Pénalité.* Prévoyez si possible une pénalité en cas de rupture du contrat. Lisez bien les clauses. Vous pourriez être lié même

après la rupture du contrat si vous avez promis de ne pas solliciter les concurrents du client pendant trois ou cinq ans. Assurez-vous qu'il y a des limites aux limites qu'on vous imposera.

4. *Conflits.* Prévoyez-les. Il ne sert à rien de vous mettre la tête dans le sable. Votre contrat devrait comporter une clause de médiation, ou idéalement d'arbitrage, car les tribunaux coûtent cher. Personne n'est à l'abri de ce genre de problème. Votre client est peut-être de bonne foi, mais il peut arriver bien des choses si votre interlocuteur est congédié, promu, déplacé et remplacé par un autre qui ne vous aime pas, trouve votre service inutile, ou ne comprend pas la nature de l'entente que vous aviez.

5. *Lien d'emploi.* Si vous n'avez qu'un client, assurez-vous que votre contrat ne laisse pas entendre que vous êtes un employé. Cela pourrait avoir des répercussions considérables sur le plan fiscal (on en reparle au chapitre 18).

Signe ici, pèse fort

Le *Code civil* stipule clairement que tout contrat pour être valide doit être accepté. Un contrat dont toutes les clauses vous sont imposées sans possibilité de négociation peut être valide si vous l'acceptez. Dans un tel cas, il s'agit d'un contrat d'adhésion. On peut toujours le faire annuler en tout ou en partie, mais c'est là une situation à éviter.

En principe, un contrat n'est jamais une parole d'évangile. C'est le plus souvent une position de négociation et cela se discute. Vous pouvez faire bien plus que de simplement le signer. Vous pouvez aussi raturer les clauses qui ne font pas votre affaire – et parafer vos ratures. Souvent, ça passe comme du beurre dans la poêle, il s'agit simplement de s'assurer que votre vis-à-vis parafe aussi les ratures de son côté.

Un client qui essaie de vous imposer un contrat à prendre ou à laisser est un mauvais client ou un client dangereux. Il a le droit de le faire, mais il sera toujours moins intéressant qu'un client qui accepte de négocier. Il se peut que vous n'ayez pas le choix, surtout au début. Si votre pouvoir de négociation est limité, tâchez au moins de limiter au maximum la portée du contrat – dans le temps, sur l'objet du contrat – autrement, vous serez lié pour longtemps et dans de très mauvaises conditions.

La bonne façon de refuser consiste à répondre que vous êtes prêt à négocier mais que les termes proposés par lui ne sont pas acceptables. Dites clairement ce que vous voulez. Il se peut que vous soyez forcé par les circonstances (manque d'argent, client unique) de signer, mais le client ne pourra pas faire l'étonné quand vous le laisserez tomber sans préavis. Votre but dans la vie sera alors de vous rendre assez intéressant pour que d'autres clients s'intéressent à vous. Vous verrez à ce moment-là que votre client jadis inflexible se montrera soudain beaucoup plus flexible... Et prenez toujours le temps... Mais puisque le client vous ouvre la porte, vous avez une chance de toucher plus s'il tient à vos services. L'essentiel, c'est de préserver le lien. Si le client se montre trop pressé, demandez-lui au moins où est l'urgence. Tant qu'il parle, tout va bien. Peut-être commettra-t-il une erreur... On peut décrocher le contrat du siècle si on tombe sur un Newfie...

Adresse utile

Educadroit, Le carrefour d'accès au droit
C. P. 55032, CSP Notre-Dame
11, rue Notre-Dame Ouest
Montréal (Québec) H2Y 4A7
http ://www.educaloi.qc.ca

Chapitre 13

La négociation continue

Parce que les discussions ne s'arrêtent pas
avec le contrat...

J'ai eu une surprise de taille un jour en discutant avec un de mes clients. Quand je lui remettais un papier, il rentrait dedans, il demandait des révisions, puis il corrigeait tout. Et bizarement, il me payait sans problème et il m'en commandait d'autres. C'était incompréhensible : est-ce que je faisais du bon ou du mauvais travail ? Et là, il m'a dit deux choses qui m'étonnent encore quinze ans plus tard : « Primo : C'est son travail de corriger. Deuxio : je faisais trois choses que 90 % des pigistes ne font pas. Tes articles sont bien écrits, bien documentés et remis à temps, a-t-il dit. »

En fait, avec les années, j'ai moi-même embauché fréquemment des travailleurs autonomes pour toutes sortes d'activités (ménage, rénovation, comptabilité, conception de site Web, agent littéraire), et je me suis aperçu que mon rôle, même quand ils sont bons, est de les corriger et de voir à ce que leur travail soit minimalement correct. Or, 90 % ont effectivement du mal à livrer la marchandise, pour toutes sortes de raisons.

Le travail bien fait a une telle importance que, ultimement, il deviendra votre meilleur argument de vente. Les clients recherchent des fournisseurs capables de :

- livrer la marchandise ;
- sans grincements ;
- à temps.

Si vous remplissez ces conditions élémentaires, vous serez du nombre des travailleurs autonomes dont le téléphone sonne sans arrêt et dont le nom circule. Vous n'aurez même pas besoin de vous vendre. On vous offrira même des emplois, que vous jugerez d'autant moins tentants que vous serez toujours plus sollicité.

Les petits malins ont sans doute déjà remarqué que parmi les cinq fonctions de l'entreprise citées en introduction – recherche, vente, financement, production, gestion –, je n'ai aucune section, pas même un chapitre, sur la production. Il y a deux raisons à cela : d'abord, ce livre est pour tous les travailleurs autonomes. Or, il n'y a aucun rapport entre la production d'un plombier et celle d'un graphiste ou celle d'un consultant. Impossible de généraliser. De plus, ce livre suppose que chacun connaît son métier : les débutants doivent d'abord apprendre à maîtriser leur domaine, et il y a des écoles pour cela.

Toutefois, il y a une chose que l'on n'enseigne dans aucune école, et qui est pourtant vitale à la réalisation du travail : c'est la communication. Bien qu'une bonne communication soit souvent la clé d'une production sans faille, la raison pour laquelle j'en parle ici dans la section sur la vente et le financement est qu'une bonne communication se résume, dans bien des cas, à un système de négociation continue.

L'art de s'adapter

La qualité du travail, l'exécution du travail, le respect de l'échéance sont des données objectives, mais qui s'adaptent souvent au fur et à mesure – à condition de communiquer. Dans mon domaine, qui est le journalisme, il m'est souvent arrivé de renégocier en cours de route l'échéance d'un texte et même sa longueur. Mon plus beau coup fut un reportage pour *L'actualité*, dont la commande originale était d'environ cinq pages de magazine : juste avant de l'écrire, je les ai convaincus d'en faire le double. Et finalement, ils ont pris 12 pages ! Mais si je n'avais pas pris la peine de leur expliquer où j'en étais, non seulement j'aurais vendu moins de texte, mais en outre j'aurais eu plus de mal à me conformer à leurs attentes originales, puisqu'elles ne correspondaient plus à la réalité !

J'ai souvent eu à embaucher des travailleurs autonomes, des recherchistes, mais aussi des ouvriers pour faire des travaux de rénovation chez moi. Là, j'étais le client et quand j'ai eu un problème, c'était presque toujours parce qu'ils ne m'avaient pas révélé les autres contraintes auxquelles ils faisaient face – ils en avaient trop pris, ils n'avaient pas dormi depuis trois jours parce que leur enfant était malade, ils avaient frappé un imprévu qui compliquait tout. Pourtant, s'ils me l'avaient dit, je me serais sans doute montré flexible. Mais comme ils ne m'avaient rien dit et que je sentais qu'il y avait un problème, je me méfiais d'eux – c'est humain.

Donc, cette communication vise deux objectifs : vous faciliter la vie et, en même temps, vous permettre de renégocier (ou d'adapter) les attentes et les conditions de réalisation. Vous devez communiquer sans arrêt avec votre client pendant l'étape de production, comme un pilote avec la tour de contrôle. Ça paraît ridicule quand il fait beau, mais on se sent moins seul quand le temps se couvre. Seuls les pilotes de brousse n'ont d'ordres à prendre de personne et se posent sur le lac de leur choix. Mais vous, vous devez vous poser sur la piste avec la bonne cargaison à l'heure convenue sans provoquer de perturbation dans le trafic ni déranger les pompiers.

La plupart des débutants négligent de communiquer fréquemment avec leur client : ils jouent à jeu fermé. Ils craignent de déranger ou bien ils croient devoir entretenir des relations minimales avec l'ennemi et ne montrer aucune faiblesse. Quelles que soient leurs raisons, cette attitude est néfaste. Vous devez donner signe de vie et informer votre client. Si vous travailliez dans le même bureau, ce serait facile, ça passerait au hasard des conversations, mais comme vous êtes loin, vous devez faire un effort supplémentaire.

Le client ne craint rien de plus que le fournisseur qui ne donne jamais signe de vie. La commande du premier mars doit rentrer le premier mai à 17 h. Le client va se faire du sang de cochon s'il est sans nouvelles avant l'heure de tombée. Les contrôleurs aériens des grands aéroports ont une peur bleue des avions sans radio. Il en circule encore, figurez-vous ! Eh bien ! ils sont interdits à Dorval et doivent se poser à Saint-Hubert. Le pilote doit ou bien faire le reste du trajet en autobus, ou bien doter son appareil d'une radio.

La crainte des clients s'explique de deux façons. D'abord, ils ne commandent que ce dont ils ont besoin. Or, ils savent qu'il y a mille et une causes possibles de retard. Principe de Murphy : tout ce qui peut aller de travers ira de travers. Si vous ne livrez pas, ils devront commander une solution de rechange d'urgence (et donc plus chère) à plus compétent que vous. Bien sûr, le client sera heureux que vous livriez son truc à temps, mais vous serez perçu comme étant moins fiable que le travailleur autonome qui indique fréquemment sa position. Même si vous travaillez chez le client, il faut faire l'effort de l'informer. Comme vous n'êtes le subordonné de personne, qui d'autre vous supervisera ?

L'autre raison est purement intellectuelle : les bons clients sont généralement bien branchés, ils peuvent trouver une quantité surprenante d'information rien qu'en interrogeant cinq minutes une connaissance du milieu ou en portant attention aux articles sur le sujet. Si leur idée chemine différemment de la vôtre – ce qui ne manquera pas d'arriver si vous négligez de les informer vous-même –, votre prestation ne correspondra pas au résultat attendu. Pendant la Deuxième Guerre mondiale, l'aéronavale perdait plus d'avions pour des erreurs de navigation qu'aux mains de l'ennemi : il n'était pas rare que les pilotes, ayant retrouvé le lieu de décollage, s'aperçoivent que le porte-avion n'était plus là ! Et comme ils ne traînaient presque aucune réserve de carburant et que les radars étaient trop lourds pour prendre place dans l'avion, plusieurs ont testé leur parachute. Pour le pigiste, ce problème frustrant du client qui dérive est le plus courant en début de carrière, mais aussi le plus facilement évitable.

La solution évidente, peu pratiquée, est de rester en communication. La raison de cette carence dans les échanges client-pigiste est simple : il faut y mettre de l'honnêteté et de l'humilité, deux qualités assez rares qui heureusement se développent.

Oui, mais on communique quoi ?

Normalement, la commande est passée quand vous et votre client êtes convenus des attentes, du tarif, des modalités et de l'échéance. Le contrat qui en résulte n'est qu'un plan de vol : il ne remplace pas les communications en vol à proprement parler.

Les communications que je vais décrire ici poursuivent trois buts : assurer le client de votre professionnalisme, vous assurer que vous avez le contrôle et surtout vous prémunir en cas de désaccord ou de défaut de paiement (voir chapitre 16). Le système élaboré qu'elles forment est essentiel pour survivre à un contrat important. Vous pouvez négliger des formalités s'il s'agit de petits contrats, mais l'idée générale demeure la même.

Préliminaires

La communication doit débuter dès que vous sortez du hangar. N'ayez pas honte de communiquer, même si vous vous apprêtez à décoller sur le tard. Le client, souvent plus souple qu'on le croit, pourrait vous accorder une extension sans même que vous l'ayez demandée. Les retards raisonnables sont normaux : vos clients eux-mêmes en subissent ou en imposent constamment. Bien souvent, la date de tombée constitue un repère plutôt qu'une date butoir inexorable.

Soyez honnête, cependant. On tarde souvent à entamer le travail parce que la commande nous effraie ou parce qu'un détail suscite des hésitations. Dites-le ! Ce détail n'en est peut-être pas un. Le client a peut-être la même préoccupation. De toute façon, c'est une preuve de professionnalisme que de signaler un problème. L'ingénieur qui s'aperçoit dès le début que l'immeuble sera bâti sur le sable doit corriger le plan, déplacer l'immeuble ou annuler le projet, avec l'assentiment du client. Pareil pour le pilote qui s'aperçoit qu'il va manquer d'essence en cours de vol. Son client – surtout s'il est passager – sera très heureux qu'on en tienne compte !

Après quelques démarches, re-téléphone ou re-lettre pour confirmer que tout va bien ou qu'il faut corriger le cap, il se peut que le client ne soit pas disponible, mais insistez. Vous ne le dérangez pas : c'est son travail de traiter avec vous. Il se peut qu'il soit fort occupé : laissez-lui un message ou écrivez-lui.

Il arrive parfois que vous découvriez qu'il y a non-lieu, c'est-à-dire que la prémisse adoptée mutuellement est fondée sur des bases qui se révèlent fausses, que le client et vous avez tous deux mal compris où il faut aller ou qu'il n'a peut-être pas besoin de vos services. Ne traînez pas : avisez-en immédiatement le client. Il sera peut-être déçu, mais il pourra se retourner et vous passer une autre commande ou bien vous accorder un dédommagement (surtout si c'était son idée au départ ou si vous avez dit non à un autre pour le satisfaire). Encore une fois, vous ne passerez pas pour un amateur sans expérience si vous faites part de vos difficultés. Elles sont inévitables. Seul un incompétent ne les signale pas. À moins qu'il soit imbécile, ce qui n'augure rien de bon.

À ce stade, vous avez pris le contrôle en douce. Le client n'aura plus le réflexe de s'informer en parallèle. Il vous fera confiance et sera assuré de votre capacité. C'est très important.

Rapport

À mi-parcours, quand je me perds dans ma recherche, je m'arrange toujours pour produire un rapport qui résume mes principales découvertes et répond aux principales questions tout en faisant état du supplément d'information à trouver et des personnes à interviewer. Pour les dossiers importants, il arrive que ce rapport soit plus long que l'article lui-même.

Tout travailleur autonome devrait rapporter au client l'évolution du travail, que ce soit sous forme écrite ou dessinée. On peut se rapporter verbalement, mais l'écrit est préférable. Le client pourra étudier votre rapport (ou l'ébauche) à sa convenance et le faire circuler. De plus, grâce à votre écrit, le client est en mesure d'apprécier votre capacité de résumer votre recherche et de l'expliquer, ce qui raffermit encore sa perception de votre compétence.

Une mise en garde, toutefois, à ceux qui travaillent dans le domaine visuel. Avant de communiquer une ébauche au client, assurez-vous bien qu'il comprenne que ce n'est pas le produit final. Les illustrateurs et les graphistes ont souvent ce problème : ils envoient quelques croquis et le client les rappelle dans l'heure en les menaçant d'annuler le contrat parce que le travail est « négligé ». Il y a des gens, malheureusement nombreux, qui ne comprennent pas du tout le processus, et qui s'imaginent qu'un graphiste produit un logo ou une image comme un photographe développe sa pellicule. Pourtant, vous savez très bien, vous, qu'un brouillon ne signifie pas que vous êtes brouillon, mais ça bloque là, parfois, dans l'esprit du client. Vous devrez donc apprendre à détecter ceux qui souffrent de ce genre de blocage afin de leur expliquer (et montrer) les étapes de réalisation.

Ce rapport, ou cette ébauche, – quand sa fonction est comprise – n'est jamais une perte de temps. Au contraire, il économise du temps. Encore récemment, il m'a sauvé au cours d'un reportage pour *Elle-Québec*. Le rédacteur m'avait passé une commande un peu vague juste avant de partir en vacances et je lui ai fait un rapport sur mes progrès à son retour. Il m'a rappelé quelques jours plus tard pour repréciser la commande, mais j'ai bien senti que quelque chose clochait. Après discussion, je me suis rendu compte qu'il s'attendait à un dossier d'enquête bien plus fouillé que je ne l'avais compris. Le temps allait manquer (il aurait manqué de toute façon, même si le client avait été plus clair au début). Nous avons tout annulé et la rédactrice m'a dédommagé. Si je n'avais pas fait un rapport de mon travail en cours de route, nous nous serions aperçus du problème beaucoup trop tard, à la livraison.

Ne vous gênez pas pour solliciter l'aide du client. Le faire ne vous rend pas moins compétent à ses yeux, surtout si vous devez passer par lui pour joindre une personne qui peut vous aider et que vous n'aviez pas prévu de contacter au départ.

Jusqu'à présent, vous avez « dérangé » votre client au moins trois fois et il est ravi. Il sait où vous en êtes, il connaît vos problèmes, mais aussi vos découvertes ; il ne s'inquiète pas au sujet de votre talent, et il sait que vous approchez du but. En gros, il vous fait confiance : sa seule angoisse est de savoir si vous livrerez un résultat potable et assez bien fignolé pour qu'il n'ait pas à y mettre la main et à tout refaire.

Plan

L'étape suivante est cruciale, car vous devrez bientôt réaliser le travail dans sa forme définitive. Vous devez produire un plan, une ébauche ou un prototype pour approbation. Un monde sépare parfois l'idée d'origine, le processus et le résultat – qui pourrait surprendre le client si vous l'avez maintenu dans l'ignorance.

Imaginez le contrôleur aérien qui attend un *Boeing 747* et qui voit arriver un zeppelin!

En journalisme, l'expérience de résumer une caisse de documents en huit feuillets est parfois traumatisante. J'ai longtemps cru qu'un plan consistait à gribouiller quelques notes sur une feuille pliée en deux ou en quatre. Erreur. Le vrai plan est beaucoup plus élaboré et équivaut en général à un tiers ou à la moitié de la longueur de l'article. Les peintres ne fonctionnent pas autrement. Il n'y a pas de génération spontanée. Au contraire : il n'y a que les amateurs qui s'essayent à l'aveuglette. Je me suis heurté à cette difficulté pendant des années, en improvisant mes idées et l'écriture, sans trop savoir de quoi aurait l'air mon article. Chaque fois que j'ai eu un conflit avec un client, c'était, à la base, parce que je ne savais pas vraiment ce que je voulais dire ni comment.

Un bon plan, un bon prototype ou une bonne ébauche rassure le client. Il peut déjà anticiper le genre de travail qu'il aura à faire pour convaincre ses collègues ou pour transmettre d'autres commandes auprès d'autres travailleurs autonomes – car votre travail fait souvent partie d'un ensemble. Et les modifications à ce stade sont bien moins coûteuses.

Une fois que le client a approuvé le plan, je peux même écrire avec une plus grande tranquillité d'esprit, sans me soucier de sa réaction. Il sait exactement où je vais. Il ne me reste plus qu'à bien décrire sans faire de fautes.

Curieusement, ce plan ou cette ébauche est un excellent outil de vente. Il m'est arrivé de proposer ainsi un article de 10 feuillets alors que mon client m'en avait commandé seulement 6, et il l'a pris. La raison : je lui avais prouvé avec mon plan que j'avais suffisamment de matière pour soutenir l'intérêt sur 10 feuillets.

« Votre approche est bonne : permission d'atterrir à votre discrétion » est la formule consacrée des contrôleurs aériens peu avant l'atterrissage. Il fait bon de l'entendre, mais vous vous reposerez quand l'avion sera dans le hangar.

Version préliminaire

Il se peut que le produit s'écarte du plan pour toutes sortes de raisons : quelque chose vous a échappé ; des faits nouveaux se sont ajoutés ; vous avez trouvé le moyen de resserrer vos idées. Envoyez une première version, que vous intitulerez brouillon ou version préliminaire, en expliquant bien les raisons de vos modifications. Cette dernière étape, parfois nécessaire, vous permet de lancer un ballon sans que le client croie avoir affaire à une queue de veau. Attention toutefois : certains clients jugent un peu vite et ne tolèrent tout simplement pas les versions préliminaires. Ils ne veulent voir que le résultat final. Vous apprendrez à les reconnaître, mais l'idéal est de le leur demander.

Grâce à vos communications fréquentes, à vos rapports et à vos plans, vous contrôlez le dossier : non seulement le client a confiance, mais vous le convainquez de votre compétence à mesure. Même dans les cas où vous devez l'amener à renoncer à une commande, ce qui est toujours déplaisant, vous vous imposez comme un vrai pro qui n'a pas de temps à perdre et qui lui fait économiser le sien.

Mieux : non seulement vous contrôlez votre client, mais vous l'avez vissé dans le mur. S'il refuse de payer ou s'il change d'idée, vous le tenez. Tous ces documents que vous avez semés sont autant de preuves de votre bonne foi et même de son approbation. Il ne saurait prétendre que vous l'avez induit en erreur, que vous avez changé d'idée ou qu'il ne s'était nullement engagé (il peut par contre prétendre que la qualité escomptée légitimement fait défaut, ce qui est possible). Bref, vous avez semé une trace documentaire qui peut vous sauver la mise en cas de litige. C'est très important. Le plan vous protège contre un changement d'idée, de bonne ou de mauvaise foi. Ne le dites pas au client – il pourrait voir en vous un être machiavélique –, mais conservez le tout dans vos archives, même après la réception du chèque.

Lectures utiles

CARDIN, Josée, *Guide de correspondance en entreprise*, Boucherville, Éditions Vermette, 1995, 155 pages.

MALO, Marie, *Guide de la communication écrite*, Montréal, Éditions Québec Amérique, 1996, 320 pages.

VAN COILLIE-TREMBLAY, Brigitte, Micheline BARTLETT et Diane FORGUES-MICHAUD, *Correspondance d'affaires anglaises*, Montréal, Éditions Transcontinental, collection «Entreprendre», 1998, 394 pages.

VAN COILLIE-TREMBLAY, Brigitte, Micheline BARTLETT et Diane FORGUES-MICHAUD, *Correspondance d'affaires. Règles d'usage françaises et anglaises et 85 modèles*, collection «Pratique», Montréal, Éditions Transcontinental, 1991, 268 pages.

VILLERS, Marie-Éva de, *Multidictionnaire des difficultés de la langue française* (3ᵉ édition), Montréal, Éditions Québec Amérique, 1996, 1 533 pages.

Chapitre 14

Ouvert jusqu'aux petites heures

Ce qu'il faut savoir
sur les petits gestes qui comptent

Si vous aimez le baseball, vous êtes sans doute un admirateur du grand Yogi Berra, qui a fait une belle carrière avec les Yankees – excellent receveur, artilleur sans pareil, puis entraîneur, mais il s'est inscrit dans la légende de baseball par une série d'aphorismes qui lui ont donné la posture de vieux singe (il a plus de 80 ans) sur la montagne. La plus célèbre des maximes de Yogi Berra? : «*It ain't over til it's over* (c'est pas fini avant la fin).» S'il avait été travailleur autonome, Yogi Berra aurait sans doute dit : «C'est jamais fini même après la fin!»

Si vous parlez à des travailleurs autonomes expérimentés et qui roulent, vous constaterez qu'il y a une autre chose qu'ils font, en plus d'un travail de qualité : ils donnent souvent un excellent service après-vente.

Qu'est-ce qui fait un bon travailleur autonome? Outre le travail bien accompli, les clients sont sensibles à une foule de petits gestes dans l'exercice du métier. Il ne s'agit pas ici de leur envoyer une carte de Noël. Parmi les gestes qui les rendent heureux, il y a celui de donner fréquemment signe de vie pendant les préparatifs, l'exécution du contrat et même après, ne serait-ce que pour savoir de quoi a l'air l'affiche sur le mur et comment elle résiste au temps. En journalisme, les clients apprécient les auteurs qui lisent leur publication et qui aiment s'y retrouver. C'est pareil dans n'importe quel autre domaine : vous devez être fier de votre travail et de votre client.

La perfection n'est pas de ce monde et un travail de qualité suppose aussi que vous acceptiez de réviser, de reprendre sans rechigner – dans la mesure du raisonnable. Comme il y a des clients timides, qui n'osent pas exprimer leur mécontentement, vous devriez faire un effort pour aller au-devant – car votre réputation en dépend. Et votre réputation c'est, en fin de compte, votre meilleur vendeur !

Ne faites jamais la Castafiore. Si vous avez des réactions du genre : « Vous ne toucherez pas un poil de ce bijou ! » vous courez après les ennuis. Avant de pousser les hauts cris, regardez-y de près. Peut-être en tirerez-vous une leçon et, pourquoi pas, des pistes pour améliorer votre travail. J'ai toujours demandé au client d'effectuer moi-même les corrections à partir de la copie raturée : cette étape, parfois douloureuse pour l'*ego*, m'aide à mieux comprendre ce qu'il pense. Dans tous les cas, cela leur prouve que mon travail m'intéresse, et pas seulement le chèque...

Vous devriez toujours insister pour voir l'usage qu'on a fait de votre travail et les modifications qu'on y a apportées. Peut-être a-t-on reproduit votre cahier de calcul mental à 14 000 exemplaires pour le revendre ? Peut-être a-t-on saboté votre plan de marketing en remplaçant Claudia Schiffer par une autruche ? Vous devez contrôler l'utilisation de toute chose qui porte votre nom et dont vous comptez vous servir pour vous vendre à d'autres clients. Y voir peut se révéler pénible pour l'amour-propre, surtout si vous apprenez que le client n'est pas aussi satisfait qu'il le disait quand il vous a payé. Vous avez intérêt à trouver le problème et à le corriger. Si vous vous enfoncez la tête dans le sable pour ne pas voir ce problème, le feu de brousse risque de vous rôtir sur place.

Même si le client est content, peut-être détecterez-vous un défaut vous-même. C'est typique : vous avez travaillé avec intensité, mais vous n'aviez pas de recul. Une, deux, trois semaines après la livraison d'un article, j'en profite pour me corriger et pour vérifier un chiffre ou un titre. Les bons clients apprécient cette marque de professionnalisme.

Les sévices après-vente

Mais attention : cela ne signifie pas que vous devriez vous aplaventrir. Vous devez aussi vous tenir debout. Si votre client vous blâme pour avoir fait ce qu'il vous avait demandé de faire, c'est lui qui est dans son tort et vous devriez le lui dire. Il peut avoir raison de vous blâmer pour ne pas lui avoir signalé l'erreur, mais encore faut-il l'avoir vue – ce qui peut être difficile si le client ne sait pas ce qu'il veut ou s'il agit en girouette !

Il arrive aussi qu'un client dépasse les bornes et utilise votre produit à mauvais escient. Là, vous avez un problème, surtout si votre nom est associé au produit. Vos recours dépendent de votre propriété. Si, pour votre campagne de marketing, on a modifié les photos que vous aviez choisies pour accompagner votre texte, il n'y a rien que vous puissiez faire. Par contre, si on a modifié un produit dont vous n'avez vendu que la licence d'utilisation, mettez vos gants blancs et refusez la modification. Il se peut que vous deviez changer les gants blancs pour des gants de boxe. C'est assez rare, mais il m'est arrivé d'ordonner à un rédacteur de retirer un paragraphe. J'insiste ici sur le verbe *ordonné* : je suis le propriétaire du texte en vertu du droit d'auteur, comme le chauffeur est propriétaire (ou responsable) de son taxi et ne laisse pas n'importe qui entrer. Vous avez parfois l'obligation de mettre ce client au pas. L'affrontement ne doit être provoqué qu'en cas extrême et à bon escient, car il peut avoir comme conséquence la perte de contrats futurs. Montrez-vous poli mais ferme.

Et n'oubliez pas de vendre !

La plupart des travailleurs autonomes aiment tellement ce qu'ils font qu'ils en oublient parfois de vendre !

Le travail bien fait est votre meilleur argument de vente, certes, mais il ne suffit pas de concevoir des skis pour les poussettes d'enfant pour que les distributeurs de poussettes engorgent votre ligne téléphonique. Il faut vous vendre et surtout continuer de le faire même si vous avez de l'ouvrage. Vous avez raison d'être fier d'avoir déniché et réalisé votre premier contrat. Maintenant, il en faut 50 par année, à raison de 6 simultanément.

Au fond, la vie de travailleur autonome ressemble beaucoup à celle du cuisinier : les deux ronds d'en avant vous accaparent, mais vous ne pouvez pas oublier ce qui est sur les ronds d'en arrière, dans le four, sur le comptoir, dans l'évier, et vous devez répondre à la porte !

Habituellement, les débutants s'empêchent de vendre par crainte que le client se sente négligé ou croie qu'ils regardent ailleurs. Encore un réflexe d'employé ! Vous devez absolument regarder ailleurs si vous voulez survivre ! Votre client, lui, ne fait pas autrement ! D'ailleurs, le client vous traitera d'autant mieux qu'il sait que vous avez d'autres clients au moins aussi intéressants que lui et qu'il peut vous perdre. Alors, faites en sorte qu'il le sache ! À l'inverse, le client doit accepter que vous le reléguiez au rond d'en arrière de temps en temps, sauf si vous aviez négocié ce point. S'il s'en offusque et envahit votre cuisine, mettez-le à refroidir au frigo.

Chaque semaine, vous devriez accomplir au moins une démarche (un coup de fil, une lettre) auprès de clients futurs. Il en va de la stabilité de vos revenus et de votre affaire, mais aussi, et surtout, vous devez garder la main pour ce qui est des ventes. De plus, le client futur apprécie d'être approché par un travailleur autonome occupé : c'est signe que vos affaires tournent et donc qu'il y a une demande pour vous et votre produit ou service. Un dicton américain dit : « *If you want it done, give it to a busy man.* »

Traduction : Si vous voulez que ce soit fait, confiez-le à une personne occupée. La personne occupée dispose de peu de temps, mais elle en trouve toujours.

La régularité de vos revenus et l'intensité des efforts de vente à déployer dépendent de la nature du marché dans lequel vous évoluez. La demande du client sera soit ponctuelle, soit continue. Ainsi, le secteur de la construction implique des contrats importants réalisés sur une longue durée, mais sans suite. Quand tout est fini, le travailleur autonome plie bagage et s'en va en quête d'un nouveau chantier en espérant que l'entrepreneur le rappellera... s'il lance un autre projet. Il y a forcément des périodes creuses d'attente, car la décision d'investir une somme importante relève de la conjoncture et de choix de financiers parfois très éloignés. Les chanteurs, acteurs, musiciens et tous les artisans du *showbiz* ont exactement le même problème. À l'inverse, le secteur des communications (radio, télé, journaux) requiert un flot constant de textes, d'annonces, de photos, d'images, d'illustrations, de bandes dessinées, de vidéos. Une publication comme *L'actualité* existe depuis vingt ans et édite un volume de texte équivalent à ce livre toutes les deux semaines. Si vous êtes assez bon pour qu'on vous y remarque, l'effort de vente à fournir par la suite sera quasi nul, sauf pour pénétrer un nouveau groupe de presse ou une nouvelle agence de production.

Il arrivera tôt ou tard des moments où vous sentirez que vous pourriez manquer de travail. Le dernier contrat se termine dans une semaine et vous n'avez rien en attente. Voilà une excellente occasion de rappeler vos clients pour leur offrir vos services sous prétexte de savoir s'ils sont satisfaits de votre travail par exemple. Ils vous passeront une commande, étudieront vos suggestions ou vous renverront à un ami, collègue, concurrent qui aura peut-être besoin de vos services.

Pour assurer un flot constant, il faut réaliser plusieurs commandes à la fois. Gardez la tête froide, mais ne prenez pas six contrats à livrer le même jour. Vous n'y arriverez pas. La raison n'a rien à voir avec l'expérience : elle est logistique. L'intensité du travail pour tout contrat augmente proportionnellement au temps qui reste. Plus l'échéance est lointaine, moins il vous occupe et moins il préoccupe le client. Mais généralement, la veille de la remise, vous ne faites que ça et le client téléphonera six fois pour savoir où vous en êtes. C'est humain. Dans un monde idéal, vous devriez pouvoir structurer votre travail pour l'étaler dans le temps et répartir l'ouvrage en devançant même certaines échéances. La vraie vie ne fonctionne pas comme ça, surtout si vous devez travailler en collaboration étroite avec votre client et qu'il n'a pas le temps, lui, de prendre de l'avance !

Gardez-vous d'accepter trop d'engagements : c'est un réflexe d'insécurité. Pendant mes années d'apprentissage – plutôt long dans mon cas –, je maîtrisais mal le métier et j'acceptais une charge de travail à la limite de mes capacités. Agir ainsi ne contribuait en rien à la qualité de mon travail et, au bout du compte, nuisait à mon effort de vente. Comme le disait Rocky Brisebois : « Y en aura pas de facile ! »

Chapitre 15

Non mais quel sans gêne !

Quoi faire
pour facturer avec bonheur

J'ai eu un jour une conversation mémorable avec un militant syndical qui voulait syndiquer les travailleurs autonomes et qui s'insurgeait parce que les « hosties de boss y payent pas ».

J'ai tout de suite vu la faille. D'abord, ce ne sont pas des « boss », ce sont des clients. Ensuite, ce n'est pas une paye que vous recevez, mais des honoraires pour service (ou produit) vendu. C'est bien différent.

Mes nombreuses conversations avec des travailleurs autonomes m'ont démontré un fait assez troublant : ils sont nombreux à hésiter avant de facturer ; certains ne le font pas. Faut-il s'étonner, alors, que l'« hostie de boss, y paye pas » ?

Un travailleur autonome devrait toujours facturer rapidement et sans demander la permission. Vous êtes en affaires après tout. Est-ce que Bell vous demande si éventuellement vous seriez offusqué de peut-être recevoir une facture à payer par la poste ? Cette entreprise prospère vous demande à l'occasion si vous êtes satisfait de ses services, mais pas si ça vous dérange de recevoir votre compte. Faites donc comme elle. Normalement, le client devrait recevoir votre facture en même temps que la livraison finale de votre produit ou service. Soyez certain qu'il ne fait pas autrement avec ses propres clients. La formule est sans équivoque.

Pour être payé, vous devez facturer, sinon comment voulez-vous que le client sache ce qu'il vous doit ? Si vous ne lui envoyez rien, vous vous mettez à la merci de sa présence d'esprit et de son bon vouloir. Il peut vous oublier de bonne foi : la facture est un aide-mémoire précieux à cet effet. Le client a besoin d'une facture. Après tout, lui aussi déteste la partie comptable de son travail. Sa gestion est souvent faite à la sauvette et mal. Aidez-le à vous aider.

J'ai mis trois ans avant de facturer pour la première fois. Je trouvais cela prétentieux. Je craignais d'offusquer. Je doutais aussi un peu, beaucoup – et souvent pertinemment – du résultat. Voilà de la bêtise et de la timidité déplacées.

J'ai commencé à facturer timidement. Au début, je m'assurais d'abord de la satisfaction du client. Cette façon de traiter, bien que lente, convient tout à fait pour un débutant qui doute un peu du résultat de ses efforts. Par la suite, j'ai résolu le problème en postant ma facture au moment de l'envoi, pour accorder au client deux ou trois jours de grâce. Aujourd'hui, je l'envoie par Internet, avec le texte. La seule exception : quand je remets un article « pour avis ». Dans ce cas, c'est parce que je ne suis pas certain que le résultat corresponde aux attentes du client. Mais s'il me manifeste qu'il est satisfait, la facture part – bing !

Facturer les clients rapidement contribue à assainir vos finances. Le manque de liquidités est souvent le principal problème financier de toute entreprise, même les plus grandes. Prenons les interurbains : si vous les facturez vite, le client vous les remboursera avant même que vous ayez payé la compagnie de téléphone. Votre situation financière sera donc meilleure. Il m'est déjà arrivé de refuser un reportage à l'étranger parce que j'avais accumulé trop de dettes et qu'on tardait à me payer mon dû. Or, j'avais omis de facturer deux clients sur quatre. Mes notes de frais dormaient dans une chemise !

Même si on facture sans permission, on n'est pas autorisé pour autant à se montrer cavalier. Vous devez facturer le montant convenu d'avance avec le client, rien de plus sauf avec son assentiment. J'ai déjà vu un recherchiste fou facturer 13 000 $ alors que le montant convenu était quatre fois inférieur. Pour un même contrat, il m'est déjà arrivé d'envoyer deux factures différentes au client en lui expliquant la différence dans la plus élevée et en faisant appel à son jugement pour accepter la plus convenable. Ça marche souvent, à condition que la confiance règne.

La facture est parfois votre seul contact purement d'affaires avec le client, surtout si vous ne prenez que des engagements verbaux. Soignez ce document important. Le comptable du client, qui n'est pas au courant du travail, ne comprendra qu'une facture claire.

Au début, j'utilisais des factures *Bluenote* préfabriquées, du genre quincaillerie, tout juste passables, et c'était nettement mieux que rien. Comme ma calligraphie est plutôt mauvaise, le tout faisait un peu rustre en plus d'être indéchiffrable. Je me suis converti à la facture formelle sur ordinateur. (Voir l'exemple ci-dessous.) Chaque client a la sienne, prête ; je n'ai qu'à modifier la date et les montants. Merci.

Facture 18981029

Le 29 octobre 1898
Montréal

Sherlock Holmes
Revue Meurtre et Mystère
1234, boulevard S'Intubèrent
Montréal H3A 2A6
Dossier : Enquête sur la mort de Conan Doyle
Fait par : Le Polygraphe S.E.N.C.
7, cr. Mon Plaisir Laval-sur-Mer G1Q 1Q9

Forfait	5 000,00 $
Moins versement janvier	(1 000,00 $)
Moins versement février	(1 000,00 $)
Moins versement mars	(1 000,00 $)
Solde	2 000,00 $
TPS : 6 %, # R140013228	+ 120,00 $
TVQ : 7,5 % #1017448044	+ 159,00 $
Grand total	**2 279,00 $**

L'auteur accorde une licence de première publication exclusive pour douze mois à la revue *Meurtre et Mystère*. Cette publication doit être en français, pour cette revue, et survenir dans les douze mois suivant la date de cette facture. Tous droits réservés par l'auteur.

Payable sur réception

Prière d'émettre le chèque à l'ordre de :

Le Polygraphe S.E.N.C., 7 cr. Mon Plaisir, Laval-sur-Mer G1Q 1Q9

Merci.

Les éléments d'une facture

Toute facture devrait comprendre les neuf éléments suivants :

1. *Mention FACTURE en haut et en majuscules.* Il ne faudrait pas que le client pense qu'il s'agit d'une liste d'épicerie. Certaines compagnies exigent un numéro de six chiffres. Mettez-y n'importe quoi, mais au moins six chiffres, que vous pouvez varier de temps en temps au petit bonheur la chance. Ça fait drôlement sérieux. Les gros clients corporatifs aiment bien.

2. *Date.* Ce jalon juridique sert, en cas de litige, à montrer votre bonne foi et la mauvaise foi d'un créancier qui vous fait niaiser.

3. *Nom et adresse de l'acheteur, et nom et titre de l'interlocuteur.* Il est toujours avisé de s'informer à qui on doit envoyer la facture : c'est parfois le président, parfois le directeur des

achats ou le contrôleur. Si vous ne soignez pas ce détail, la facture pourrait se perdre et son paiement souffrir d'un délai. Par contre, quand vous facturez à un tiers, inscrivez bien qui était votre interlocuteur.

4. *Nom et adresse du vendeur, et nom et adresse de la personne au nom de qui le chèque doit être émis, s'ils diffèrent.*

5. *Détail.* Il faut décrire l'objet et la modalité – à forfait, à l'unité, à l'heure – et la séquence – premier, deuxième versement –, de même que votre calcul. Plus loin, après le total, indiquez si d'autres factures doivent suivre, par exemple pour les frais de service engagés. Si votre facture correspond à un accord subséquent au contrat, inscrivez « Tel que convenu à telle date ».

6. *Montant, taxes (TPS et TVQ), rabais consentis et total.* Le client ne doit pas se casser la tête. Si vous avez consenti un rabais, inscrivez-le bien. Il faut rappeler au client que vous lui avez fait une fleur et il faut qu'il comprenne que ça pourrait ne pas durer.

7. *Numéros de TPS et de TVQ.* Obligatoires selon la loi.

8. *Conditions de vente.* Elles se résument souvent à la mention « Payable sur réception ». Cela signifie que le client doit faire émettre le chèque dès qu'il a reçu votre facture, et non pas quand il utilisera votre travail. Autrement, vous risqueriez de n'être jamais payé ! Toute facture – pour une avance, une recherche, un dédommagement ou des frais de service – devrait être payée sur réception, sauf si cela a été négocié autrement avec le client.

9. *La Propriété.* Il peut être utile, en plus de préciser l'objet de la facture, de stipuler les droits conférés au client. C'est particulièrement valable dans le cas d'un produit ou d'un service qui a une dimension de propriété intellectuelle. Même si vous n'aviez rien négocié en matière de droits d'auteur, vous êtes réputé n'avoir vendu que le minimum, c'est-à-dire une licence

de première publication. Il serait bon de l'affirmer. La propriété intellectuelle reposant essentiellement sur l'affirmation de son droit, il ne faudrait pas que l'une des parties puisse prétendre à l'ignorance – même si *nul n'est censé ignorer la loi*. Ne ratez pas cette occasion. Ça pourrait insulter le client? Qu'il s'y fasse! La mention du *copyright* apparaît dans n'importe quel livre. Toutefois, attention : SI LES DROITS CONSENTIS SONT COMPLEXES, N'ESSAYEZ PAS DE LES RÉSUMER. Si par malheur vous contredisiez le contrat signé et négocié, la facture prendrait valeur d'entente postérieure. Pour éviter ce problème, renvoyez simplement au contrat.

Vous n'avez pas à indiquer votre numéro d'assurance sociale. Il arrive que certains clients vous le demandent pour émettre le premier chèque. Assurez-vous seulement, si jamais vous recevez des feuillets pour votre déclaration de revenus, que les montants inscrits apparaissent dans la case « Honoraires » ou « Autres revenus », et non pas dans la case « Salaire ». Pour plus de détails, voir le chapitre 18.

Toute facture doit être rigoureusement conforme au contrat parce qu'il ne faut pas le contredire. Postérieure, elle tient lieu d'addenda ou de mise à jour quand les modalités diffèrent. Si vous aviez pris la peine de négocier un paiement sur acceptation, n'inscrivez pas « sur utilisation » sur la facture! C'est encore plus vrai en matière de propriété intellectuelle. Je le répète : si les droits liés au contrat sont complexes, N'ESSAYEZ PAS DE LES RÉSUMER. Contentez-vous de renvoyer au contrat.

Facture des dépenses

Elle diffère un peu de la facture d'honoraires, car elle ne comporte aucune mention de la propriété intellectuelle, elle est payable sur réception et elle s'accompagne toujours d'un *justificatif* (voir l'exemple ci-contre) des frais et de la copie des factures.

Le justificatif est un document en cinq colonnes qui donne le détail de chaque élément, son montant brut, chaque taxe et le montant total. Il doit également comprendre un grand total pour chaque colonne. Plus le justificatif est clair, moins vos clients douteront de son sérieux.

Justificatif pour note de frais

Dr Moncher Watson – 25 juillet 1898

Texte : Les Secrets de la police

	Montant (net de taxes)
Télégraphes (jan. fév.)	132,28 $
Déplacements (Saint-Hyacinthe, Québec, Drummondville, Sherbrooke)	
• Location de calèche	131,90 $
• Auberge	54,00 $
• Foin	39,00 $
• Valet	4,39 $
Calèche personnelle (0,33 $/km)	
• Hull (19 juin) 420 km	138,60 $
• Saint-Bruno, Saint-Hyacinthe 163 km	53,79 $
• Saint-Hubert (18 juillet) 24 km	7,92 $
Repas-entrevue	14,20 $
Total partiel	567,08 $
TPS	34,02 $
TVQ	45,08 $
Total	646,18 $[6]

---

6. Comme il se peut que vous ayez des factures qui ne vous donnent que le montant incluant les taxes, ou des factures hors Québec qui n'ont que la TPS ou des factures détaxées, vous pouvez vous fabriquer un chiffrier qui vous permet de faire tous ces calculs en n'insérant que les montants bruts. Un bon comptable peut faire le travail, mais vous pouvez également trouver toutes les équations nécessaires au chapitre 20.

Je facture toujours mes dépenses, même pour les travaux en cours, à la fin du mois, après avoir fait ma tenue de livres et ratissé le moindre reçu. Le total dépasse presque toujours les 500 $, ce qui fait toute la différence entre une fin de mois souffrante et une fin de mois ronronnante. Au retour d'un reportage, j'envoie la note sur-le-champ, car il s'agit presque toujours de montants importants que je ne devrais pas assumer même temporairement – et pour lesquels j'aurais dû négocier une avance partielle ou totale, rappelons-le! Quand le montant de cette avance est supérieur aux frais engagés, je les crédite aux frais du prochain reportage ou au forfait lui-même si je ne retravaille pas pour ce client avant longtemps.

Les politiques relatives aux dépenses remboursables varient grandement d'un client à l'autre. Informez-vous au préalable. Rien n'empêche d'en facturer d'autres, mais soyez toujours prêt à vous défendre et à vous justifier si on vous demande des explications. Même si le client a refusé de s'engager à payer vos frais au moment des négociations, vous devriez lui faire parvenir un compte comprenant le calcul et un solde de zéro. Ce document lui démontrera ce qu'il en coûte de faire affaire avec lui. S'il veut vous garder, il réagira. Le message a le mérite d'être clair.

Il arrive que le comptable exige les originaux de vos reçus. REFUSEZ. Seuls les employés remettent leurs factures au patron pour obtenir un remboursement, mais vous qui n'êtes pas employé aurez besoin de vos factures pour l'impôt, surtout si un inspecteur se montre le bout du nez. Le client est en mesure d'exiger des copies plus claires, ou de voir les originaux, mais pas de les détenir. Si jamais le ministère du Revenu interroge votre client à ce chapitre, ce dernier n'aura qu'à diriger l'inspecteur vers son fournisseur (en l'occurrence vous). À vous de vous débrouiller alors. Ces reçus originaux vous seront également utiles pour prouver qu'un remboursement perçu n'est pas un revenu mais un crédit. Si vous n'avez pas les originaux, je vous plains. L'inspecteur comptera vos remboursements comme des revenus (imposables) et vous fera payer également de l'impôt sur les déductions réclamées – pour lesquelles vous n'avez plus de preuve !

Lecture utile

CHIASSON, Marc et Marie BROUILLET, *Comment facturer mes services*, Montréal, Éditions Transcontinental, 2004, 142 pages.

Chapitre 16

Mauvais coucheurs

Quoi faire si vous êtes aux prises avec un client
qui ne paie pas

« Tu n'aurais pas dû dépenser de l'argent pour une lettre
recommandée : je n'avais même pas reçu ta première facture...

— Pourtant, je me rappelle très bien ta tête quand tu as regardé
cette facture il y a deux mois à la remise du texte.

— Ah oui ?... »

Touché.

Il existe deux types de mauvais payeurs : celui de bonne foi et
celui de mauvaise foi. Le premier est distrait, absent, économe ou
simplement tatillon. Le second fait le distrait, l'absent, l'économe
et le tatillon, mais il est surtout menteur. Son bureau est régulièrement la proie de courants d'air malfaisants qui soulèvent les
factures et les font tomber directement dans la poubelle... Il suffit
parfois d'un appel pour corriger le mauvais payeur de bonne foi,
mais l'autre, lui, est une vraie peste. La règle d'or de la négociation
s'applique ici avec force. Le client n'a pas du tout, du tout raison.

Tout mauvais payeur vous demande en réalité de le financer
gratis quand il tarde à payer et même de le subventionner quand

il ne paie pas. C'est la raison pour laquelle vous devez être intransigeant, voire féroce. Vous n'avez pas à vous excuser d'entreprendre des démarches pour vous faire payer. Notez tout, comme pour une enquête, mais n'envoyez jamais promener votre interlocuteur. Par malheur, vous pourriez être forcé de travailler de nouveau pour cette personne dans la même entreprise ou dans une autre. Le monde est si petit.

Rien de plus déplaisant que le mauvais client qui refuse de payer. Vous avez négocié et travaillé de bonne foi, mais cette fois, c'est la guerre. Ces parties de bras de fer représentent toujours le pire moment de la vie d'un travailleur autonome, car elles entraînent souvent des frais additionnels et la perte du client à plus ou moins longue échéance.

Ne tendez pas l'autre joue

Au lieu de mettre le nez du client dans son caca, le débutant aura toujours le réflexe de s'enfoncer la tête dans le sable (la politique de l'autruche), de chercher des accommodements et même de prendre une nouvelle commande (la politique de l'autre joue). Ce dernier geste est stupide quoique trop fréquent. Vous n'avez aucun lien de subordination avec votre client. Votre unique lien se borne à un contrat, à un travail et à un chèque (avec des fonds !). Pourquoi devriez-vous accepter une deuxième commande alors que la première n'est pas payée ? Pourquoi souffrir un compte en souffrance ? Il est toujours de bonne politique de ne pas commencer un second contrat avant d'avoir reçu le paiement du premier. Si vous avez des travaux en cours avec ce client, arrêtez tout séance tenante et avisez-en le client : nous avons beaucoup parlé de la communication au chapitre 13, elle est particulièrement utile quand les choses vont mal ! Autrement, vous allez vous peinturer dans un coin.

Mon premier cas de mauvaise créance remonte à 1990. J'ai commis toutes les erreurs. Ma cliente me devait 1 100 $ pour deux textes publiés un an auparavant, mais elle tardait à payer à cause de problèmes financiers. Première erreur, j'ai produit pour elle un second article alors que le paiement du premier n'était toujours pas arrivé (la politique de l'autre joue). Plus tard, madame a perdu la facture. Celle-ci a reparu – ô miracle! – quand je lui ai facturé un supplément pour le retard! Je n'ai rien vu (politique de l'autruche). Mais j'ai enfin compris à qui j'avais affaire quand elle m'a fait le coup du chèque «posté le matin même» mais qui a disparu. Avez-vous déjà perdu une lettre à la poste? Moi pas. Le paiement est arrivé un an et demi plus tard. Mon seul geste intelligent : j'ai refusé sa troisième commande. Je n'ai, après tout, que deux joues.

J'ai découvert le mérite de la poigne quand un télédiffuseur public bien connu a refusé de me payer la TPS et la TVQ pour un petit contrat de 800 $ en 1992. J'aurais dû, selon eux, la payer à même mon cachet, ce qui était inadmissible. La société d'État a tenté plusieurs manœuvres dilatoires. La plus vicieuse consistait à me demander de prouver mon statut de pigiste par un questionnaire de 15 pages et de fournir une lettre officielle d'enregistrement à la TPS et à la TVQ. Le questionnaire, je l'ai retourné déchiré avec une lettre sous pli recommandé. Elle disait que je n'avais pas plus à justifier mon statut que leur avocat; qu'ils n'avaient qu'à vérifier eux-mêmes la validité de mon enregistrement s'ils en doutaient; que leur refus frauduleux de payer des taxes serait rapporté aux autorités; et que je voulais mon argent dans trois jours, après quoi il y serait ajouté un intérêt de 2 % par semaine. Le télédiffuseur public a envoyé sur-le-champ un de ses cadres me livrer mon dû. J'ai réutilisé la formule par la suite, chaque fois avec succès.

Tout le monde fait l'expérience de ces mauvaises créances, et l'erreur de tendre l'autre joue. Mon petit frère, qui est avocat et travaille comme moi à son compte, s'est un jour laissé embarquer par un client assez peu solvable. Mon frère s'est rendu compte qu'il avait un problème quand il a réalisé, bien tard, que l'autre lui devait 15 000 $ et qu'il n'avait pas les moyens de payer.

Comme il est avocat, il a trouvé une entourloupette pour récupérer son dû – il a fait saisir les outils du type, qu'il a revendus à l'encan – mais cela ne l'a pas dédommagé des soucis additionnels que toute cette affaire lui a causés. Il admet maintenant qu'il a été bonasse et qu'il aurait dû exiger que son client le paie pour chaque tranche de 2 000 ou 3 000$.

Avant de déclarer la guerre au client, appelez-le. Dans la majorité des cas, la facture a réellement été égarée et la responsable de la paie est réellement en vacances: ce n'est guère acceptable, mais ça arrive. Demandez alors au client s'il croit que Bell et Hydro-Québec accepteraient de différer vos dettes pendant les vacances.

Autre cause fréquente de retard: un nouveau gratte-papier en poste épluche toutes les factures. S'il trouve une erreur de 4,37$ sur votre note de frais, il la place dans la pile des factures à revérifier, ce qui en retarde le paiement. Ne vous obstinez pas: il a probablement raison. Félicitez-le plutôt. Il arrive aussi qu'un client n'accepte pas un certain type de dépense que vous n'aviez pas négocié au départ – là, c'est votre faute – et qu'il exige une facture corrigée.

Il se peut également qu'il soit insatisfait du travail. Cherchez un règlement à l'amiable si ses doléances sont fondées.

En cas de violation

Il existe un autre cas auquel vous devrez peut-être faire face en tant que travailleur autonome: c'est le vol de votre propriété intellectuelle, de plus en plus fréquent avec Internet. Cas typique: vous découvrez qu'une personne qui a suivi votre cours de calcul mental a repris sans permission vos cahiers et votre cours sur son site Web. Ou bien le voleur a monté son propre cours, mais il a repris votre slogan accrocheur!

Pas de panique! Comme propriétaire, vous avez des privilèges, alors servez-vous-en. Voici les cinq étapes à suivre avant d'aller en cour.

1. Évaluez la violation. S'agit-il de 500 photocopies de votre toile pour un cours d'histoire de l'art? Ou bien d'une reproduction massive de votre cours de calcul mental? Peut-être qu'un avertissement suffirait, mais peut-être pas non plus.

2. Calculez. Tenez compte de la valeur du droit que votre utilisateur s'est approprié. Vous pouvez réclamer des dommages et intérêts, des dommages punitifs, une part ou la totalité des profits et même la remise des originaux et des invendus. Certaines organisations – comme Copibec ou Access Copyright – peuvent vous aider à évaluer le prix.

La marche à suivre

Les étapes subséquentes représentent une gradation depuis l'état de compte jusqu'à la poursuite en cour, l'artillerie lourde réservée aux cas extrêmes. Après le premier appel téléphonique, vos communications subséquentes doivent toutes être appuyées par un envoi postal sous pli recommandé, signe que vous n'accepterez plus les passe-droits. Payez le supplément exigé au bureau de poste pour recevoir le carton-réponse: il permet de montrer au juge que le client a bel et bien reçu votre mise en demeure. Le client, lui, s'apercevra que vous ne vous laissez pas impressionner. Une variation encore plus puissante, mais plus chère, est la signification par huissier, c'est-à-dire en personne. L'huissier peut également lire votre lettre au client. Vous pouvez envoyer le huissier réclamer votre créance tandis que le récalcitrant dîne avec son banquier ou à la conférence de presse qu'il donne le premier vendredi de chaque mois. Le message va passer.

3. *La facture.* Ne négligez pas l'autorité d'une bonne vieille facture, surtout dans le cas où un quidam ou une société ont fait usage de votre propriété intellectuelle sans votre autorisation. Vous êtes le propriétaire, et nul n'est censé ignorer la loi, mais il se

peut qu'un utilisateur n'ait pas pensé aux subtilités commerciales du droit d'auteur. À vous de faire son éducation.

4. *L'état de compte.* Il reprend exactement le contenu de la facture, sauf pour l'en-tête et la date. Ajoutez que vous interrompez votre travail (si vous aviez entrepris une deuxième commande) jusqu'au paiement du premier contrat. Joignez-y une copie de la facture originale et du contrat s'il y a lieu.

S'il se mêle à votre prestation une question de propriété intellectuelle, insistez sur le fait que la licence sera valide seulement si elle est payée. Si le client utilise malgré tout votre travail, il commet un vol sciemment. Attention, cependant, car il s'agit d'une hache à double tranchant. Le client pourrait agréer à votre demande et affirmer qu'il renonce à votre travail de toute façon, auquel cas vous devrez faire valoir qu'il vous a bel et bien commandé le travail en premier lieu, ce qui vous lie de toute manière.

Vous êtes également en droit de commencer à exiger des intérêts, voire des dommages punitifs. Usez toutefois de psychologie: cette exigence peut l'amener à réaliser l'étendue de son erreur, mais peut-être aussi va-t-il se braquer, ce qui vous forcera à recourir aux tribunaux. Vous n'avez pas nécessairement intérêt à vous aliéner l'utilisateur, surtout s'il vous permet d'exploiter un marché auquel vous n'aviez pas pensé. Mais vous avez certainement droit à une part du gâteau! L'utilisateur tentera de se défiler en invoquant l'ignorance ou la non-rentabilité de son projet, mais ce raisonnement n'a aucune pertinence dans ce cas. Il se peut cependant que l'utilisateur veuille négocier, ce qui est acceptable, mais vous avez le gros bout du bâton puisqu'il a choisi (par son geste) de négocier *après...*

5. *La mise en demeure.* Vous commencez à user de l'artillerie lourde. Ce document légal somme le client de vous payer votre dû. (Voir exemple ci-contre.) Cette étape nécessaire marque

le moment où les intérêts légaux seront comptabilisés. En cas de faillite, ce document vous permet de vous classer parmi les créanciers officiels, à condition de remplir le formulaire de réclamation du syndic. Mais votre créance pourrait être contestée. Pour environ 40 $ (mais ce peut être beaucoup plus selon la complexité de l'affaire et le montant en cause), un avocat vous préparera une belle mise en demeure, à laquelle il apposera son seing – frappant mais pas nécessaire, juridiquement parlant.

Le 29 février 1997
Non-Réal

(SOUS TOUTES RÉSERVES)

M. Paul Lisson
Les Entreprises du Non-dit Inc.
33, avenue du Messie
Sainte-Paie

Objet : Mise en demeure
Contrat # 96-8-24
Factures du 3 décembre 1996 et du 3 janvier 1997

Monsieur,

Malgré la livraison du devis commandé, j'attends toujours le paiement du montant prévu au contrat et facturé depuis un mois (VOIR ANNEXE).

Par la présente, vous êtes formellement mis en demeure de payer cette facture dans les dix jours ouvrables suivant la réception de cette lettre, à défaut de quoi une poursuite judiciaire sera entreprise contre vous sans aucun autre avis ni délai.

VEUILLEZ AGIR EN CONSÉQUENCE.

(Formule optionnelle :) Je vous prie d'agréer l'expression de mes sentiments...

(Autre option :) Recevez les salutations que vous vous croyez dues.

Mireille Enna-Vudôtre
7, rue Danlay-Brancard
Saint-Quiens

Une mise en demeure ne fait jamais dans la dentelle. Le premier paragraphe résume le problème. Le deuxième exprime vos exigences et fixe un délai de règlement raisonnable. Si c'est compliqué, vous pouvez subdiviser la seconde partie. Toutes les adresses des personnes concernées apparaissent. La mention SOUS TOUTES RÉSERVES ou SANS PRÉJUDICE (qui est un anglicisme), en majuscules, signifie que vous pourriez ne pas limiter votre poursuite au montant requis et que vous ne portez pas préjudice à votre capacité d'exercer d'autres recours. N'oubliez pas de signer votre mise en demeure. La mise en demeure n'a pas à être limitée à une seule page. Le délai n'a pas à tenir compte des jours « ouvrables », mais c'est correct de le prévoir ainsi.

Un truc d'avocat : une mise en demeure devrait toujours être laconique. Contentez-vous d'exposer les faits, qui se résument à : Vous n'avez pas payé, vous devez payer, voici l'échéance, un point c'est tout. Bien que la tentation soit très forte, abstenez-vous de vous épancher en longues explications insultantes, larmoyantes, ironiques ou en justifications diverses : celles-ci pourraient être utilisées contre vous par un avocat habile si l'affaire aboutit devant le tribunal.

Une mise en garde : votre mise en demeure ne devrait JAMAIS stipuler qu'à défaut de paiement, des poursuites criminelles ou pénales pourraient être entreprises. D'ailleurs, vous devez évitez ce genre de menace au cours de toutes vos démarches – c'est de l'extorsion, car selon notre droit, vous vous appropriez un pouvoir qui appartient à la police, au procureur et à la Justice : celui de trancher entre ce qui est criminel et ce qui ne l'est pas. Nul ne peut se faire justice. Cela dit, rien ne vous interdit de vous plaindre à la police. Toutefois, votre mise en demeure peut menacer allégrement le mauvais payeur de poursuites civiles.

Les faux-fuyants

Il est possible que, dans tout ce merdier, vous ayez vraiment affaire à un authentique rat, qui connaît tous les faux-fuyants.

L'auteur Lilian Beaulieu[7] présente 12 trucs pour retarder le paiement des factures. Ce livre est un must! Tous les faux-fuyants des crapules y sont clairement exposés. Après avoir reçu votre troisième facture, la crapule ne manquera pas de vous écrire pour vous demander pourquoi vous ne lui avez pas envoyé de facture. Elle va ensuite demander une facture détaillée sans préciser ce qu'elle veut, pour ensuite se plaindre que vous ne lui avez pas donné le détail souhaité. Fine psychologue, toute crapule qui se respecte enverra un coin de chèque agrafé à une copie de la facture. Le pauvre fournisseur distrait risque de chercher longtemps le reste du chèque... qu'il n'a jamais reçu!

Quelques excuses ou réponses doivent être jugées inacceptables d'emblée. Quand le client vous les sert, vous devriez cesser les salamalecs.

- «Je croyais que le premier versement était une facture finale.» Ben non, c'était écrit «premier versement».
- «On négocie?» La négo, c'est avant, Pit. Après, on négocie les versements et l'intérêt.
- «J'ai des problèmes financiers.» Moi aussi, par ta faute. Je veux mon argent, ça presse.
- «La commande n'était pas autorisée.» Le patron est responsable des agissements de l'employé. Qu'il se fasse rembourser par le fautif. Son sort ne me regarde pas.
- «C'est trop cher.» Il arrive qu'un client ait accepté de vous payer davantage que le montant toléré par le vérificateur interne ou le patron. Là, vous êtes pris entre deux feux et on vous demande de faire les frais d'une querelle de ménage. Ne prenez aucun parti, mais rappelez qu'une promesse est une promesse, surtout signée. Si le type s'oppose, référez-vous au point précédent.

---

7. Lilian Beaulieu, *Crédit et recouvrement au Québec : la référence pour les gestionnaires de crédit*, 3e éd., Montréal, Éditions Transcontinental, 1997, 370 pages.

- « J'ai pas eu ce que je voulais. » Un instant ! Le client a eu toutes les occasions de préciser ses attentes. S'il exigeait un bien, il était effectivement en droit de s'attendre à un résultat précis. Par contre, s'il vous engageait pour un service (répondre à la presse, le représenter dans un congrès), il ne pouvait raisonnablement lier votre travail à un résultat précis. Autrement dit, l'artiste a une obligation de résultat, mais le médecin a une obligation de moyen.

- « C'est fermé. » C'est normalement l'ancien propriétaire qui est responsable d'une entreprise fermée. Après tout, c'est lui qui a récolté l'actif. Si l'entreprise a fermé pour cause de faillite, consultez le syndic pour connaître les règles du jeu.

- « C'est vendu. » Il se peut qu'il y ait eu changement de propriétaire. Malgré tout, l'entreprise demeure normalement responsable de ses comptes. Vous pourriez quand même envoyer votre mise en demeure à l'ancien propriétaire. S'il a informé l'acquéreur de l'entreprise qu'aucun compte n'était en souffrance, il sera dans ses petits souliers et pourra se sentir obligé de payer ou de faire pression auprès de l'entreprise. C'est une question de psychologie. Quoi qu'il arrive, aucun reproche valable ne pourra vous être fait pour une mise en demeure transmise à l'ancien propriétaire de l'entreprise.

Méfiez-vous du client véreux, celui qui vous paie seulement pour une partie du montant facturé. Avant de déposer le chèque à la banque, assurez-vous qu'il ne comporte pas la mention « paiement final ». Si cette mention apparaît, ne déposez pas le chèque, car alors vous serez réputé avoir accepté cette condition. Retournez le chèque au client en lui demandant de relire votre facture. Si vous avez absolument besoin de l'argent du chèque, vous pouvez biffer la mention « paiement final » et signifier la chose au client. Mais avant de faire ça, consultez un avocat.

Les tribunaux et les alternatives

Après la mise en demeure, vous devez prendre une décision : celle de faire toutes les démarches vous-même, de les confier à un avocat ou de confier le dossier à une agence de recouvrement. Une telle agence harcèlera le client pendant un mois ou deux moyennant 10 % à 40 % de la facture, selon la difficulté du travail (il en coûte plus s'il faut retrouver un fuyard). La plupart des agents de recouvrement se paient selon le succès de leurs démarches. Ces professionnels connaissent tous les moyens légaux et tous les trucs, entre autres celui de souligner qu'une mauvaise créance pourrait entacher la réputation du client auprès des agences de crédit. L'agence négociera un règlement en votre nom si vous la mandatez pour le faire ou vous serez référé à un avocat s'il n'y a rien à faire.

Il existe également une autre solution avant le tribunal, moins chère, celle de la médiation et de l'arbitrage. C'est l'intérêt d'avoir prévu la chose dans le contrat qui vous lie avec votre client. Mais voilà : il se peut que l'autre partie la refuse – il y a des gens d'une telle mauvaise foi ! –, ce qui ne vous laissera pour tout recours que le tribunal.

Les tribunaux vous donnent trois types de recours :

- *L'injonction.* Il s'agit d'un ordre permanent ou temporaire de la cour qui vise à faire cesser une offense et à forcer l'autre partie à s'exécuter. L'injonction n'apporte aucune compensation pécuniaire, mais elle est particulièrement utile si la crapule a besoin de votre produit ou de votre droit d'auteur pour continuer ses activités. Une crapule qui défie une injonction risque la prison ou une forte amende pour outrage au tribunal.

- *La poursuite civile.* Le recours aux tribunaux vous assure du plein montant, plus les dommages, plus les intérêts, plus les frais de cour, à condition de gagner bien sûr, mais le tout prendra du temps. Vous avez le choix de plusieurs institutions. La division des petites créances de la chambre civile permet de régler les réclamations de moindre importance à peu de frais et avec un minimum de tracasseries administratives. La cour des petites créances règle les litiges de 7 000 $ et moins, sans compter les intérêts. Si votre client vous doit 8 000 $, la cour vous permet de réduire votre créance à 7 000,00 $ pour utiliser les petites créances. Par contre, vous ne pouvez pas diviser une réclamation de 14 000,00 $ en deux créances de 7 000,00 $ pour utiliser ce recours. D'autres conditions s'appliquent ; par exemple, le créancier ne peut être une personne morale ou une société en nom collectif ayant employé plus de cinq personnes dans les douze mois précédant la demande en justice. Il faut compter entre trois mois et un an. Je connais le cas d'une réclamation qui a duré plus de deux ans à cause des délais, d'un changement de juridiction, d'une rétractation de jugement et d'une citation à comparaître acheminée aux mauvaises personnes.

Tout travailleur autonome devrait jouer les rats de cour pour voir comment les choses se passent à ce tribunal surnommé « la basse-cour », car les formalités y sont minimales. J'y ai déjà vu un juge conseiller à une requérante de lancer une autre poursuite en dommages. Une autre fois, alors que je témoignais pour un ami, le juge m'a félicité pour un reportage ! Le contrat verbal, s'il est appuyé de témoignages et de correspondance, est parfaitement défendable. Le requérant a le fardeau de la preuve, qui sera prépondérante si l'intimé ne se présente pas.

Pour un montant de 7 000,01 et plus, vous avez le choix. Vous pouvez diminuer le montant de la poursuite pour entrer dans les barèmes des petites créances ou bien engager une poursuite auprès de tribunaux de droit commun. La chambre civile de la Cour du Québec s'occupe des poursuites inférieures à 70 000 $ et la Cour supérieure se charge des litiges plus sérieux. Les causes en Cour du Québec chambre civile et en Cour supérieure doivent normalement être prêtes à être entendues dans un délai de cent quatre-vingts jours à partir du moment où les procédures ont été signifiées par huissier à la partie défenderesse.

Quand vous allez à la chambre civile, ou grosse cour, vous avez le choix de vous défendre vous-même ou de prendre un avocat. Il n'y a pas d'autre solution : vous ne pouvez pas vous faire représenter par votre beau-frère-qui-connaît-ça-le-droit-lui. Les médecins ont le monopole de la médecine, et les avocats ont le monopole de plaider en cour. Et si vous êtes une compagnie ou une société en nom collectif (SENC), le recours à l'avocat est obligatoire. De toute façon, rassurez-vous : même les avocats ont intérêt à prendre un avocat. Vous avez besoin d'un regard extérieur pour considérer tous les angles de votre cause, et voir à respecter la procédure, car il n'est pas toujours possible d'aller en appel. De plus, il serait malheureux de perdre une cause presque gagnée d'avance parce que vous ne savez pas interroger des témoins ou que vous vous enfargez dans les procédures.

Il existe quelques solutions pour réduire la note à ce stade. S'il s'agit d'un cas exemplaire d'indiscipline de la part du client, vous pourriez convaincre l'association qui vous représente de vous soutenir dans votre poursuite et d'assumer pour vous les frais d'avocat. Si vous n'êtes pas la seule personne lésée, vous pourriez aussi intenter un recours collectif après en avoir reçu l'autorisation de la cour, auquel cas vos frais seront remboursés.

••• *La poursuite au criminel.* Ça, c'est la bombe atomique qu'on utilise dans les cas patents de vol. Il n'y a aucune chance qu'elle vous dédommage, mais elle peut vous venger. Toutefois, je l'ai dit plus tôt et je le redis : tout au long de vos démarches pour récupérer votre dû, ne menacez jamais l'autre partie de poursuites au criminel, car cela s'apparente à de l'extorsion. C'est frustrant, car vous vous savez dans votre droit, mais il serait bête que votre mauvais coucheur retourne vos efforts contre vous !

Adresse utile

Éducadroit, Le carrefour d'accès au droit
C. P. 55032, CSP Notre-Dame
11, rue Notre-Dame Ouest
Montréal (Québec) H2Y 4A7
http ://www.educaloi.qc.ca

Troisième partie

La gestion

Chapitre 17

Savantes déductions

Ce que le ministre du Revenu vous permet
de déduire de vos impôts

J'ai agonisé pendant dix ans en songeant à la meilleure façon
de présenter cette section sur la gestion, qui est une montagne
immense pour bien des gens. Ce n'est que très tard que la lumière
fut : au lieu d'assommer tout le monde avec les principes de la
gestion, pourquoi ne pas partir des fameuses déductions, qui
allèchent tout le monde, pour ensuite parler de votre ami le fisc,
et après seulement passer à la gestion? Parce que, au fond du fond,
la façon dont vous ferez votre gestion interne dépend beaucoup
des avantages et des obligations que le fisc vous donne.

Alors, allons-y pour le gros fun noir.

Les travailleurs autonomes ont droit à des déductions fiscales
particulières aux entreprises : c'est même en partie ce qui les
définit. Tout salarié envie ce privilège. C'est quoi, les déductions?
Il s'agit de dépenses déjà faites que vous soustrayez du revenu
brut afin de payer moins d'impôt. Qu'est-ce qui est déductible?
Vous avez le droit de déduire, en partie ou en totalité, tous les frais
professionnels qui donnent une «espérance de profit».

C'est quoi, une espérance de profit ? Notion fort vague. Les frais déduits doivent vous avoir permis de tirer d'autres revenus ou d'économiser. Mais la ligne est parfois difficile à tracer entre soi-même et ses affaires. À la limite, même l'épicerie donne une espérance de profit : si vous mourez de faim, pas de profit ! Pour trancher, appliquez cette règle : si c'est bon pour Esso, c'est bon pour vous. Esso paie les repas d'un employé qui se déplace à sa demande, mais pas le caviar qu'il mange avec ses amis le samedi.

Contrairement à ce qu'affirmait Sherlock Holmes, l'art de la déduction n'est pas toujours élémentaire. Il fait appel au gros bon sens – consultez un fiscaliste si vous cherchez des entourloupettes. Cette robe très chère, achetée pour accompagner un client prestigieux au banquet annuel de la Chambre de commerce de La Tuque, sera-t-elle déductible si vous la portez pour le mariage de votre fille ? Peut-être en partie, si vous n'y ajoutez pas toute votre garde-robe en même temps.

Au chapitre des déductions, vous jouissez d'une grande liberté. Vous n'avez aucune autorisation à demander à l'État pour retrancher une dépense. À la remise de votre déclaration de revenus, vous n'êtes tenu de fournir aucune preuve à l'appui : ni reçu, ni déclaration, ni plan du logis. Vous avez même le droit d'essayer de passer les crayons à colorier de votre fille – si la chose est justifiable, par exemple parce que vous dirigez une garderie. Vous avez le droit d'essayer, mais pas nécessairement de le faire.

Vous avez intérêt à prendre toutes les déductions légitimes auxquelles vous avez droit : si vous ne les soustrayez pas de votre revenu, vous paierez de l'impôt en plus pour ces montants ! (Voir ci-contre.) Et n'oubliez rien : toute dépense doit être déduite l'année même. L'impôt permet d'étaler une perte sur des années (on en reparle au chapitre suivant), mais pas une dépense.

L'intérêt des déductions

Certaines personnes ont des scrupules à prendre toutes les déductions auxquelles elles ont droit. Par altruisme, elles se disent : « Bah ! Quand j'étais employé, je payais bien moi-même mes crayons ! » En effet, mais comme travailleur autonome, vous aurez bien plus que des crayons à payer ! En fait, si vos dépenses sont légitimes, pourquoi vous priver des déductions ?

Comparons le cas de Monsieur Fier et de Monsieur Ordinaire, qui facturent le même revenu (50 000 $) et qui ont les mêmes dépenses (15 000 $). La différence est que Monsieur Fier ne prend aucune déduction alors que Monsieur Ordinaire prend tout ce qu'il peut. Monsieur Fier se trouverait à verser 15 500 $ à l'impôt. De son côté, Monsieur Ordinaire ne verserait que 10 200 $, une différence de 5 300 $!

	Monsieur Fier	Monsieur Ordinaire
Revenu brut	50 000	50 000
Dépenses réelles	15 000	15 000
Dépenses déduites	0	15 000
Revenu net	50 000	35 000
Impôts payés	15 500[8]	10 200[9]
Débours total (impôts + frais)	30 500	24 800
Net après impôts + frais	19 500	25 200

D'une certaine façon, Monsieur Fier se taxe deux fois, puisqu'il se trouve à payer des impôts sur des dépenses légitimes faites ! Regardez bien la dernière ligne : il ne reste dans les poches de Monsieur Fier que 19 500 $, 5 700 de *moins* que dans celles de Monsieur Ordinaire. La différence est bien qu'il paie des impôts sur ses dépenses légitimes.

8, 9. Ce montant est augmenté des contributions obligatoires à la RRQ, mais ne tient aucun compte des autres déductions, crédits, remboursements et obligations de circonstance.

La position de Monsieur Fier comporte un avantage, même si elle lui coûte cher. En gonflant ainsi son revenu net, Monsieur Fier améliore sur papier :

- sa capacité d'emprunt à la banque,
- son plafond de contribution au REÉR,
- son plafond de couverture au congé parental,
- son plafond de couverture d'assurance-salaire.

Tout cela se calcule en effet à partir du revenu net d'entreprise, une fois les déductions prises en compte !

On peut donc « jouer » sur ce plan, mais c'est un jeu dangereux : si c'est beau sur papier, cela ne signifie pas nécessairement que cela corresponde à la réalité. Car après tout, Monsieur Fier paie quand même 5 700 $ d'impôts de plus ! Quant à savoir si Monsieur Fier a les moyens de jouer à ce petit jeu, c'est une autre paire de manches ! Dans certains cas – pour ce qui concerne sa capacité d'emprunt – cela s'apparente même à du maquillage et du truquage de compte, qui peut être assimilé à de la fraude.

Toutefois, vous aurez l'obligation de justifier ces déductions si un inspecteur vient à passer. Une bonne amie à moi s'est vue forcée de payer 50 000 $ d'impôts (arriérés et pénalités de retard) parce qu'elle n'avait pas conservé ses reçus (on parle de la durée d'archivage au chapitre suivant). Le reçu doit être en bonne et due forme. L'inspecteur va rouspéter si vous ne présentez que des reçus de cartes de crédit, qui sont incomplets. Un bon reçu doit comprendre l'objet de la transaction, les coordonnées du vendeur et son numéro de TPS et de TVQ s'il la fait payer. On évite l'inspection en étant sage. Parce que trop de gens ont forcé la note, le gouvernement a réduit de 80 % à 50 % la partie déductible des repas au restaurant, puis il l'a limitée à 1 % du chiffre d'affaires. Alors un peu d'altruisme, sinon le ministre des Finances nous serrera encore plus la vis !

De plus, vous avez un intérêt personnel à modérer vos transports. Trop de déductions réduisent le revenu net. Or, c'est à partir du revenu net que la banque établit votre capacité d'emprunt ; que le gouvernement établit votre cotisation maximale au REÉR ; et que l'assureur calcule votre assurance-salaire ; qu'Emploi Québec calcule ce que vous pouvez percevoir comme congé parental. Un revenu net démesurément réduit ne correspondra pas à votre réalité économique. Depuis quelques années, certaines banques et compagnies d'assurances acceptent de rehausser d'environ 10 % le revenu net de ceux qui travaillent à domicile pour tenir compte de leurs déductions de loyer et de véhicule. Mais si vous leur demandez de tenir compte de déductions personnelles abusives ou illégales, un employé pointilleux pourrait vous rapporter aux autorités !

La liste

Quelles dépenses au juste sont déductibles ? Le guide d'impôt détaillé fournit des catégories, mais rien ne vous empêche d'en ajouter pour plus de précision. Un graphiste dépense une fortune en papier alors qu'un arpenteur dépense davantage en piquets. (Le pourcentage indique la part déductible.)

Notez bien que le montant que vous pouvez déduire n'est pas le même si vous êtes enregistré pour la TPS-TVQ. Si vous êtes enregistré et que vous percevez de la TPS-TVQ, le montant déductible est le montant AVANT taxes, ou net de taxes. Si vous n'êtes pas enregistré à la TPS-TVQ, la somme déductible est le plein montant AVEC les taxes. (Le chapitre 20 vous expliquera pourquoi.)

Alors allons-y dans l'ordre.

1. *Fournitures de bureau :* 100 %. Livres de comptes, agendas, ciseaux, papier, encre d'imprimante. Les logiciels se classent ici, mais pas l'ordinateur (voir les amortissements).

2. *Téléphone :* 100 %. Interurbains, frais de service, location du téléphone et des lignes, Internet. S'il s'agit de votre ligne

résidentielle, vous devriez en principe exclure les appels personnels. Par contre, vous pouvez aussi déduire une partie du service de base pour usage professionnel dans une proportion réaliste.

3. *Loyer :* Variable. Un bureau commercial est déductible à 100 % de même que les frais associés (gaz, électricité, cafetière, entretien, papier hygiénique). Un bureau résidentiel dans un logement à loyer est déductible en proportion du nombre de pièces affectées à vos activités commerciales, augmenté de la part équivalente de chauffage et d'entretien ménager. Le calcul en fonction de la surface pourrait toutefois vous avantager, mais le fisc fixe une limite maximale à 50 % du loyer dans le cas des bureaux à domicile. Si vous êtes propriétaire, l'impôt tolère que vous déduisiez les frais financiers (hypothèque) et les frais variables, mais pas le remboursement en capital. Allez-y avec mesure : il s'agit d'un élément très contrôlé par le gouvernement. Dans le cas d'un bureau résidentiel, vous aurez à vous battre avec l'inspecteur si vous voulez y ajouter des servitudes comme l'accès à la toilette, à l'escalier et à la cuisine.

4. *Auto* : La part déductible devrait correspondre à la proportion du kilométrage consacrée à votre commerce, mais vous chatouillez la tolérance du fisc si vous dépassez 75 % – il n'y a pas de règle sur un taux plafond. Comprend l'essence, les permis, les assurances, les réparations, mais pas le prix d'achat (voir la section sur les amortissement), ni l'attelage de la remorque, ni la remorque – à moins que vous ayez expressément besoin d'une remorque pour votre travail. La part déductible devrait, en principe, correspondre à la proportion du kilométrage consacrée à votre commerce.

5. *Transport :* 100 %. Le stationnement, le taxi, les postes de péage, l'autobus, le métro, mais aussi la messagerie ou la location de véhicule : tout ce qu'il faut pour acheminer quelqu'un

ou quelque chose du point *A* au point *B* – dans le cadre de votre commerce, bien sûr !

6. *Repas et frais de représentation :* 50 %, mais le gouvernement plafonne ce poste à hauteur de 1 % du chiffre d'affaires. Si vous allez trop loin, par exemple à un montant excédant 5 % de votre chiffre d'affaires, le vérificateur en chef va vous envoyer un gorille – vous ne pourrez pas l'inviter au restaurant pour régler ça ! Si vous êtes critique gastronomique ou chef cuisinier, il se pourrait toutefois que vous puissiez déclarer un niveau de dépenses supérieur. Comprend les rencontres de travail au restaurant, certains vêtements (rarement) et les sorties au théâtre. Indiquez au dos du reçu de restaurant avec qui vous avez mangé et pourquoi. Il est parfois difficile de trancher la limite entre cette catégorie et la publicité, les voyages et les congrès.

7. *Publicité :* 100 %. Tout ce qui assure votre visibilité : annonce, cartes professionnelles, papier à en-tête, fleurs au client accablé par un décès, cadeaux de Noël.

8. *Mauvaises créances :* 100 %. Quand un client ne paie pas sa note, vous pouvez la retrancher, à condition bien sûr de l'avoir déjà comptée comme un revenu.

9. *Taxe d'affaires, droits, permis, cotisations :* 100 %. Cette catégorie de déductions inclut tout ce que le gouvernement exige pour votre pratique, mais il exclut la TPS et la TVQ, qui sont comptabilisées et déclarées séparément.

10. *Formation :* 100 %. Le gouvernement nous chauffe les oreilles depuis des années avec la formation. Un séminaire, un cours du soir, ce livre ou tout autre bouquin sur le métier s'appliquent ici, s'ils servent à votre pratique.

11. *Déplacements :* Variable. Les frais d'hôtel et la location d'auto sont admissibles en totalité, sauf en vacances. Toutefois, vos frais de vacances (pas ceux du conjoint) pourraient compter en partie si vous en revenez avec un contrat (ou un refus de

contrat) ou si vous participez à un congrès. Pour justifier une espérance de profit, certains fraudeurs se fabriquent des refus bidon. La meilleure politique en ce sens est de recevoir un véritable refus. La location d'auto pour des déplacements d'affaires est toujours déductible. Par contre, il en va différemment si vous louez une auto à l'année : dans ce cas, la partie déductible correspond à la partie que vous utilisez pour le travail.

12. *Congrès :* 100 %. Croyez-le ou non, vous avez droit à deux congrès par année – pas trois. Les frais admissibles comprennent le transport, l'inscription, le logement, les repas (à 50 %) et la cotisation obligatoire.

13. *Honoraires :* 100 %. Il faut parfois embaucher d'autres travailleurs autonomes – pour se faire monter un site Web ou réparer le système informatique. Si vous confiez le travail à votre conjoint, une technique d'évasion fiscale répandue, il doit déclarer son revenu et pouvoir expliquer éventuellement ce qu'il faisait au juste ! Encore là, la meilleure politique est que le conjoint ait réellement fait le travail...

14. *Frais financiers :* Variable. Les comptes bancaires, les cartes de crédit, la marge de crédit coûtent cher. Vous pouvez soustraire à 100 % les frais d'un compte exclusivement à l'usage de l'entreprise.

15. *Frais de consultation :* 100 %. Avocat, comptable, frais de recouvrement. La confection d'une déclaration de revenus personnelle n'est pas admissible sauf si le comptable facture une consultation, ou sauf si votre impôt personnel est grandement compliqué par votre affaire. Par contre, si vous êtes poursuivi personnellement au civil pour un accident d'auto, les frais d'avocat ne sont pas déductibles.

16. *Frais d'entretien et de réparation :* 100 %. Cette déduction exclut l'auto et la maison, mais s'applique aux réparations de l'ordinosaure, du télécopieur, du téléphone, etc. Ces appareils vous sont aussi indispensables que le bathyscaphe à l'océanologue.

17. *Assurances*: 100 % ou variable. Les assurances de bureau et de responsabilité civile sont admissibles à 100 %. Pour la maison et l'auto, les assurances sont déductibles dans les mêmes proportions que ces éléments et sont comptabilisées dans ces deux catégories. Les assurances sur votre personne (salaire, invalidité, voyage, santé) sont déductibles, mais il est préférable de ne pas le faire (voir chapitre 21). Par contre, les dépenses non déduites dans le cadre de votre entreprise peuvent être compilées dans la section des frais médicaux personnels de votre déclaration de revenus.

Rappelez-vous qu'au chapitre des frais, vous pourriez en avoir dans des catégories qui ne figurent pas là. Si vous êtes éditeur à compte d'auteur, vous aurez des catégories qui correspondent à l'inventaire et à la production d'un livre. Quant à moi, j'ai des frais de voyage et de documentation. Mon comptable a fait le saut quand j'ai déduit en 2004 des frais de voyage de près de 20 000 $ et des frais de documentation (surtout des livres) de près de 5 000 $. Mais c'est ce qu'il m'en avait coûté pour faire la recherche pour un livre sur la francophonie internationale, et j'avais les contrats d'édition et les avances conséquentes pour justifier d'une « espérance de profit ».

Les amortissements

L'ordinateur, l'auto, le mobilier de bureau d'une valeur supérieure à 200 $ ne sont pas considérés comme des dépenses, mais comme des éléments d'actif (de votre propriété, si vous voulez). Dans ce cas, ce que vous avez le droit de déduire, c'est plutôt la tranche correspondant à leur dévaluation. C'est l'amortissement.

Plusieurs documents du fisc énumèrent les proportions permises. Une auto et un ordinateur, tout comme l'électronique de bureau, sont réputés se dévaluer de 30 % chaque année et les autres appareils et le mobilier, de 20 %. L'année d'acquisition, vous appliquez un taux qui correspond à la moitié du taux annuel. Et pour votre première année d'exercice, votre amortissement doit être proportionnel aux nombre de mois où vous avez exercé.

Il existe deux types de calcul : la formule dégressive et la formule linéaire.

• *Formule dégressive* : S'applique aux biens durables, comme l'auto, les meubles, l'ordinateur. Elle se calcule toujours à partir de la valeur résiduelle de l'année précédente : la somme soustraite décroît d'une année à l'autre. Voici un exemple :

Année 1 : Vous achetez une auto de 6 000 $, qui se dévalue de 900 $ (la moitié de 30 %). Vous ne pouvez amortir que la part déductible (maximum de 75 %). Dans le cas d'un ordinateur ou du mobilier, vous avez le droit de déduire 100 % du montant de la dévaluation.

Année 2 : La valeur résiduelle s'établit à 5 100 $ (6 000 $ - 900 $). Cette fois, elle se dévalue de 1 530 $ (30 % de 5 100 $). Votre part déductible se situera à un maximum de 75 % de la dévaluation.

Année 3 : La valeur résiduelle de l'auto s'établit à 3 570 $ (5 100 $ - 1 530 $). Et ainsi de suite...

À ce rythme, il faudra théoriquement une éternité pour que la valeur résiduelle de votre auto atteigne zéro.

•• *Formule linéaire* : S'applique parfois aux biens électroniques, qui perdent rapidement de leur valeur, mais surtout si vous effectuez des rénovations importantes dans votre bureau. La valeur de ces aménagements tend à décroître avec le temps, surtout qu'ils dépendent de vos préférences et qu'un autre locataire pourrait n'y accorder aucune valeur. Vous pouvez raisonnablement amortir 20 % de ces frais par année sur 6 ans (ou selon la durée de votre bail) sans que le fisc sourcille, mais consultez un fiscaliste. Un amortissement linéaire part toujours de la valeur initiale.

Voici un exemple :

Année 1 : Vous rénovez votre bureau pour un montant de 7 000 $. Vous choisissez d'amortir sur 5 ans à 20 %. Vous déduisez donc 700 $ (vous n'avez droit qu'au demi-taux la première année).

Années 2, 3, 4 et 5 : Vous déduisez 1 400 $ chaque année (au plein taux).

Année 6 : Déduction de 700 $ (la valeur résiduelle). Après quoi, votre rénovation est réputée ne plus rien valoir aux yeux du fisc.

Pour des petits montants, il arrive que le fisc tolère aussi bien une formule d'amortissement que l'autre (quoiqu'on préfère la formule dégressive en général) à la condition toutefois que vous ne changiez pas de méthode de calcul d'une année à l'autre quand ça fait votre affaire.

Redisons-le : dans le cas de l'auto ou d'un bien partiellement déductible, l'amortissement s'applique seulement à la portion déductible ! Vous devez tenir à jour votre liste des biens amortis. Et si vous vendez votre matériel à un prix supérieur à sa valeur résiduelle, vous devez ajouter le profit à votre déclaration de revenus !

Chapitre 18

Au nom du fisc

Vos droits et devoirs
face au ministre du Revenu

« Le fisc est un ami qui veut votre bien. »

Cette plaisanterie, courante aux ministères du Revenu provincial et fédéral, décrit très bien l'attitude à la fois bienveillante et sévère du fisc vis-à-vis des travailleurs autonomes.

La déclaration de revenus du pigiste est assez rapidement expédiée : 17 ou 18 lignes du formulaire général suffisent. À titre de travailleur autonome, vous ne payez pas de cotisations syndicales ou d'assurance-chômage, mais vous devez calculer vous-même vos contributions à la Régie des rentes du Québec. Comme vous n'avez pas d'employé sauf vous-même, vous n'avez à payer aucune des charges salariales ni les taxes diverses sur la masse salariale par exemple. Votre cas est donc tout à fait simple.

Il arrive que certains clients auxquels vous avez communiqué votre numéro d'assurance sociale vous fassent parvenir des feuillets T-4A (fédéral) ou un Relevé 1 (provincial) sur lesquels apparaît la somme des honoraires facturés dans l'année. Sur le Relevé 1, ce montant doit paraître dans la case O, Autres revenus, car il ne sagit pas d'un salaire. Vous n'êtes même pas tenu d'en envoyer copie au fisc. Attention : si ce montant apparaît dans la case *A* du relevé 1, ou si votre client vous envoie le T-4 ordinaire (et non le T4A), demandez une correction, car les ministères du Revenu compteront votre revenu deux fois : comme honoraires et comme salaire. Le résultat, si vous ne faites rien : on vous demandera de repayer de l'impôt sur ces montants !

L'impôt du travailleur autonome est particulier sur trois aspects : il lui faut fournir un état des revenus et dépenses, verser des acomptes provisionnels et tenir des archives.

État des résultats

Ce document vise à établir votre revenu net à partir de votre revenu brut et de vos dépenses. Un formulaire type est annexé au formulaire d'impôt des professions libérales, mais il comporte des catégories de déductions qui ne s'appliquent pas toujours à votre cas. Vous pouvez créer votre propre état financier (voir ci-dessous). Soyez précis et vous n'aurez aucun problème. Multipliez les renvois de bas de page : ils expliquent les conventions comptables que vous avez adoptées – en plus de faire vachement sérieux.

État des résultats[10]
Paul Tronc, conseiller horticole
4654, rue de Belle Feuille, Mont-Tremblant
N.A.S. 123 456 789

Revenus et dépenses consolidés – Détails
au 31 décembre 1995

Ventes brutes

Honoraires	63 000 $
Recettes (1)	7 000 $
Total partiel ventes brutes	70 000 $

---

10. Cet exemple ne correspond pas nécessairement à la réalité ou à des données désirables. Il n'est donné qu'à titre de modèle.

Dépenses (2)

Amortissement (3)	1 126,00 $
Honoraires professionnels	519,00 $
Frais de véhicule à moteur (4)	2 698,00 $
Fournitures de bureau	1 300,00 $
Frais de téléphone	2 000,00 $
Loyer (5)	5 031,00 $
Frais de déplacement	1 500,00 $
Intérêt et frais bancaires	350,00 $
Publicité	2 400,00 $
Repas	630,00 $
Documentation	800,00 $
Formation	1 000,00 $
Entretien de l'outillage	1 200,00 $
Congrès	1 800,00 $
Divers et cotisations	500,00 $

Dépenses totales	22 854,00 $
Bénéfice net à reporter	
à la déclaration de revenus	**47 146,00 $**

NOTES

(1) Le chapitre des recettes se compose de remboursements versés par les clients pour des frais d'interurbains, de transport divers et de frais de voyage dans l'exécution des contrats.

(2) Excluant la portion de TPS et de TVQ.

(3) Calcul de l'amortissement :

Catégorie : automobile

Valeur à la fin de 1993	2 900,00 $
Amortissement 1994	870,00 $
Valeur résiduelle	2 030,00 $
Taux	30 %
Portion relative au travail	75 %
Amortissement	456,75 $

Catégorie : informatique

Valeur en 1995	955,00 $
Taux	50 %
Amortissement	477,50 $

Catégorie : outillage

Valeur en 1994	1 200,00 $
Amortissement	240,00 $
Valeur résiduelle	960,00 $

Taux	20%
Amortissement	192,00$
Amortissement total	**1 126,25$**
(4) Calcul des frais de véhicule à moteur[11]	
Essence	1 800,29$
Réparations	1 297,00$
Assurances	500,00$
Total	3 597,29$
Part non déductible (25%)	-99,32$
Total déductible	**2 697,97$**
(5) Calcul du loyer[12]	
Loyer brut	17 263,84$
Électricité	820,00$
Gaz	500,00$
Assurances	300,00$
Entretien, ménage	1 243,42$
Total	20 127,26$
Part non déductible (75%)	15 095,45$
Total déductible	**5 031,81$**

Le chapitre suivant vous explique les trucs pour vous simplifier la tâche de compilation de ces dépenses. Pour l'instant, concentrons-nous sur le sens de ce document.

---

11. Comme je l'ai mentionné aux chapitres 4 et 17, le fait d'inclure les frais de véhicule à moteur dans vos dépenses déductibles réduit votre revenu net d'entreprise, ce qui a pour effet de réduire votre revenu gagné (que vous déclarez à l'impôt comme revenu personnel). Or, c'est ce revenu gagné que les banquiers, les assureurs et les fonctionnaires utilisent pour calculer votre capacité d'emprunt, votre couverture ou votre contribution au REÉR. Certains banquiers ou assureurs (plus rarement) acceptent de modifier leurs calculs pour en tenir compte, d'autres pas. C'est donc un couteau à deux tranchants, et il appartient à chacun de décider: si vous tâchez de maximiser vos déductions, vous payez moins d'impôts, mais votre capacité financière est jugée moindre. Si vous minimisez vos déductions, vous vous trouvez à payer des impôts sur vos outils (théoriquement déductibles), mais cela augmente votre capacité d'emprunt, ou de couverture d'assurance, ou votre plafond de contribution au REÉR.

12. Même remarque que pour le véhicule à moteur.

L'état des résultats se compose obligatoirement de trois éléments :

- *Revenu brut.* Il équivaut à la somme de tous les honoraires perçus. Ne comptez pas comme revenu le montant des taxes prélevées comme la TPS et la TVQ, qui font l'objet d'un calcul séparé.

- *Dépenses.* Le total annuel de chaque catégorie de dépenses déductibles doit paraître à ce chapitre. Les montants excluent la TPS et la TVQ si vous avez le privilège de les percevoir. Par contre, si vous ne percevez pas la TPS et la TVQ, celles-ci doivent être incluses dans le montant des dépenses. Pas besoin de photocopier vos 1 500 reçus : le fisc demandera à les voir seulement s'il décide d'inspecter votre comptabilité.

  Si vous produisez un bien, non un service, vous devez répartir vos dépenses en deux catégories : les frais d'exploitation (nécessaires à la production proprement dite) et les frais d'administration (vente, gestion, etc.). Cette division suit une logique de contrôle. Les frais de production, en matériel, sont parfois importants. Les séparer des frais d'administration permet de rendre plus difficile le camouflage des dépenses administratives déraisonnables.

  Dans le domaine des services, vos dépenses ne devraient pas excéder 35 % de vos revenus. Comme toute entreprise, vous avez le droit de faire une perte, mais attendez-vous à une visite de l'inspecteur si vous dépassez le seuil des 35 %.

- *Bénéfice net.* Il s'agit de la différence entre le revenu brut et les dépenses. Une entreprise normale paierait son impôt à partir de ce montant, mais le bénéfice net du travailleur autonome devient son revenu brut personnel de contribuable.

  Selon la logique d'entreprise qui guide les travailleurs autonomes, il est possible que vous enregistriez une perte certaines années : vous avez beaucoup investi dans un nouveau projet et vous avez eu très peu de revenus ; vos clients se sont désintéressés de vous. C'est vrai pour Esso, c'est vrai aussi pour vous. Si vous enregistrez une perte nette, vous ne payez pas d'impôt. Vous pouvez également la reporter à une année subséquente, ce qui réduira vos impôts cette année-là. Cela peut vous arriver un an, voire deux, mais pas cinq ans de suite, puisque le fisc va tout de suite se demander : où est l'espérance de profit ?

Acomptes provisionnels

Le travailleur autonome ne paie pas d'impôt à la source, mais le fisc n'a pas la patience d'attendre son argent jusqu'au 30 avril de chaque année. Il vous faudra verser vos impôts par acomptes provisionnels à la fin des trimestres se terminant les 15 mars, 15 juin, 15 septembre et 15 décembre. On appelle ces acomptes « provisionnels » parce qu'il s'agit d'une provision d'impôt. Ce montant, toujours calculé sur l'impôt de l'année précédente, doit arriver à temps sinon vous êtes passible de pénalités. Ces versements sont obligatoires pour quiconque doit plus de 1 200 $ d'impôt annuellement à chaque palier de gouvernement.

Le calcul du montant à verser pour votre première année d'activité est assez arbitraire, car on l'établit à partir de vos résultats d'exploitation et du montant de l'impôt de l'année précédente ! Comme il n'y a pas d'année précédente pour le débutant, le fisc devra se contenter d'une estimation. Vous ne paierez probablement aucun impôt si votre revenu brut total est inférieur à 16 000 $. Le travailleur autonome qui gagne 30 000 $ brut paiera environ 5 000 $ d'impôt et autres charges comme la RRQ ou l'assurance-médicament. Les trois quarts de cet impôt seront versés au provincial et la différence au fédéral. Le montant versé en acomptes provisionnels est basé sur une estimation de votre revenu : le total réel de l'impôt à payer sera rajusté à la remise de la déclaration de revenus.

Le système des acomptes provisionnels a un défaut. Le montant des acomptes s'établit selon l'impôt de l'année précédente alors que le revenu fluctue constamment. Si votre revenu augmente la deuxième année, vous devrez augmenter vos acomptes provisionnels en conséquence ou payer un supplément d'impôt à la remise de votre déclaration de revenus. Par contre, si, une année, votre revenu baisse de façon marquée, vous risquez d'être pris à la gorge par des acomptes calculés selon votre revenu supérieur de l'année précédente. Et vous n'auriez pas les moyens d'attendre que le gouvernement vous rembourse l'impôt excédentaire à la saison nouvelle. Heureusement, le fisc vous permet de réduire vos acomptes provisionnels à condition de pouvoir vous en expliquer. C'est un des avantages de la vie de travailleur autonome. Mais attention! n'essayez pas de tricher. Si vous percevez de la TPS et de la TVQ, le gouvernement peut aisément contrôler si votre revenu fluctue effectivement à ce point! Le fisc n'est pas toujours aveugle.

Les formulaires relatifs aux acomptes provisionnels peuvent être obtenus gratos aux ministères du Revenu fédéral et provincial. Si vous ne vous les êtes pas procurés, le gentil fisc vous enverra le nécessaire l'année suivante après réception de votre déclaration de revenus. Le formulaire est simple : pas de calcul, vous n'avez qu'à inscrire le montant à verser et à le déposer à la banque.

Un conseil : n'attendez pas au 30 avril pour payer tout votre impôt de l'année précédente, à moins que vous soyez très discipliné et que vous ayez emmagasiné toutes les réserves voulues. Je me suis retrouvé dans cette situation en 1991 alors que j'avais fait une bonne année, d'autant meilleure que j'avais bamboché avec l'argent de mes impôts. Le réveil fut brutal, surtout que j'ai dû également payer mes acomptes du 15 mars et du 15 juin en plus. En tout, les impôts d'une année et demie sur une période de quatre-vingt-dix jours. Raide!

Archives

Un inspecteur du gouvernement peut s'annoncer en tout temps. Conservez tous vos reçus pour sept ans et tous vos livres de comptes indéfiniment. Comme les inspecteurs vous demanderaient de justifier toute transaction, conservez aussi vos agendas, votre correspondance et vos factures. Vous serez mieux à même de fournir des explications. Ah ! ces boîtes qui encombrent le bureau ! Vous n'avez guère le choix...

Un bon matin, vous recevez un appel de Revenu Canada, qui veut votre bien. Pas de panique. Vous n'avez pas besoin d'acheter un aller simple pour Cuba. Le fisc cherche les gros poissons, pas les ménés. Il se préoccupe assez peu d'un têtard au chiffre d'affaires de 30 000 $. Vous ne serez jamais embêté du moment que vos états financiers sont clairs, que vos chiffres concordent, qu'ils respectent certaines balises – par exemple 35 % de dépenses, ou des frais de repas inférieurs à 1 % du chiffre d'affaires (voir chapitre 17). Toutefois, étant donné la prolifération récente des travailleurs autonomes, le fisc se prépare à une offensive générale. Dans tous les cas, vous gagnez à tenir une comptabilité rigoureuse et honnête et à pouvoir justifier la moindre dépense déclarée. Si jamais une inspection fiscale vous est imposée, consultez un expert comptable sans hésiter. Si jamais la situation se mettait à déraper, ce professionnel pourrait faire valoir vos arguments, dans la mesure du possible.

Quand l'inspecteur se pointe, tâchez de savoir s'il s'agit d'une inspection ponctuelle ou généralisée. L'inspection ponctuelle consiste à vérifier les affaires d'un contribuable isolé parce qu'on s'en méfie ou parce que son numéro est tout simplement sorti à la loterie de l'impôt. L'inspection généralisée consiste à passer au crible les livres de toute une catégorie de travailleurs autonomes : les dentistes en 1990, les sculpteurs au début des années 1980. Dans ce cas, vous serez comparé à des moyennes et il sera plus difficile d'expliquer pourquoi vous déduisez 50 % du loyer alors que vos collègues dans la même situation se contentent de 25 %.

L'inspecteur demandera d'abord à voir vos livres pour s'assurer de votre sérieux. La première inspection consiste à établir si vous êtes crédible et si vos documents sont clairs et ordonnés. Si vous avez tourné les coins ronds et si vous avez du mal à répondre à certaines questions élémentaires, vous devenez suspect. Ils prélèveront un échantillon de vos reçus pour y regarder de plus près. Si quelque chose cloche, ils éplucheront tout.

Et n'essayez pas de monter des bateaux pour des dépenses injustifiables. Les agents du fisc connaissent toutes les histoires, dont celle du fameux coup de vent qui a emporté tous vos papiers et celle du conjoint déménagé sans laisser d'adresse avec la boîte des reçus. Avec le fisc, la meilleure histoire, c'est encore la vérité.

L'admissibilité

Si vous recevez une visite d'un inspecteur, il se peut qu'il vérifie si vous êtes un vrai travailleur autonome. En effet, bien des travailleurs autonomes n'en sont pas véritablement : il s'agit d'employés « détachés » de leur société (qui épargnent des charges sociales), mais à qui leur faux ex-employeur interdit de travailler pour une autre société et qui les oblige parfois même à se pointer au bureau chaque matin !

Selon les critères du fisc, la dénomination de « travailleur autonome » désigne toute personne qui perçoit des honoraires ou qui vend un bien pour son profit personnel. Voici les critères du fisc pour distinguer le travailleur autonome du télétravailleur, c'est-à-dire l'employé qui travaille à domicile :

1. *Non-intégration, non-subordination.* Le travailleur autonome n'est subordonné à personne. Il contrôle l'exécution de son travail, ses heures, sa description de tâches, se forme lui-même, utilise ses propres formulaires, entretient plusieurs clients. Il n'a pas à faire approuver ses aides, compte ses heures à des fins de gestion personnelle. Il n'est pas obligé de travailler chez le client, sa rémunération varie selon son travail et il n'est soumis à aucune mesure disciplinaire.

2. *Risques financiers.* Il peut perdre de l'argent. Il est responsable des mauvaises créances, des frais engagés à la suite d'erreurs, de ses congés de maladie, de ses vacances.

3. *Propriété.* Il est propriétaire de ses outils.

Si vous n'avez qu'un seul client, vous devriez vous prémunir d'un contrat prouvant que vous n'êtes pas un employé camouflé en travailleur autonome – bien des employeurs tentent d'éviter leurs obligations fiscales de la sorte. Vous pourrez préserver vos privilèges de travailleur autonome si vous pouvez prouver – en cas d'inspection – que vous n'êtes pas subordonné à votre client unique, que vous êtes susceptible de faire un profit ou d'éponger une perte, que vous êtes propriétaire de vos outils, que vous ne faites pas partie de l'entreprise de votre client et qu'il ne vous considère pas comme un employé. Toute mention dans le contrat qui risquerait de faire croire le contraire doit être bannie ou qualifiée. Mais rappelez-vous bien que ce sont les faits qui protègent vos privilèges fiscaux, pas un contrat bidon.

Lectures utiles

Pour plus de détails sur la définition du statut de travailleur autonome, consultez le site Web de Revenu Québec, à la section Travailleur autonome.

Chapitre 19

La poutine administrative

Quelques trucs pour mettre de l'ordre
dans ses affaires et faire parler les chiffres

L'administration est LE sujet ennuyeux par excellence. Elle tétanise un peu tout le monde, sauf les comptables, mais c'est heureusement une des fonctions les plus faciles à déléguer. Cependant, au-delà des mathématiques comptables, l'administration consiste d'abord à mettre de l'ordre dans ses papiers pour y voir clair et pour que d'autres y voient clair. Ça, c'est déjà moins ennuyeux!

Le bon sens vous dicte de vous occuper de vos affaires, mais l'État, lui, vous y oblige. Comme le travailleur autonome ne subit pas de prélèvements d'impôt à la source, il doit payer son dû lui-même, ce qui requiert un minimum de suivi. Pas question d'enfouir ses reçus pêle-mêle dans une boîte à chaussures pour mieux les oublier. De toute façon, vous avez un intérêt financier à les classer ri-gou-reu-se-ment : si vos affaires sont en ordre, les services d'un comptable vous coûteront moins cher.

Les principes de gestion font appel au gros bon sens. Pas besoin d'être comptable pour comprendre ce qui suit. Même si vous confiez la gestion de vos affaires à d'autres, ces questions requièrent de vous un certain savoir-compter. La trousse mathématique du parfait petit travailleur autonome est heureusement simple. Pas besoin de notions avancées en calcul statistique. Si vous avez pu estimer le prix de votre produit ou votre taux horaire (voir chapitre 4), vous avez absolument tous les outils nécessaires. Tout travailleur autonome doit au moins savoir diviser des pourcentages et les convertir en fractions, en proportions. Si vous êtes littéralement terrorisé par les chiffres, votre problème est de nature psychologique – et ce n'est pas un comptable qu'il vous faut, mais un bon psy. De toute façon, à ce stade-ci du livre, cela m'étonnerait : vous avez déjà calculé votre prix de revient et, pour bien négocier, vous devez aussi avoir une idée minimale de ce qu'il vous en coûte !

Devez-vous confier la gestion de vos affaires à quelqu'un d'autre ? La loi ne vous y oblige pas. Une comptabilité complète comprend une caisse de recettes, une caisse de déboursés, un grand livre général, un journal de paie, un journal de comptes-clients, un journal d'achats et un journal d'inventaire. Dans les cas complexes, les services d'un comptable coûteront entre 2 000 $ et 3 000 $ par année. Si vous démarrez ou si vos recettes sont peu élevées les premières années, peut-être devriez-vous tenir votre comptabilité vous-même, surtout si elle est simple.

Même si vous avez fait appel au meilleur comptable, vous demeurez responsable du résultat devant la loi. Il faut donc surveiller et comprendre. La solution intermédiaire, fournie par les logiciels et les chiffriers, coûte moins cher. Mais vous devez avoir assimilé les notions et certaines équations, car ces machines ne pensent pas, ne savent pas compter, ne lisent pas les journaux et ignorent par conséquent que les lois changent. Comme le disait si bien un ingénieur de mes amis, les ordinateurs servent aussi à faire des erreurs plus vite !

Mais commençons par le plus simple. Vous allez voir.

L'heure des comptes

L'une des décisions administratives les plus importantes que vous aurez à prendre est simplement de savoir combien de comptes il vous faut.

Le travailleur autonome qui fait des affaires sous son nom propre peut très bien se débrouiller sans ouvrir un compte d'entreprise à la banque – en fait, rien ne vous y oblige, à moins que vous n'exploitiez sous une raison sociale différente du nom que votre vieille mère vous a donné. Donc, le compte chèques personnel standard peut très bien faire l'affaire.

Vous devriez avoir au moins deux comptes, et l'idéal serait trois. L'un sera consacré essentiellement à l'entreprise : c'est dans ce compte que seront dirigés les paiements du téléphone, d'Internet, bref de tous les frais déductibles. Le second sert de réservoir pour les sommes que vous mettez en réserve pour l'impôt, les taxes, voire l'épargne. Le troisième conserve vos affaires personnelles – le paiement du loyer, de l'auto. Si vous avez plusieurs cartes de crédit personnelles, il peut être également utile d'en consacrer une à votre affaire (pour les dépenses déductibles) et l'autre pour vos dépenses personnelles (vos fringues, les médicaments, etc.).

J'ai longtemps essayé de m'arranger avec un seul compte personnel. Mais comment distinguer ce qui relève du fonds de roulement, des réserves d'impôts et de l'épargne personnelle ? La gymnastique est trop compliquée, et même le comptable le plus rigoureux aura tendance à piger dans ses réserves d'impôt pour payer l'épicerie. Il suffit de prélever sur chaque chèque reçu une fraction convenue d'avance – mettons 25 %. Cette somme devra minimalement couvrir ce que vous devrez à l'impôt ou à la TPS-TVQ. Si vous débutez, cette proportion est un mystère, et il est peut-être plus juste de commencer avec 10 ou 15 %. Selon vos revenus, ce taux peut être très élevé. Personnellement, j'utilise ce même compte comme première réserve d'épargne : ce qui me reste après mes paiements trimestriels est à moi et j'en fais ce que je veux (je le place, je rembourse un compte, je fais un versement sur mon hypothèque). La meilleure façon de procéder est de soustraire votre prélèvement pour chaque chèque reçu (sauf les remboursements), vous transférez un montant correspondant au taux convenu dans le compte d'impôt. Et à chaque trimestre, vous payez au gouvernement vos acomptes provisionnels d'impôt et vos versements de TPS-TVQ. Rien ni personne ne vous empêche de piller le compte d'impôt pour bambocher, mais la portée du geste a le mérite d'être claire. Cela suffit pour vous retenir 9 fois sur 10.

Ce genre de limite psychologique est également fort utile pour monter un bon compte d'épargne, un compte vacances, etc. Le coussin idéal correspond à trois mois de revenu, mais y arriver n'est pas toujours possible. Vous pouvez établir une barrière supplémentaire en ouvrant un quatrième compte dans un fonds commun de placement, où vous déposerez vos épargnes au-dessus d'un certain seuil, disons 3 000 $. Le rendement sera meilleur, mais surtout il vous faudra parfois attendre quelques jours avant de recevoir cet argent. Ça donne le temps de réfléchir !

Pour être entièrement « cachère » aux yeux du comptable et du fisc, les mouvements de fonds entre vos comptes devraient se faire par chèque ou par des bordereaux bien remplis. Si vous procédez par virement bancaire, transcrivez sur vos relevés bancaires l'objet des mouvements. C'est un peu agaçant au début, mais votre vie sera considérablement simplifiée si, dans six mois ou un an, on vous demande d'expliquer où est allé ce retrait de 746 $ ou d'où viennent ces 2546 $ en liquide.

Le temps

Parlons-en du temps ! L'autre mesure très simple que vous pouvez prendre dès le début est de compter votre temps.

Le premier contrat a sûrement pris plus de temps que prévu. C'est normal. Cela fait partie de l'apprentissage de chef négociateur, de responsable du service à la clientèle et de contrôleur en chef. Le prochain contrat accaparera déjà moins de votre précieux temps. Tout va bien, du moment qu'on améliore sa performance. Mais que savez-vous au juste de vos progrès ? Pour le savoir, le travailleur autonome doit se comptabiliser lui-même et tenir des statistiques sur son utilisation du temps.

Un de mes collègues tient depuis vingt ans des statistiques rigoureuses de l'usage de son temps. Chaque quart d'heure est comptabilisé selon un code convenu. Il additionne même son temps de bénévolat, de gestion, de recherche d'idées, de vente. Grâce à ses statistiques, il voit évoluer son revenu sur une base horaire. Comme il sait évaluer le temps à mettre sur chaque article, il peut établir ses propres barèmes, décider de ses limites et négocier sur une base objective avec tout client.

Vous ne saurez jamais si vos barèmes sont justes sans mesure du temps ! Une méthode consiste à assigner un numéro à chaque contrat et à prendre quelques minutes par mois pour additionner. Une autre méthode, encore plus simple, consiste à départager le temps productif (facturable) du temps non facturable (consacré à la vente, à la gestion, aux discussions avec le banquier, et quoi encore). Même avant de réaliser vos premières ventes, vous pouvez vous entraîner en tenant des statistiques sur vos diverses démarches. Vous serez déjà meilleur au moment de négocier le premier contrat.

Vos chemises

La comptabilité permet plusieurs choses. Certes, une comptabilité avancée vous permet d'établir toutes sortes d'indicateurs financiers, parfois complexes, qui vous donnent une idée de l'état de votre situation. Mais dans sa plus simple expression, une comptabilité est avant tout *une compilation* : on la tient pour connaître son solde en banque, l'état de ses comptes à recevoir, l'âge de ses comptes à payer, son chiffre d'affaires, ses profits et pertes, et ce que l'on devra au ministre du Revenu.

Une bonne compilation bien tenue permet de produire rapidement les versements d'acomptes provisionnels et de TPS-TVQ, de même que votre déclaration de revenus en fin d'année. Vous compilez à mesure au lieu de négliger et de devoir ensuite perdre des jours et des jours en calculs fastidieux pour réparer les pots cassés. Et puis, cela vous permet de repérer rapidement les dépenses à facturer au client, afin d'être remboursé le plus vite possible – parfois avant même d'avoir à payer le montant à Visa ou à MasterCard.

Cette compilation commence donc par cinq ou six chemises – que j'ai placées sur une tablette à portée de main dans un support en plastique de chez Bureau en gros qui m'a coûté 7,99 $. À quoi servent ces chemises ? Facile. Il y en a une pour chacun des éléments suivants :

- Les factures émises,
- Les frais remboursables,
- Les comptes à payer,
- Les factures payées,
- Les relevés bancaires,
- Les frais payés dans mon compte d'entreprise,
- Les frais payés avec ma carte de crédit,
- Les frais payés en liquide,
- Les transactions faites dans d'autres comptes.

Cette répartition me permet de retrouver un document rapidement sans me casser la tête. Comme les documents y sont déposés chronologiquement à mesure, il ne me faut que quelques heures à chaque trimestre pour faire ma comptabilité.

De temps à autre, mettons une fois par mois, j'épluche chaque chemise pour m'assurer que les transactions dans le compte sont correctes. Fréquemment, je repère une transaction pour laquelle ma femme ou moi avons oublié de demander un reçu et on s'arrange pour l'obtenir. Cette étape est importante, car j'indique sur mes relevés bancaires la nature de chaque transaction – quand ce n'est pas déjà indiqué. S'il s'agit d'un transfert ou d'un virement, j'indique vers quel compte. Le chèque #217 ? Il suffit d'indiquer « Bell » ou « Hertz » pour savoir de quoi il s'agit. Pas sorcier.

Une fois que toutes les transactions sont validées, j'empile les relevés bancaires dans une chemise et je mets, temporairement, mes reçus dans une enveloppe appelée « Gros Tas », que j'ouvrirai quand il sera le temps de comptabiliser ma TPS-TVQ à chaque trimestre.

À ce stade, j'ai surmonté 70 % du problème sans trop me casser la tête, et j'ai réglé plusieurs problèmes de reçus égarés, de frais non remboursés et de factures en retard.

Votre comptabilité

Je dois bien admettre que je me suis longtemps compliqué la vie sur ce point. Pendant environ dix ans, j'ai tenu moi-même une comptabilité détaillée dans un grand cahier de 36 colonnes. C'est la méthode « cachère », où chaque transaction, chaque mouvement est indiqué, les taxes sont extraites et additionnées séparément et tous les frais sont ensuite reportés dans leur colonne propre – les fournitures de bureau avec les fournitures, et la pub avec la pub, et les taxis avec les taxis.

Une ligne, une transaction : c'est une mauvaise pratique d'essayer d'économiser de l'espace. Par exemple, vous inscrivez « chèque #217 : Hertz. » Le montant apparaît d'abord dans la colonne du compte où l'opération est inscrite, ensuite la TPS et la TVQ apparaissent dans les colonnes appropriées. Puis le montant net de taxes est reporté dans la colonne « frais de déplacement » – et ainsi de suite pour vos autres transactions.

Moins rébarbatifs que le grand cahier de 36 colonnes, les logiciels comptables genre Quicken ou Simple Comptable font exactement la même chose, et ils additionnent tout, tout seul, comme des grands. Ce n'est pas très sorcier. Un comptable peut vous expliquer cela en quelques heures.

Ce système, inventé et perfectionné au Moyen Âge, est extrêmement efficace quand il s'agit de gérer une affaire complexe. Il n'y a pas de possibilité d'erreur, car les montants dans chaque colonne doivent tous s'équilibrer à la cenne près. Tout concorde. C'est d'ailleurs pourquoi le fisc se base sur cette norme pour faire ses inspections détaillées. Sauf que ce système prend du temps – surtout si vous avez mal transcrit certains chiffres. Les comptables peuvent passer des heures à retrouver la cenne qui manque. Même avec un logiciel, vous n'êtes pas à l'abri de ce genre de difficulté.

C'est en discutant avec une comptable que j'ai compris comment me simplifier la vie : je ne fais tout simplement pas une comptabilité entière ! Seulement, en ayant indiqué sur tous mes relevés l'objet de chaque transaction et en m'assurant que tout y est, je pourrai, au besoin (si le fisc vient m'achaler), et bien des années plus tard, faire ou faire faire ma comptabilité selon les règles sans m'inquiéter. C'est que, moi, mon but dans tout cela consiste strictement à extraire la TPS et la TVQ et à compiler mes dépenses en vue de ma déclaration annuelle de revenus, au fisc. Si jamais mon affaire devient plus grosse ou plus complexe, ou si jamais le fisc me demande des comptes, j'ai déjà pris presque toutes les mesures nécessaires pour monter une comptabilité rétroactivement dans les règles de l'art. La différence est que je m'arrête juste avant.

Ma méthode consiste simplement à tout indiquer sur les relevés et à tout mettre dans le « Gros Tas ». Puis, à la fin de chaque trimestre, j'étale le gros tas sur mon bureau et je classe tous mes reçus par catégorie – les frais de fournitures avec les fournitures, les taxis avec les taxis, et alouette ! J'additionne le total de chaque pile, j'indique le total de chaque pile, j'agrafe chaque pile et je la classe dans sa chemise correspondante – à partir de là, je ne retoucherai plus à ces reçus avant sept ans, quand je les jetterai.

Pour me simplifier la vie encore davantage, je me suis monté mon propre chiffrier avec Excel (voir page suivante). J'y indique les revenus et les dépenses selon les catégories qui m'intéressent. Comme je travaille beaucoup hors du Québec, je dois m'accommoder de revenus et de dépenses sans aucune TPS ou TVQ, ou bien seulement avec la TPS. En quelques heures, l'affaire est dans le sac. Les opérations se résument pour l'essentiel à additionner. Et il ne me faut que quelques heures additionnelles, à la fin de l'année, pour faire l'état des revenus et dépenses, nécessaire à ma déclaration de revenus.

Ce chiffrier, je l'ai conçu moi-même pour mes propres besoins. Mais n'importe quel comptable peut vous en monter un simple en quelques heures. Il s'agit ensuite de l'appliquer. Mais si vous êtes impatients d'en savoir plus long sur ce point, les équations pour extraire la TPS et la TVQ sont toutes au chapitre suivant.

Ce chiffrier – basé sur des données imaginaires – fait le total de toutes les catégories de revenus et de dépenses pour un trimestre, ici le troisième aux fins de l'exemple. Je vous en donne quelques explications pour que vous en compreniez les codes. Dans la section des revenus, j'ai séparé les revenus de Julie (mon associée) qu'elle a gagnés seule, les miens et ceux que nous avons gagnés pour des travaux conjoints. Il y a aussi une ligne remboursement et une autre ligne «remb-manuel». La raison de cette dernière ligne est que certaines notes de frais touchent des frais soumis à des taux extrêmement divers (quand ils impliquent des déplacements à l'étranger – hors du Québec ou hors du pays), dont le total ne correspond pas nécessairement aux équations prévues (je vous explique ces équations au chapitre suivant). Dans ce cas, assez rare, il faut que je donne le chiffre manuellement dans chacune des cases, qui ne sont pas soumises à l'équation de base.

La colonne «détaxée» s'applique à des revenus ou à des dépenses exonérés – par exemple des revenus provenant de publications ou d'éditeurs étrangers, dans mon cas, ou des frais engagés à l'étranger. Une nuance : les petits malins remarqueront que

Catégories	Détaxé	Roc-brut	Roc-net	Roc-TPS	Q-brut
Rev-JBN	0,00 $	0,00 $	0,00 $	0,00 $	7 627,56 $
Rev-Julie	0,00 $	12 300,00 $	11 603,77 $	696,23 $	3 760,30 $
Rev-Conjoint	2 895,00 $		0,00 $	0,00 $	4 947,50 $
Rembourse		2 456,78 $	2 317,72 $	139,06 $	2 902,90 $
Remb-manuel	0,00 $		0,00 $	0,00 $	
REV - TOTAL	2 895,00 $	14 756,78 $	13 921,49 $	835,29 $	19 238,26 $
DÉPENSES – 100 %					
Publicité	155,00 $		0,00 $	0,00 $	1 136,02 $
Fournitures	67,20 $	3,41 $	3,22 $	0,19 $	341,20 $
Téléphone	0,00 $	0,00 $	0,00 $	0,00 $	759,17 $
Voyages	857,11 $	422,08 $	398,19 $	23,89 $	1 586,50 $
Déplacements	254,66 $	44,00 $	41,51 $	2,49 $	373,23 $
Droits	0,00 $	0,00 $	0,00 $	0,00 $	
Documentation	102,43 $	339,09 $	319,90 $	19,19 $	707,44 $
Assurances	0,00 $		0,00 $	0,00 $	
Frais bancaires	402,50 $	0,00 $	0,00 $	0,00 $	
Entretien			0,00 $	0,00 $	
Équipement			0,00 $	0,00 $	248,24 $
Formation			0,00 $	0,00 $	
Honoraires			0,00 $	0,00 $	2 496,75 $
Congrès			0,00 $	0,00 $	
Stock livres			0,00 $	0,00 $	
			0,00 $	0,00 $	
Total partiel 1	1 838,90 $	808,58 $	762,81 $	45,77 $	7 648,55 $
DÉPENSE – X %					
Loyer - 1/6	234,00 $	0,00 $	0,00 $	0,00 $	
Loyer-services		0,00 $	0,00 $	0,00 $	880,39 $
Loyer-ass.		0,00 $	0,00 $	0,00 $	0,00 $
Auto-essence – 75 %	0,00 $	173,75 $	122,94 $	7,38 $	485,84 $
Auto-garage		0,00 $	0,00 $	0,00 $	284,96 $
Auto-ass.	256,00 $	0,00 $	0,00 $	0,00 $	0,00 $
Représentation		0,00 $	0,00 $	0,00 $	266,00 $
Total partiel 2		173,75 $	122,94 $	7,38 $	1 917,19 $
TOTAL DÉPENSES	1 838,90 $	982,33 $	885,75 $	53,14 $	9 565,74 $
TOTAL REVENUS	2 895,00 $	14 756,78 $	13 921,49 $	835,29 $	19 238,26 $
NET	1 056,10 $	13 774,45 $	13 035,74 $	782,14 $	9 672,52 $
BRUT TOTAL	33 995,04 $				
NET TPS+TVQ	2 093,95 $				

Q-net	Q-TPS	TVQ	TPS-total	Net-total	Net-Canada
6 693,78 $	401,63 $	532,16 $	401,63 $	6 693,78 $	6 693,78 $
3 299,96 $	198,00 $	262,35 $	894,22 $	14 903,73 $	14 903,73 $
4 341,82 $	260,51 $	345,17 $	260,51 $	7 236,82 $	4 341,82 $
2 547,52 $	152,85 $	202,53 $	291,91 $	4 865,24 $	4 865,24 $
0,00 $	0,00 $	0,00 $	0,00 $	0,00 $	0,00 $
16 883,07 $	1 012,98 $	1 342,20 $	1 848,27 $	33 699,56 $	30 804,56 $
996,95 $	59,82 $	79,26 $	59,82 $	1 151,95 $	996,95 $
299,43 $	17,97 $	23,80 $	18,16 $	369,85 $	302,65 $
666,23 $	39,97 $	52,97 $	39,97 $	666,23 $	666,23 $
1 392,28 $	83,54 $	110,69 $	107,43 $	2 647,58 $	1 790,47 $
327,54 $	19,65 $	26,04 $	22,14 $	623,71 $	369,05 $
0,00 $	0,00 $	0,00 $	0,00 $	0,00 $	0,00 $
620,83 $	37,25 $	49,36 $	56,44 $	1 043,16 $	940,73 $
0,00 $	0,00 $	0,00 $	0,00 $	0,00 $	0,00 $
0,00 $	0,00 $	0,00 $	0,00 $	402,50 $	0,00 $
0,00 $	0,00 $	0,00 $	0,00 $	0,00 $	0,00 $
217,85 $	13,07 $	17,32 $	13,07 $	217,85 $	217,85 $
0,00 $	0,00 $	0,00 $	0,00 $	0,00 $	0,00 $
2 191,09 $	131,47 $	174,19 $	131,47 $	2 191,09 $	2 191,09 $
0,00 $	0,00 $	0,00 $	0,00 $	0,00 $	0,00 $
0,00 $	0,00 $	0,00 $	0,00 $	0,00 $	0,00 $
0,00 $	0,00 $	0,00 $	0,00 $	0,00 $	0,00 $
6 712,20 $	402,73 $	533,62 $	448,50 $	9 313,91 $	7 475,01 $
0,00 $	0,00 $	0,00 $	0,00 $	117,00 $	0,00 $
128,77 $	7,73 $	10,24 $	7,73 $	128,77 $	128,77 $
0,00 $	0,00 $	0,00 $	0,00 $	0,00 $	0,00 $
319,77 $	19,19 $	25,42 $	26,56 $	442,71 $	442,71 $
187,56 $	13,13 $	15,05 $	13,13 $	187,56 $	187,56 $
0,00 $	0,00 $	0,00 $	0,00 $	192,00 $	0,00 $
116,72 $	7,00 $	9,28 $	7,00 $	116,72 $	116,72 $
	0,00 $	0,00 $	0,00 $		0,00 $
752,81 $	47,04 $	59,99 $	54,42 $	1 184,75 $	875,75 $
7 465,01 $	449,78 $	593,61 $	502,92 $	10 498,66 $	8 350,76 $
16 883,07 $	1 012,98 $	1 342,20 $	1 848,27 $	33 699,56 $	30 804,56 $
9 418,06 $	563,21 $	748,60 $	1 345,35 $	23 200,90 $	22 453,80 $

j'indique les assurances de maison ou d'auto dans la colonne «détaxée». Il s'agit de frais engagés ici, au Québec, mais ils sont exonérés de taxes. De même, le ROC touche le Rest-of-Canada, exonéré de TVQ dans certains cas. C'est ici entre autres que je mets mes frais pour des livres (qui sont exonérés de TVQ au Québec).

Mon travail de compilation serait encore plus simple si j'avais opté pour le calcul rapide (dit simplifié) de la TPS-TVQ (on en reparle au chapitre 20). Dans ce cas, le chiffrier est encore plus simple puisqu'il n'a pas besoin d'additionner la TPS et la TVQ sur les moindres dépenses, étant donné que la remise se fait selon un pourcentage forfaitaire.

Bien sûr, votre méthode comptable dépend de vos contraintes et de vos objectifs personnels et vous devriez consulter un comptable, comme je l'ai fait, pour savoir ce qui est le mieux pour vous. Ma méthode archisimplifiée fonctionne parce que mon affaire est archisimple : j'ai deux ou trois clients, aucun employé, pas d'inventaire, je répartis mes opérations bancaires dans trois comptes, et mon affaire ne touche finalement qu'environ 50-60 reçus par mois en moyenne, et rarement plus de 100.

Si vous avez des employés ou un inventaire (parce que vous vendez un produit), il est presque certain que ma méthode archisimplifiée ne sera pas valable et que vous devrez avoir recours à une comptabilité dans les règles de l'art. Si vous exploitez une entreprise qui vise la production de biens, vous devrez séparer vos dépenses en deux catégories : l'exploitation et l'administration. La première renvoie à ce qui est nécessaire pour produire le bien, alors que la seconde renvoie à la vente et à l'administration générale. Cette division vous permet de mieux évaluer la part de votre administration par rapport à votre coût de production. La méthode détaillée est également obligatoire si vous faites des investissements importants et devez tenir compte de votre actif et de votre passif.

Si vous optez pour une comptabilité détaillée dans les règles de l'art, vous épargnerez temps et argent si vous compilez vos documents de façon ordonnée. De la sorte, vos comptes à payer sont vérifiables en quelques secondes, vos comptes à recevoir sont cochés à mesure que les chèques arrivent, et vous repérez les reçus qui vous manquent.

Mais peu importe la méthode que vous prenez, vous devrez choisir très tôt l'une des deux conventions comptables et ne pas en déroger. L'une est basée sur l'encaisse, l'autre sur les comptes à recevoir. La méthode formelle des comptes à recevoir rapporte toutes les dépenses et tous les revenus facturés mais non payés – vous devez donc tenir également une colonne des mauvaises créances. L'autre convention – l'encaisse – compile exactement les mêmes données mais seulement au moment où vous les avez payées ou reçues. Cette méthode, beaucoup plus simple et parfaitement correcte pour une petite entreprise, correspond au mouvement de votre trésorerie. Par contre, mon petit frère est obligé par la loi de tenir une comptabilité de comptes à recevoir du fait qu'il gère des montants en fiducie selon les normes comptables les plus sévères.

Quelques notions avancées

La comptabilité a d'autres utilités que de vous simplifier la vie quand il s'agit de compiler vos reçus et de plaire au gars de l'impôt. La comptabilité, c'est aussi de l'information financière. Par exemple, l'état des résultats comprend l'état des revenus et dépenses et d'autres informations financières (par exemple, bilan, etc.), fait la somme mensuelle, trimestrielle, semestrielle ou annuelle de vos revenus, soustrait les dépenses et donne le bénéfice net (voir ci-dessous pour quelques définitions). Le mouvement de ces dépenses et la comparaison d'une année à l'autre vous permettent de mesurer l'évolution de vos affaires.

Le jargon financier

Actif à court terme. Les liquidités, les biens qui peuvent être vendus ou convertis en argent en moins d'un an, comme les comptes à recevoir, mais aussi vos réserves financières, des comptes payés d'avance, des placements temporaires.

Actif à long terme. Ce qui est nécessaire à votre production et que vous ne pouvez pas vendre sans vous nuire. C'est le patrimoine. On compte les biens corporels (équipement, machines, immeuble) et incorporels (propriété intellectuelle).

Avoir. La différence entre l'actif et le passif.

Bilan. Portrait de l'entreprise à un jour donné. Il fait la différence entre l'actif et le passif, bref entre l'ensemble du patrimoine et de l'actif à court terme, moins l'ensemble d'emprunts et de dettes pour l'acquérir.

État des résultats (anciennement connu sous le nom d'État des revenus et dépenses). La différence entre les revenus et les frais donne le bénéfice net (positif ou négatif) avant impôt. C'est ce document qu'il vous faut pour faire votre déclaration de revenus.

État financier. Il comporte l'état des résultats, mais aussi le bilan.

Passif à court terme. Dettes échues ou qui deviendront exigibles au cours de la prochaine année. Regroupe les comptes à payer, les prêts, la fraction à court terme de la dette à long terme et les impôts à payer.

Passif à long terme. Toute autre dette à régler dans un délai plus long qu'un an.

À travers les âges, les comptables ont établi divers modèles d'analyse. En effet, la valeur brute des faits ne dit pas tout. Elle peut même s'avérer trompeuse au moment de l'apprécier. Ainsi, 3 900 $ de publicité, cela paraît énorme pour un travailleur autonome, mais le diagnostic change si ce montant ne représente que 1 % d'un chiffre d'affaires total de 390 000 $!

Un bon comptable peut vous faire ce genre de calcul en trois coups de cuiller à pot. Vous pouvez aussi faire vos propres calculs, qui ne sont pas abominablement complexes, mais qui sont un peu plus évolués tout de même que la simple addition. Le tout est de savoir faire des pourcentages et de ne pas vous tromper de diviseur.

Parlons un peu du diviseur, sur lequel beaucoup de gens accrochent, et qui n'est rien d'autre qu'un « point de référence ». Prenons le cas de votre tarif horaire. Si vous décidez de l'augmenter de 75 à 100 $, la hausse est de 33 %. On l'obtient en divisant 100 par 75, ce qui donne 1,33. On multiplie par 100 et on soustrait 100. Ça donne 33 %. L'essentiel est de choisir le bon diviseur. Le diviseur est toujours le nombre d'origine, celui qui avait cours avant. Contre-exemple : si vous baissez votre taux horaire de 100 $ à 75, la réduction n'est pas de 33 % mais de 25 %. Pourquoi? Parce que cette fois le diviseur est 100, le nombre d'origine étant 100.

Quand vous comprenez ce qu'est le diviseur, vous êtes prêt pour la prochaine étape : le calcul des indices (aussi connus sous l'anglicisme *ratios*), qui sont l'outil privilégié d'analyse comptable. Les indices s'expriment le plus souvent en fractions ou en pourcentages. Ils sont presque toujours obtenus par division d'un nombre par un autre. Il existe une cinquantaine de ratios différents, qui mettent en rapport toutes sortes de données. Les plus utiles se retrouvent ci-dessous. Attachez votre tuque, on part!

1. *Taux de bénéfice net.* Très utile pour savoir si vous faites plus de profit qu'avant et si vos dépenses sont démesurées par rapport à vos ventes totales. On l'établit en divisant le bénéfice net par les revenus totaux. On peut faire ce calcul chaque mois, chaque trimestre ou à la fin de l'année. Le résultat varie selon les domaines. Un journaliste, qui dépense fort peu en matériel, aura un taux de bénéfice net plus élevé qu'un sculpteur de bronze. Le ratio doit être comparé avec celui d'individus œuvrant dans le même domaine ou avec le vôtre au fil des années.

2. *Période de recouvrement.* Sert à établir si la perception de vos comptes s'accélère ou ralentit. Faites le total des comptes à

recevoir et divisez par votre chiffre d'affaires annuel. En multi-
pliant le résultat par 365, on obtient le nombre moyen de
jours requis pour obtenir paiement. Si vous faites cette statistique chaque mois et que vous tenez des moyennes, vous
obtiendrez une évaluation assez précise de la façon dont vous
percevez vos comptes. Plus le nombre de jours est élevé, plus
votre situation est précaire : vous avez tendance à manquer
d'argent, votre marge de crédit est gonflée à bloc, ou elle le
sera bientôt. Entreprenez des démarches pour accélérer le
paiement des factures qui vous sont dues. Au besoin, relisez
le chapitre 16 sur les mauvaises créances.

3. *Ratio de fonds de roulement.* Sert à prévoir si vous allez manquer
   d'argent. On le calcule en divisant l'actif à court terme par le
   passif à court terme (termes définis dans l'encadré précédent).
   Un ratio inférieur à 1 signifie que la somme de vos obligations excédera vos liquidités. Bref, votre affaire tourne peut-
   être à fond, mais vous allez manquer d'argent pour payer vos
   dettes : peut-être devriez-vous exiger sous peu l'argent que
   vos clients vous doivent.

4. *Ratio d'endettement.* Sert à établir votre vulnérabilité devant
   les créanciers. Vous l'obtenez en faisant le total de vos dettes
   (le passif total) divisé par l'actif total (l'ensemble de ce que
   vous avez). Plus c'est élevé, plus vous êtes vulnérable à long
   terme. Votre ratio de fonds de roulement peut être très bon,
   mais vous aurez du mal à faire vos paiements à la longue –
   parce que vous avez trop emprunté, par exemple. Un créancier pourrait alors vous forcer à liquider un bien important
   dont la vente vous mettrait en péril. On corrige cette situation
   en injectant davantage de capital (en utilisant une partie de son
   REÉR), en s'associant avec un partenaire plus solvable ou bien
   en augmentant ses ventes sans accroître ses investissements.

Un indice considéré isolément ne vaut rien : vous devez regarder l'ensemble. Un pilote qui navigue aux instruments en pleine

nuit doit regarder sans cesse son altimètre, son indicateur d'assiette et sa boussole. S'il néglige l'un d'eux, ce sera l'écrasement. Alors vous, si vous commencez à ratiociner, vous devrez confectionner plusieurs ratios en même temps, sinon ça ne sert à rien.

De plus, quand un ratio vous inquiète, vous devez faire l'effort de découvrir chaque fois la cause exacte. Prenons le ratio le plus simple, celui du taux de bénéfice net. S'il tombe de 65 % à 50 %, il y a de quoi s'inquiéter. Mais quelle est la cause ? Est-ce parce que vos ventes ont diminué (alors que vos dépenses sont demeurées les mêmes) ? Ou bien parce que vos frais ont augmenté du fait d'un investissement dans une pièce d'équipement ? Comme vous le voyez, les chiffres ne disent pas tout, et il faut une solide dose de bon sens pour les interpréter.

Lectures utiles

Collectif, *La Gestion financière*, Éditions Transcontinental et ministère Industrie et Commerce, 1998, 48 pages.

LEVASSEUR, Pierre, Corine BRULEY et Jean PICARD, *Autodiagnostic, l'outil de vérification de votre gestion*, collection « Entreprendre », Éditions Transcontinental, 1991, 148 pages.

Chapitre 20

Votre amie, la TPS

Pourquoi la TPS et la TVQ
sont bonnes pour vous

C'est un réflexe d'ex-salarié de décrier la TPS et sa cousine provinciale la TVQ. Les salariés ont raison de ne pas aimer ces deux taxes, qui leur coûtent cher. Mais pour le travailleur autonome – une entreprise –, il s'agit de taxes très avantageuses. Appelez Revenu Québec pour vous inscrire.

Mais pourquoi la TPS a-t-elle eu si mauvaise presse ? D'abord parce que les journalistes, salariés pour la plupart, ont réellement subi les contrecoups de cette taxe sur leur pouvoir d'achat. Le premier ministre Brian Mulroney battait alors des records d'impopularité et l'opposition en a profité. Quant aux commerçants, ils versaient des larmes de crocodile. En effet, la plupart des produits étaient, auparavant, frappés d'une taxe de 10 % sur les produits manufacturés. La TPS de 7 % devait remplacer l'ancienne taxe – le prix global aurait donc dû diminuer de 3 % –, mais la plupart des commerçants l'ont simplement ajoutée au lieu de la substituer ! Résultat : le commerçant dans son arrière-boutique se frottait les mains de faire un profit inespéré et protestait dans la rue pour donner le change !

D'un point de vue strictement commercial, la TPS est plutôt une bonne taxe et tout travailleur autonome – qui est d'abord une entreprise – devrait en profiter. Voici pourquoi :

1. *Question d'image.* De nombreux travailleurs se sont soustraits au régime en profitant d'une clause qui permet aux entreprises dont le chiffre d'affaires est inférieur à 30 000 $ de ne pas percevoir la TPS et la TVQ. Il s'agit d'un fort mauvais calcul, car ils projettent aussitôt l'image d'individus mal établis, qui travaillent sûrement au noir. Les clients recherchent les pigistes établis, ce qui ne veut pas dire que le débutant n'a aucune chance, mais il a moins l'air d'un débutant ou d'un délinquant s'il est inscrit.

2. *Mieux vaut prévenir que guérir.* Vous pourriez être coincé si les affaires vont soudainement mieux. Par exemple, vous anticipiez un revenu de 25 000 $, mais un contrat miraculeux porte votre revenu à 35 000 $. Vous êtes soudain éligible, obligatoirement. Le gouvernement vous donne un mois pour demander les numéros qui vous permettront de facturer la taxe. Ne perdez pas de temps. Dès que vous êtes éligible, vous êtes obligé de payer la taxe sur vos revenus subséquents même si vous ne l'avez pas facturée. Le plus simple reste donc de s'inscrire dès le départ.

3. *Taxe payante.* Parce que vous êtes inscrit, ce sont vos clients qui remboursent la taxe payée sur vos achats. Eux-mêmes se feront rembourser une partie de leurs taxes par leurs clients, s'ils sont inscrits à la TPS et à la TVQ – c'est leur problème ! Si vous n'êtes pas inscrit, la taxe payée sur vos dépenses s'ajoute tout simplement à vos frais. Selon la même logique, si vous ne faites aucun profit pendant un trimestre ou même une année – vous en avez le droit –, le gouvernement vous rembourse la différence (pour plus de détails, voir l'encadré ci-contre).

Les avantages de la TPS-TVQ

Comparez les cas d'Anita, de Roberta et d'Erika:

<u>Anita</u> n'est pas inscrite à la TPS-TVQ:

Revenu brut d'Anita	30 000
Dépenses déductibles	10 000
Revenu net	20 000

Anita paie donc de l'impôt sur: 20 000$

<u>Roberta</u> est inscrite à la TPS-TVQ

	Montant brut	Net de taxes	Taxes
Revenu brut de Roberta	34 185	30 000	4 185,00
Dépenses déductibles	10 000	8 775,78	1 224,22
Revenu net	s/o	21 224,22	2 960,78

Roberta obtient un revenu net de 1 224,22 supérieur. Par quel miracle?

Réponse: tout simplement parce que ses frais déductibles et son revenu ne sont plus comptés dans la même colonne que ses taxes!

Explication: la TPS et la TVQ sont des taxes sur la valeur ajoutée, autrement dit sur le profit, et le calcul est distinct de celui des revenus et dépenses. En pratique, cela veut dire qu'une personne comme Anita, qui ne perçoit pas de taxes, paie sa TPS et sa TVQ sur ses frais comme tout le monde. Mais parce que Roberta réclame la TPS et la TVQ sur ses honoraires, elle a le droit d'extraire la TPS et la TVQ de ses dépenses et de se la faire rembourser. Pour l'essentiel, ce sont les clients de Roberta qui lui paient ses taxes. Regardez la colonne des taxes: elle ne remet au gouvernement que 2 960,78$ sur les 4 185,00 perçus. C'est donc pour ça que Roberta gagne un meilleur revenu qu'Anita!

Erika, comme Roberta, est inscrite à la TPS-TVQ, mais elle a choisi de la payer selon la méthode rapide.

	Montant brut	Net de taxes	Taxes	Taxes dues
Revenu brut de d'Erika	34 185	30 000	4 185,00	
Dépenses déductibles	10 000	8 775,78	1 224,22	
Revenu net	s/o	21 224,22	s/o	2 880,00

Mais Erika empoche donc 80,78$ de plus que Roberta. Parce qu'elle utilise la méthode de calcul rapide, elle perçoit 13,95% de taxes sur ses honoraires, mais remet au gouvernement un pourcentage forfaitaire de 9,6%. Et, en plus, elle a mis moins de temps à faire sa comptabilité, parce qu'elle n'a pas à extraire la TPS-TVQ sur le moindre crayon.

Qui a dit que la TPS était une mauvaise taxe?

4. *Taxe pour l'exportation.* La TPS et la TVQ ne s'appliquent qu'aux ventes sur leur territoire respectif. Vous ne réclamez aucune TPS aux clients de Paris ou de New York, ni de TVQ à des clients de Toronto ou de Moncton. Mais vous avez quand même le droit de déduire la taxe payée sur vos dépenses. Cas limite: si vous tirez 100% de vos revenus de sources exonérées (étrangères, et qui ne font pas d'affaires au Canada ou au Québec), mais que tous vos frais sont engagés au Canada ou au Québec, *toute* la TPS et *toute* la TVQ vous sont remboursées. Ce remboursement s'ajoute alors à vos revenus, mais c'est tout de même mieux que d'avoir à la payer!

5. *Source de liquidités.* Toute personne qui facture la TPS et la TVQ devrait conserver cet argent à part dans un compte séparé consacré au fisc. Mais il arrive à chacun de nous de manquer

d'argent à court terme pour payer une dette de carte de crédit. Votre compte taxes peut alors être utile. Mais ce couteau a deux tranchants : soyez certain que votre argent arrive avant l'échéance de la taxe ou que le fisc vous doit de l'argent, sinon vous devrez la payer à même vos fonds propres. Prudence, et faites bien vos calculs ! *La modération a bien meilleur... coût.*

Le choix de la méthode

Pour percevoir la TPS et la TVQ, il suffit de s'inscrire à Revenu Québec, qui gère la TVQ et la TPS – encore là, pas besoin d'être incorporé, vous n'avez qu'à être vous-même. Ça ne coûte rien, le formulaire est simple et les numéros – qui devront apparaître sur toutes vos factures – vous parviennent en quelques semaines. Avec la confirmation de l'inscription, vous recevez un cahier d'instructions expliquant ce qui est déductible et comment faire les calculs. On vous demandera de choisir le terme des versements (mensuels ou trimestriels) et la méthode de calcul.

• Le calcul détaillé vous force à additionner les parts de TPS et de TVQ déboursées pour chacune de vos dépenses, que vous soustrayez de la somme des taxes perçues pour établir le montant à verser (voir les trucs ci-dessous). Ça peut devenir harassant quand il s'agit de petits montants, mais cette forme de calcul est fort commode si vos dépenses taxables représentent plus de 40 % de votre chiffre d'affaires.

•• Le calcul rapide, admissible pour les entreprises dont le chiffre d'affaires est inférieur à 250 000 $, est bien plus simple. Dans le cas de la TPS, vous ne payez que 4,3 % des 6 % perçus. Pour la TVQ, vous payez 5,3 % des 7,95 % perçus. Vous n'avez pas à tenir une comptabilité détaillée de la taxe payée sur le moindre crayon. La tenue de livres est ainsi simplifiée !

Quand vous optez pour une méthode, vous ne pouvez pas la changer avant un an. Si vous hésitez, parlez-en donc à votre comptable : il examinera votre situation et vous aidera à faire le bon choix. Tout dépend en fait du niveau d'affaires que vous faites en revenus et en frais exonérés. Par exemple, si vous ne vendez qu'au Québec ou au Canada (et percevez donc de la taxe sur tout), mais que vos frais sont très bas ou que le gros de vos frais est de sources étrangères (donc exonérées), la méthode rapide devient très payante parce que vous en remettez moins avec celle-ci qu'avec la méthode détaillée. Et la meilleure, c'est que vous n'avez même pas à vous justifier de choisir la méthode rapide ou la méthode détaillée !

Quelques trucs

La TPS-TVQ vous oblige à vous munir d'une bonne calculette scientifique ou comptable. Celle qu'on trouve dans les boîtes de céréales ne suffit plus. Une bonne calculette indique le total partiel de certaines opérations, comme les pourcentages. Elles sont assez rares, mais cela vaut la peine de vérifier avant de l'acheter. Comment ? Essayez-la en calculant la TPS et la TVQ sur le prix. Supposons qu'elle coûte 35 $. Vous voulez que l'appareil affiche d'abord 2,00 $ de TPS quand vous touchez l'opération de pourcentage (%). Les mauvaises calculettes sautent tout de suite au total, 37,10 $, alors qu'une bonne calculette attendra bien sagement que vous pressiez le bouton « égale » (=) pour sauter à la conclusion. Quand vous lui demanderez le second pourcentage à partir du total précédent, elle vous indiquera 2,95 $ de TVQ comme une bonne fille, puis elle attendra que vous le lui demandiez (avec le =) pour vous donner le total : 40,05 $. Les appareils trop simplistes, qui affichent le total dès que vous faites %, font jurer les meilleurs comptables, parce qu'ils vous font constamment retaper les mêmes chiffres et vous forcent à noter à part.

Une bonne calculette vous épargnera bien du temps, mais la méthode la plus simple consiste encore à vous monter un chiffrier qui vous donne automatiquement tous les montants à partir d'équations préétablies : vous n'avez qu'à taper le montant de la facture. Le calcul de la TPS et de la TVQ sur les dépenses paraît compliqué, mais le cahier d'instructions du gouvernement donne quelques trucs, résumés ici, et qui vous seront très utiles pour monter votre propre chiffrier.

Exemple 1 pour les montants exempts de TVQ : Votre reçu de dictionnaire n'indique qu'un total de 53,00 $. Pour extraire sa valeur brute avant taxe, il suffit de multiplier le montant par 100/106 ou 0,9434, pour obtenir le chiffre 50, après quoi vous ajoutez 6 %. Pour connaître seulement la TPS, vous n'avez qu'à multiplier le montant par 6/106 (ou 0,0566). Cette méthode de calcul s'applique seulement aux produits exempts de TVQ.

Exemple 2 pour les montants comprenant TPS et TVQ : Sur une facture d'hôtel de 68,37 $, la TPS et la TVQ se calculent selon la même logique, mais le rapport est différent parce qu'il y a deux taxes. Vous devez multiplier le montant brut par 100/113,95 (ou 0,8776) pour obtenir le montant brut de 60,00 $, puis y ajouter 6 % et 7,5 % (dans l'ordre). Pour obtenir la valeur des deux taxes seulement, vous devez multiplier le montant par 6/113,95 et 7,95/115,025.

Inscrivez toutes ces équations sur un petit carton que vous glissez dans votre grand livre de comptabilité. Si vous croyez vous en sortir avec un chiffrier électronique, vous devez maîtriser l'équation, car si les taxes changent, les paramètres du calcul changent aussi ! Ces quelques trucs sont tout ce qu'il vous faut pour vous monter un bon petit chiffrier pas piqué des vers.

Lecture utile

Toutes les informations utiles sont sur le site Web du ministère du Revenu, sous l'onglet « entreprise ». http ://www.revenu.gouv. qc.ca/FR/entreprise/taxes/tvq_tps/

Chapitre 21

J'aurais donc dû !

Comment s'assurer correctement

Correspondant de guerre, le journaliste Paul Marchand aime le risque. Après huit ans à Beyrouth, il en a vécu deux à Sarajevo au plus fort de la guerre bosniaque. Plutôt trompe-la-mort, il écrit sur sa jeep : « Je suis immortel. » Il aurait dû écrire : « Je suis invulnérable. » Un beau matin, un tireur embusqué lui tire une rafale dans la main. Pas beau : os éclatés, hémorragie massive. Les autorités le transfèrent en France, où les médecins sauvent sa main pour la modique somme d'un million de francs. Problème : Marchand n'était pas assuré et aucun de ses clients n'a voulu rembourser. Il n'avait rien négocié de tel avec eux. Il n'en avait même jamais été question. Marchand se croyait assuré.

Je ne connais personne d'aussi casse-cou que Paul Marchand. Vivre est une cascade qui finit toujours mal. Mais le commun des mortels risque davantage de mourir de mort violente au volant de son auto en revenant du boulot qu'à cause d'un tireur d'élite, embrigadé ou pigiste.

Au chapitre des assurances, le travailleur autonome est moins avantagé que l'employé syndiqué. Au début des années 1990, il était difficile de trouver une bonne assurance salaire et les assurances de bureau excluaient le travail à domicile, mais les choses sont nettement mieux, entre autres parce que le nombre d'entreprises qui offrent des assurances diverses a beaucoup augmenté.

Cher? Oui, mais n'essayez pas de vous en passer. L'assurance peut coûter cher si on fait n'importe quoi. Cela dépend aussi beaucoup de votre tolérance au risque.

Critère de choix : une assurance sert toujours à protéger une source de revenu. N'agissez jamais par sentimentalité. Si vous commencez à assurer n'importe quoi parce que ce serait triste de le perdre, vous risquez d'y engloutir une fortune et d'assurer les mauvaises choses. Mon grand-père Joseph avait assuré ses 10 enfants, mais pas sa maison... qui a brûlé. Grand-papa Joseph faisait du sentiment. Selon son raisonnement, assez absurde, pépère aurait fait une meilleure affaire si ses enfants avaient brûlé *dans* la maison, ce qui ne fut pas le cas, heureusement. Ce n'est pas bien gentil de dire cela de mon aïeul, mais ses choix d'assurances étaient franchement stupides.

Les assurances couvrent un risque. J'ai un ami mathématicien qui m'a un jour défini le risque. Cela résulte tout simplement d'une équation : risque = probabilité x coût (de ne pas être assuré). Par exemple, il est assez probable que, dans la vie, je me casse une jambe ou un membre ; mais le coût reste minime, surtout quand on est jeune. C'est ça, mon risque. Autre exemple : il est assez peu probable que, de mon vivant, un astéroïde géant s'écrase sur Terre, détruisant toute civilisation. Toutefois, convenons que le coût serait assez élevé. Encore que, comme la civilisation serait détruite, il soit assez peu probable que grand monde survive, y compris mon assureur. Selon la perspective qu'on prend pour cet exemple, le risque est énorme (mais peu probable), mais il peut aussi être nul. Troisième exemple, mon grand-père avait de bonnes raisons d'assurer ses enfants, à une époque où les enfants étaient encore un moyen de production considérable sur une ferme. Compte tenu de la mortalité du temps, la probabilité était forte d'en perdre au moins un, mais tout de même assez faible de les perdre tous. Et le coût n'était pas nul puisque tous ses enfants assuraient une contribution aux opérations. Pour sa maison, c'était un autre calcul : coût énorme (il n'avait qu'une maison et cela coûte cher) et probabilité forte (maison en bois).

La décision de s'assurer suit une logique différente selon qu'il s'agit de sa personne ou de son bureau. L'assurance de personne doit être prise le plus tôt possible, de préférence à taux fixe pour une longue durée, de sorte que le prix sera abordable à long terme (le prix demandé a tendance à monter avec l'âge de l'assuré). L'assurance générale, de bureau par exemple, doit au contraire être prise le plus tard possible, quand vous êtes établi et que vous avez effectivement quelque chose à perdre. Seule contrainte : sachez précéder le cataclysme. Comme les banquiers qui ne prêtent pas aux travailleurs autonomes lavés, les assureurs fuient les victimes de catastrophe.

Pour vous aider dans vos choix, vous avez intérêt à dénicher un courtier compétent, qui vous aidera volontiers à faire la part des choses. Voici les deux questions les plus importantes à considérer :

- *Agent ou courtier?*

  Un agent vend principalement les produits de la compagnie qu'il représente. Les plus autonomes d'entre eux peuvent vendre des produits d'autres compagnies quand la leur ne vend pas un produit concurrent. Ils sont beaucoup moins indépendants que les courtiers, beaucoup plus rares, qui connaissent les produits d'assurances et peuvent vous aider à choisir ce qu'il y a de mieux entre diverses compagnies. Il y a de bons agents et il y a de mauvais courtiers, mais en général un bon courtier cultive son indépendance.

- • *S'agit-il d'une police garantie?*

  Une police garantie est toujours plus chère parce que l'assureur, au moment de la signature du contrat, a vérifié que vous étiez admissible, assurable, et que vos déclarations étaient exactes. Dans l'éventualité d'une réclamation, il ne contestera pas votre état de santé au moment de la signature et il ne commencera pas à vous demander combien vous gagniez au moment de la réclamation. La police garantie protège un revenu fixé d'avance et non négociable. La police non garantie, elle, est moins chère parce que l'assureur vous promet une certaine couverture sur la foi de vos déclarations. Quand vous demanderez une compensation, l'assureur procédera alors à la vérification des faits que vous aviez donnés un an ou vingt ans plus tôt. Entre autres, il vous demandera votre revenu au moment de la réclamation. Si vous gagnez peu, l'assureur ne vous donnera pas plus que vous gagnez. Une police non garantie est moins chère parce qu'elle ne vaut pas cher.

Assurer sa pomme

Assurances professionnelles

1. *Assurance-salaire* ou *invalidité*. Elle protège votre revenu en cas de maladie prolongée ou d'invalidité temporaire ou permanente. C'est l'assurance la plus importante du travailleur autonome. Selon la statistique, un Canadien sur trois souffrira d'une invalidité de six mois avant l'âge de soixante-cinq ans. Notez que ce genre d'assurance ne couvre pas l'arrêt de travail à la suite d'une grossesse ou d'un accouchement, sauf en cas de complications qui vous rendraient incapable de travailler. Le congé parental, maintenant accessible aux travailleurs autonomes depuis le 1er janvier 2006, vous couvre dans ce cas particulier (on en parle au chapitre suivant).

   Pour un non-fumeur de moins de trente ans, la police coûtera toujours moins cher que pour un fumeur de soixante-deux ans. Vous avez donc intérêt à contracter une telle assurance le plus tôt possible. L'approbation d'une police garantie (donc vérifiée) est toujours longue, car la compagnie mise sur votre santé pour une période de quarante ans. Optez toujours pour le contrat non résiliable avec garantie de renouvellement. La prime est fixe, sans conditions. Une bonne compagnie, qui assure votre travail, n'annulera pas vos versements après deux ans même si vous pouvez occuper un autre emploi. Elle ne contestera pas non plus votre privilège d'assuré même si vous étiez prestataire d'aide sociale au moment de l'accident ou de la maladie, du moment que vous avez payé vos primes !

Une option de remplacement consisterait à souscrire à la Commission de la santé et de la sécurité du travail du Québec (CSST) en lui versant la cotisation patronale (vous êtes votre patron). Cette assurance est valide seulement pour le travail, et il serait difficile de convaincre quiconque que votre tondeuse vous a sauté au visage tandis que vous étiez au téléphone avec un client. Choisissez une assurance-salaire classique pour le versement de laquelle l'assureur ne vous demandera pas si l'action invalidante a eu lieu au travail ou non.

La prime est déductible en principe à 100 %, mais lisez bien les conseils dans l'encadré ci-contre.

Le fisc et l'assurance

Quelles assurances pouvez-vous et devez-vous déduire comme dépenses d'entreprise ?

Vous avez intérêt à déduire toutes les assurances sur des biens (auto, maison, appareils) au taux permis, de même que les assurances visant un objet précis (bureau, responsabilité civile, risque extrême).

Mais attention aux assurances personnelles. Vous avez le droit de déduire les primes d'assurance sur le salaire et la santé, MAIS NE LE FAITES PAS. La compensation prévue est calculée selon une valeur exempte d'impôt. Si vous avez déduit la prime, la compensation versée deviendra imposable, ce qui réduira le montant net. Vous aurez donc payé en partie pour la part du fisc !

> L'assurance-vie est normalement non déductible, sauf si un prêteur l'exige. Et encore, pas complètement.
>
> L'assurance-santé personnelle se classe tout de même parmi les frais de santé admissibles sur votre déclaration de revenus personnelle. Donc, gardez vos reçus quand même, mais dans votre chemise d'impôt personnel ! Le tout est de bien décider à quel titre vous les déduirez !

2. *Assurance-santé.* Elle coûte environ 200 $ par année et touche les frais de médicaments non couverts par la nouvelle assurance médicaments du gouvernement et les soins médicaux, allant des traitements de chiropraticien jusqu'à la prothèse, en passant par la maison de convalescence. Les soins dentaires sont parfois compris, mais cette partie de la prime coûte très cher et la compagnie exigera peut-être que le contrat soit maintenu pour un minimum de trois ans.

   La prime est non déductible, mais lisez bien les conseils dans l'encadré ci-dessus.

3. *Assurance maladies graves.* C'est une variante de l'assurance-santé standard, sauf qu'elle vise à vous donner une somme forfaitaire – 75 000, 100 000 ou 150 000 – au cas où vous contractez une des 10 ou 20 maladies figurant sur la liste. Vous faites un petit AVC ou vous avez reçu un diagnostic de mélanome malin ? Le montant vous est versé sur-le-champ, et vous permet soit de faire certains aménagements si votre affection devient chronique, soit de vous faire soigner d'urgence dans les meilleures cliniques. Cette assurance coûte plus cher que l'assurance-santé, mais elle peut être une bonne bouée de sauvetage.

   La prime est non déductible.

4. *Assurance-voyage.* Elle convient au travailleur autonome – et à tout salarié – appelé à sortir du Québec pour son travail,

pour affaire personnelle ou pour les vacances. Depuis quinze ans, l'assurance-maladie du Québec ne couvre plus en totalité les frais médicaux engagés dans une autre province canadienne. Bien peu de gens le savent ! Une assurance-voyage permanente, qui couvre n'importe quel déplacement de moins de quatorze jours sans préavis, est souvent incluse dans l'assurance-maladie. C'est la formule la plus pratique, mais vous n'avez pas besoin de payer pour ce service si votre carte de crédit or vous l'offre gratis ! Dans ce cas, lisez bien les clauses rédigées en petits caractères et soyez certain de les comprendre. Certaines compagnies vous assurent pour plus de quatre-vingt-dix jours de déplacements par année, mais jamais pour des séjours de plus de quinze jours à la fois ! Vérifiez toujours les contraintes que vous avez, surtout si vous allez dans un endroit un peu olé olé ! Par exemple, en 2004, je suis allé en reportage en Israël, et j'étais couvert, mais mon assureur m'a bien précisé que je n'étais couvert pour aucun risque dans les territoires occupés (réputés en rébellion permanente). Mais même pour Israël, ou toute assurance-voyage, vous n'êtes pas assuré si vous avez participé à une guerre, à une émeute ou à une rébellion – un excellent encouragement à éviter les points chauds. Si vous n'avez pas le choix, voyez les points 7 et 8.

La prime est non déductible d'impôt.

5. *Assurance-vie.* Il vous en coûtera environ 200 $ par année pour une couverture de 75 000 $ en cas de décès. L'assurance-vie comprend aussi des clauses facultatives en cas de mutilation. Tenez-vous loin si vous n'avez pas d'enfant, si votre conjoint ne dépend nullement de vous pour vivre ou si vous avez une assurance-salaire qui vous protège en cas de mutilation invalidante. Normalement, pour une personne dont le conjoint travaille, ce genre d'assurance devrait être prise à la naissance du premier enfant et annulée quand le petit dernier a fini ses études. Vous risquez de payer cher si vous la maintenez, à

moins qu'il s'agisse d'une prime fixe établie pour la vie. L'assurance n'a rien à voir avec le sentiment! Par contre, si vous prévoyez avoir des enfants après trente ans et qu'ils seront dépendants de vous jusqu'à ce que vous ayez un âge avancé, il peut être rentable de prendre tôt une assurance-vie à taux fixe.

L'assurance-vie pourrait s'avérer indispensable si vous projetez de devenir riche et de laisser un patrimoine intact à vos héritiers. Votre conjoint survivant ne paie pas d'impôt sur l'héritage laissé par vous, mais vos enfants si! Selon les lois existantes, ils seraient taxés sur tous vos biens secondaires (chalet, œuvres d'art, entreprise). Tout mort que vous soyez, votre assurance-vie paiera l'impôt des héritiers sans qu'ils doivent vendre une partie de l'héritage. Mais pour planifier votre succession et tenir compte de toutes les lois successorales – parfois incompréhensibles et fort antiques –, vous devriez consulter un fiscaliste. Belle occasion de ne pas devenir riche!

La prime est non déductible, sauf dans des cas rares.

6. *Assurance-responsabilité civile et professionnelle.* Elle vous protège en cas d'erreur entraînant des dommages (le pont que vous avez construit tombe!). Ce genre d'assurance, obligatoire pour l'ingénieur, l'avocat ou le médecin, est hors de prix – autour de 5 000 $ par année. Une telle assurance coûte très cher, même pour les professionnels reconnus, alors imaginez si vous faites un truc un peu inhabituel!

    J'ai déjà songé à me prémunir d'une assurance professionnelle pour me protéger d'une poursuite en cas de diffamation. Cela coûtait 7 000 $. En dix ans de journalisme, je n'ai même pas reçu une seule menace. En tout, une économie de 70 000 $. De plus, dans le domaine de la presse, l'éditeur et l'auteur sont conjointement responsables, et les publications, elles, sont assurées. La qualité de votre travail est votre meilleure police d'assurance. Et puis, je ne risque guère plus que la faillite personnelle, puisqu'on ne peut demander à quelqu'un de payer plus qu'il ne possède. Si Esso me poursuivait pour 50 millions de dollars, je rigolerais. Ma femme et moi avons jugé suffisant d'être prudents, mais surtout de profiter du régime de séparation des biens, afin de limiter la responsabilité de l'un en cas de poursuite contre l'autre.

Par contre, il se peut qu'un client ou un financier exige que vous vous dotiez d'une telle protection avant de faire des affaires avec vous. En particulier si vous vendez un produit aux États-Unis. Les Américains ont la poursuite facile ! Les tribunaux américains, en effet, tiennent les manufacturiers pour responsables de tout. Une femme a obtenu une compensation de plusieurs millions de dollars d'un manufacturier pour son enfant, atteint de paralysie après un accident d'auto. Elle avait déposé l'enfant sur la banquette dans un panier d'osier. Pour éviter un accident, la dame a dû freiner et son enfant s'est cassé le cou. Or, le manufacturier n'avait pas inscrit sur son produit que le transport d'un enfant dans un panier d'osier présentait des risques !

La prime est entièrement déductible.

7. *Assurance-risque inhabituel.* C'est le genre d'assurance qu'un producteur prend sur un acteur important au cas où ce dernier serait dans l'incapacité de tenir le premier rôle pour cause de maladie. Un acteur peut aussi s'assurer pour l'acné et un pianiste peut assurer ses mains et ses doigts. On peut aussi s'en servir pour assurer la vie d'un associé particulièrement rentable ou productif.

La prime est entièrement déductible.

8. *Assurance-risque extrême.* Elle est nécessaire si vous vous appelez Paul Marchand ou si vous faites les relations publiques de l'ONU au Rwanda. Elle s'applique aux situations où toutes les autres polices deviennent nulles : *act of God*, rébellion,

guerre. Cette assurance coûte un bras, plusieurs milliers de dollars par année. Le client qui vous envoie travailler dans ces conditions devrait vous indemniser pour les risques qu'il vous demande de courir. Il existe des formules temporaires, couvrant par exemple un bref séjour en Irak pour aller réparer un logiciel de l'armée alors qu'une rumeur d'invasion imminente circule. Et même si vous allez dans un pays réputé peu dangereux, comme le Mexique, vérifiez que votre assurance-salaire et votre assurance-voyage s'appliquent à toutes les régions de ce pays. Les assureurs lisent les nouvelles eux aussi !

La prime est entièrement déductible, bien sûr.

Assurer ses outils

9. *Assurance-habitation.* Essentielle, surtout si votre bureau est dans votre domicile. Consultez votre courtier, toutefois : vous gagneriez peut-être à prendre une assurance particulière pour le bureau.

    La prime est partiellement déductible.

10. *Assurance-bureau.* Longtemps ajoutée à l'assurance-responsabilité professionnelle. Les compagnies d'assurances l'ont séparée à cause de la prolifération des travailleurs à domicile, dont la plupart ne veulent pas payer une prime civile pour la responsabilité professionnelle. Elle coûte environ 500 $ et permet de couvrir les frais inhérents à l'exploitation d'un bureau, souvent exclu de votre assurance résidentielle, comme les comptes à payer, mais aussi les pertes de revenu, les frais généraux, l'interruption d'affaires, et elle vous dédommage pour les déménagements et la réorganisation du bureau en cas de sinistre. Elle peut aussi vous permettre d'établir un bureau temporaire en quelques heures. Les meilleures polices assurent même les dommages matériels que vous pourriez causer en renversant un café sur l'ordinateur du client.

Si vous travaillez chez vous, votre assurance résidentielle ne couvre votre bureau que dans des limites étroites – environ 2 000 $. Comme les politiques varient considérablement d'un assureur à l'autre, assurez chez le même assureur votre résidence et votre bureau. Les deux polices seront concordantes. Vous éviterez ainsi d'être pris entre deux feux alors que deux assureurs concurrents se renverront indéfiniment la balle après que votre ordinateur aura surchauffé et incendié votre maison.

Si votre exploitation se résume à un ordinateur et à un télécopieur, ce type d'assurance serait une dépense inutile. Et si l'essentiel de votre richesse repose sur des manuscrits originaux irremplaçables, investissez plutôt dans un coffre-fort à l'épreuve du feu, voire une chambre forte.

Certaines assurances de bureau couvrent votre matériel si vous faites un voyage d'affaires. Toutefois, vérifiez bien le territoire couvert. Certaines compagnies ne couvrent que l'Amérique du Nord – comme si c'était plus risqué d'aller en Europe. Si vous êtes dans cette situation et qu'il vous arrive un pépin en Europe, et que vous réclamez le remplacement de votre matériel informatique volé, par exemple, n'oubliez pas de dire à votre assureur que vous étiez là-bas en touriste – car si vous êtes là en touriste, c'est alors votre assurance-habitation (pas bureau) qui vous couvre !

Si vous faites le choix de ne pas prendre d'assurance de bureau pour votre bureau à domicile et qu'un sinistre survient, ne dites surtout pas à votre assureur que le contenu de cette pièce vous servait à gagner un revenu, quelque minime qu'il soit. L'assureur réagira en concluant, à raison mais fort injustement, que vous auriez dû souscrire une assurance de bureau. Naturellement, si votre bureau est rempli d'appareils de télécommunication sophistiqués, il risque de s'interroger, encore que ceux-ci deviennent de plus en plus courants dans les résidences « normales ». La même logique s'applique à vos instruments de

musique : l'assurance-habitation (voir ce point) s'en accom-
modera, à condition que vous ne disiez pas que vous vous en
servez dans des activités commerciales. Dans le cas d'instruments de musique ou d'outils coûteux, vous devriez peut-être
contracter une assurance spécifique (voir le point suivant).

La prime est entièrement déductible.

11. *Assurance-outils.* Elle est nécessaire si votre bureau, votre
atelier ou votre salle de musique est un assemblage sophis-
tiqué d'appareils, d'instruments ou d'outils spécialisés. Par
contre, s'il s'agit d'un seul appareil, cette assurance peut être
inutile et dispendieuse. Méfiez-vous tout particulièrement des
assurances offertes par les distributeurs ou les fabricants. Pour
une imprimante de 800 $, Macintosh m'offrait l'an dernier
un plan d'assurance sur trois ans d'une valeur de 100 $ par
année, pour un total de 300 $. Or, la pièce la plus coûteuse à
remplacer – un bris très rare – coûtait 350 $! Les manufac-
turiers misent fortement sur l'insécurité des acheteurs pour
encaisser des profits colossaux en leur faisant payer d'avance
des réparations dont ils n'auront probablement pas besoin
dans les délais de l'assurance. Un fabricant de cuisinières m'a
déjà offert une assurance-service de 60 $ par année pour dix
ans sur un appareil de 700 $. Bref, j'aurais payé le double. Six
ans plus tard, seule l'ampoule du four a brûlé, deux fois.

La prime est entièrement déductible – et parfaitement inutile.

12. *Assurance-auto.* Classique et obligatoire. Déductible dans les
mêmes proportions que votre auto.

Chapitre 22

Le repos du guerrier

Quoi faire pour se dégager
de la marge de manœuvre

Les plus forts survivent, c'est bien connu. Mais durent-ils parce qu'ils sont bons ou sont-ils bons parce qu'ils ont duré ? Il y a sans doute un peu des deux dans le secret de leur longévité et de leur talent. Or, le travail n'est pas tout : jusqu'ici, il en a beaucoup été question, mais il faut aussi savoir s'arrêter. Les professionnels de la santé publique s'accordent pour dire que les gens vivent plus vieux qu'il y a cent ans parce qu'ils sont plus propres, qu'ils mangent mieux, qu'ils se ménagent physiquement et qu'ils se reposent. C'est le sens du mot *hygiène*. Maxime : *Sans sabbat, le travailleur autonome s'abat.*

J'ai toujours travaillé fort, mais je me réserve du temps de repos, sieste comprise. Le travail en soirée et les fins de semaine ? Très peu pour moi, sauf urgence. Ce n'est pas de la routine : j'ai résolu depuis longtemps que je serais plus tortue que lièvre.

Pour durer, le talent et l'énergie ne suffisent pas. Il faut la santé, bien manger, bien dormir et savoir se détendre : des règles élémentaires que trop de travailleurs autonomes talentueux oublient par insécurité. Ils finiront étoiles filantes. Il va sans dire que le débutant doit avoir le dos plus large, mais il doit établir très tôt la limite, sinon les clients abuseront.

On voit souvent annoncés, depuis quelques années, des cours de formation sur la gestion du temps et des émotions. Nous avons déjà abordé la gestion efficace du temps de travail, mais qu'en est-il du temps où vous ne travaillez pas ? Qu'en est-il de votre vie de famille, que vous ne devriez pas négliger ? Et de votre vie tout court ? L'hygiène du travailleur autonome est au moins aussi importante que son organisation commerciale. Si vous êtes du genre à croire que la seule liberté que vous avez gagnée est celle de travailler plus, lisez bien ce qui suit.

Difficile de décrocher quand on travaille à domicile. Une porte vous sépare du travail. Et vous ne pouvez tout de même pas la condamner, ni la faire verrouiller par le conjoint. Le truc le plus courant, c'est de se donner des rituels de fin de journée. Tout employé qui quitte le bureau prend son auto, le bus ou le métro. Chaque jour les mêmes gestes. Ce rituel le conditionne. Le travailleur autonome, qui n'a qu'à fermer sa porte, doit faire un effort supplémentaire : prendre un bain, lire, aller courir, faire la sieste. Quelque chose.

L'incapacité de décrocher vient de l'insécurité. Les débutants en prennent toujours trop et ne découvrent que plus tard les joies d'une période creuse. Ah ! trois jours de flottement entre deux contrats ! Quelle merveille ! Encore récemment, j'en ai profité pour lire, faire du ménage dans ma paperasse – j'ai trouvé de nouvelles idées – et mettre de l'ordre dans ma comptabilité – je me suis aperçu que j'épargnerais 500 $ rien qu'en calculant mes taxes autrement.

Avant de rêver à la société des loisirs, tâchez donc d'apprendre à dire non. Pourquoi vous arracheriez-vous le cœur le dimanche ou le lendemain de Noël tandis que le client se gave de tourtière ou se fait bronzer entre les orteils ? Si le travail est à ce point urgent et indispensable, le client devrait récompenser votre zèle exceptionnel, idéalement avec un $ en fin de phrase. Et encore, le pigiste dira oui une fois ou deux pour l'argent, mais pas indéfiniment. Sa santé et sa famille ne tiendraient pas le coup. C'est ça, la grande question à se poser : Pourquoi se tuer pour vivre mieux?

Si personne d'autre ne compte dans votre vie, reposez-vous au moins pour rendre votre travail plus efficace. Je ne connais personne qui soit capable de rédiger un excellent article immédiatement après en avoir terminé un autre. Il faut décanter. Vous n'êtes pas une chaudière qu'on remplit et qu'on vide à volonté. L'inertie est nécessaire à votre santé mentale. Vous n'êtes pas un robot. Vous devez vous arrêter pour manger, faire de l'exercice, rêvasser, lire et ne rien faire. Ce n'est pas de la paresse que de se reposer. L'être humain est une drôle de machine qui a besoin de carburant et d'entretien même quand elle ne roule pas. Niaiser, ce n'est pas être niaiseux.

Où finit le repos et où commence la paresse? Dans le mérite. L'ennui, c'est que le travailleur autonome n'a aucun collègue, aucun supérieur pour le féliciter ou lui ordonner de décrocher. Il n'en reste pas moins que les temps d'arrêt sont nécessaires : un train fou finit toujours par dérailler ou par frapper un mur.

N'importe qui a les moyens de prendre ne serait-ce qu'une journée totale de repos par semaine. Dieu l'a fait. Rien faire, ça ne coûte pas cher. Et plus vous vous reposez de la sorte, moins vous avez envie de vacances.

Vacances! Le mot est prononcé. Mais ici, il n'y a vraiment rien d'absolu. Chacun prend les vacances dont il a besoin. Je m'ennuie après dix jours. C'est mon seuil de tolérance. Dix jours, ce n'est pas si difficile à renflouer. Mais s'il vous faut absolument un mois ou deux, vous auriez dû devenir enseignant. Certains travailleurs autonomes arrivent à accumuler suffisamment de surplus pour se le permettre, mais toute leur vie est rigoureusement organisée autour d'un objectif précis : séjourner dans une lamaserie tibétaine, explorer les grottes de la Sierra Negra ou écrire un roman. Ce n'est plus une question de vacances : c'est un but dans la vie et ça devrait paraître dans le plan d'affaires.

Il est vrai que le travailleur autonome doit prendre des vacances à ses frais, contrairement à certains salariés auxquels je dis : « Profitez-en pendant que ça dure ! » Financièrement, il y a un truc infaillible pour dégager un surplus : il suffit de déposer 5 %, 10 %, 25 % de son revenu dans un compte d'épargne – appelé aussi fonds de prévoyance – que l'on ne touche que pour les vacances ou pour verser de l'argent à son REÉR. Pas besoin de budget : il faut simplement se résoudre à ne pas toucher à ces sommes sauf dans les cas de force majeure ou pour s'offrir des vacances, une maison, une auto. Et vous tâchez de vous débrouiller avec ce qui reste de vos chèques après amputation.

Le véritable obstacle aux vacances n'est pas l'argent, mais les responsabilités. En votre absence, qui percevra vos comptes à recevoir ? qui paiera vos acomptes provisionnels ? Toutefois, les clients sont beaucoup plus patients qu'on ne le croit en général. Surtout si vous êtes bon. Ils ne vous oublieront pas après deux semaines. Si vous disposez d'un calendrier des comptes à payer, il sera aisé de prévoir ce qui vient, même sur de longues périodes, et de tout régler d'avance. Mais vous ne vous en tirerez pas sans préparatifs : quand vous prenez des vacances, c'est le comptable, le président, le consultant, le vendeur et le directeur de crédit qui arrêtent en même temps et qui clouent la porte.

Le congé parental

Le congé parental pour tous est le développement le plus considérable pour les travailleurs autonomes ces dernières années, car ils y sont enfin admissibles depuis le 1er janvier 2006. Ce fut un coup de chance pour Julie et moi, car nous avions beaucoup tardé à lancer la famille, et nous avons appris la bonne nouvelle quelque temps après avoir décidé d'adopter nos deux jumelles (haïtiennes).

Le congé parental comporte deux cas de figure distincts selon que vous avez des enfants naturels (cinquante-cinq semaines de couverture) ou adoptés (trente-sept semaines). Dans le cas des enfants naturels, cela commence avec un congé de maternité de dix-huit semaines, et un congé de paternité de cinq semaines, suivi d'un congé parental de trente-deux semaines – le congé parental signifie que les deux parents modulent l'horaire comme ils veulent. Pour ce congé, vous recevrez globalement 70 % les trente premières semaines et 55 % les 25 suivantes. Il existe aussi un « régime particulier » qui vous donne droit globalement à 75 % de votre salaire sur 42 semaines (au lieu de 55), avec des durées moindres pour les parties « paternité » et « maternité ».

À tort ou à raison (à tort à mon avis), le congé parental est moins généreux si vous adoptez, car la couverture globale ne porte que sur trente-sept semaines au lieu de cinquante-cinq. La prestation de base est de 70 % pour les 12 premières semaines et de 55 % pour les 25 semaines suivantes. Le régime particulier, lui, vous accorde 75 % sur 28 semaines (au lieu de 37).

Attention, toutefois : ce congé n'est pas le Pérou. Votre revenu admissible correspond aux lignes 22 à 26 de l'annexe L de la déclaration de revenus – cette annexe correspond à votre état de revenus et dépenses pour l'année. Le revenu annuel minimal admissible est de 2 000 $ par an, mais il est plafonné à 58 000. Le fisc québécois ne tient absolument pas compte non plus du fait que votre revenu net d'entreprise est réduit de vos frais de bureau à domicile et d'auto, que vous devrez assumer pendant ces longs mois même si vous ne produisez pas.

Vous apprécierez donc de vous être constitué des réserves.

Les réserves

On l'a dit aux chapitres 18 et 19, la gestion de vos affaires devrait prévoir qu'un certain pourcentage de ce que vous touchez ira dans des fonds spéciaux. Par exemple, je dépose 25 % de n'importe quel chèque perçu dans un compte spécial pour la TPS-TVQ et l'impôt (et le trop perçu sert de réserve d'épargne). Mais, en parallèle, je prélève un autre 10 % sur mon revenu brut pour mes contributions au REÉR.

On peut également prélever certains montants tous les mois pour se constituer des fonds de vacances ou des réserves de sécurité. Ces montants n'ont jamais besoin d'être énormes, mais si vous mettez de côté 50 $ par semaine pour vos vacances, vous aurez 2 600 $ de moins à mettre sur vos cartes de crédit le moment venu !

Les conseillers financiers sont très fatigants sur ce point, mais l'idéal est de ne pas trop forcer. Dans le livre populaire *The Wealthy Barber*[13] (*un barbier riche*), l'auteur David Chilton conseille de s'en tenir à 10 % de vos revenus. Par semaine, par mois ? Peu importe ! Mais, 10 % de tout ce qui entre. Si 10 % est trop pour vous, commencez par 5 %.

Et le budget ? Je n'en ai jamais fait et je ne suis pas certain que j'en ferai jamais un. C'est tout le mérite du système du « barbier riche ». Je mets de côté les montants prévus, et je m'arrange avec le reste, et je compose avec les imprévus. Quand je trouve que les dépenses ont l'air de s'accumuler, je me décrète un moratoire sur les cartes de crédit, le temps de reprendre le dessus, et j'analyse où sont les fuites. Ce n'est pas sorcier.

La retraite, c'est les vacances absolues : plus de *boss*, plus de rien, le paradis. La joie. Problème : ce n'est pas la Régie des rentes du Québec qui va vous l'assurer. La génération née avant 1950 aura mangé tout le capital d'ici dix ans – et ceux qui sont nés après 1964 n'ont pas fait assez d'enfants.

Il faut donc se cotiser soi-même et profiter du REÉR tant qu'il dure. Les travailleurs autonomes ont un certain désavantage : comme pour le banquier ou l'assureur, le montant maximum admissible au REÉR est fonction du bénéfice net. Un salarié qui gagne 50 000 $ peut placer 18 % de ce montant, soit 9 000 $. Mais

---

13. David Chilton, *Un barbier riche : le bon sens appliqué aux affaires*, Saint-Laurent, Éditions du Trécarré, 1997, 211 pages.

le pigiste qui a un chiffre d'affaires de 50 000 $ et dont les dépenses se chiffrent à 20 000 ne peut mettre qu'un maximum de 5 600 $ dans un REÉR (18 % de 30 000, son bénéfice net). Vous voyez, il y a un inconvénient à déclarer trop de dépenses! Faut-il s'en plaindre? Peut-être pas. Connaissez-vous un salarié gagnant 50 000 $ qui en place 9 000 par année dans son fonds de retraite? Moralité : vous n'êtes pas aussi pénalisé que vous le croyez.

Le secret : commencer tôt. Prenez le cas suivant, tiré du magazine *Affaires Plus*. M. Tôt met dans un REÉR 2 500 $ par année entre l'âge de 19 et 27 ans. Il verse en tout 22 500 $, placés au taux de 9 %. Puis il cesse. Mme Tard, elle, débute à 28 ans et verse 2 500 $ par année, qu'elle place au même taux de 9 %, jusqu'à l'âge de 65 ans. En tout, elle aura versé 95 000 $, quatre fois plus que M. Tôt. Et pourtant, au bout du compte, M. Tôt a 940 000 $ contre 770 000 $ pour Mme Tard – 160 000 $ de plus! L'explication? Le miracle de l'intérêt composé. À 28 ans, le montant des intérêts de M. Tôt dépassait déjà la somme mise dans son REÉR par Mme Tard. Les petits malins auront noté que cet exemple tient seulement dans un cadre où l'inflation est proche de zéro sur une longue période, mais l'essentiel est de comprendre que le temps, c'est de l'argent. Et qu'il faut donner du temps au temps.

Quelle société des loisirs?

Qu'on idéalise ma liberté de travailleur autonome m'a toujours amusé. Certes, je suis libre. Je peux travailler en robe de chambre jusqu'à midi ou interviewer tout nu un ministre par téléphone si ça me chante. Je n'ai pas de patron pour me blâmer si je décroche un après-midi...

Mais si je prends mes aises tous les jours, je n'irai pas loin. La liberté implique des contingences : je suis responsable de moi-même, de mes assurances, de mes vacances, de mes congés, de mon temps. Mon revenu n'est pas joliment étalé sur cinquante-deux semaines ou douze mois mais vient par bourrées plus ou moins grosses, souvent moins que plus. Quand il s'agit d'emprunter pour acheter une auto, le banquier le plus jovial pose sur ma personne un regard vide d'intérêt. Et puis, le bureau est si près de la boîte à biscuits. Gloria miaule pour sa moulée ou bien déchire avec sadisme la dernière télécopie pendant que je cuisine le ministre. Peut-être même qu'un client potentiel me contactera juste au moment où le petit braillera.

Est-ce une atteinte à ma liberté? Le problème est mal posé. À mon avis, on est libre deux ou trois fois dans sa vie, quand on prend de grandes décisions à propos de ses études, de son travail, de l'amour. Après, on en assume les conséquences tout en s'arrangeant pour avoir les coudées assez franches quand viendra le moment de prendre la prochaine décision. Voilà pour la liberté. Faire ce qu'on veut quand on veut, c'est être l'esclave de mille petits besoins serviles qui nous empêchent de prendre les vrais tournants. Pas si simple, donc.

Dans le film *Before Sunrise*, deux amants hantent les rues de Vienne. Le jeune homme dit à la jeune femme : «Connais-tu seulement une personne qui ait dépensé le temps gagné grâce à son ordinateur pour aller marcher?» Les derniers chapitres du *Capital* de Karl Marx, fort mal compris, évoquent eux aussi ce grand rêve de l'humanité : les prolétaires, ayant repris le contrôle du capital, vivent une sorte d'idylle utopique, tout nus, avec les machines qui font tout le boulot.

Les progrès technologiques du dernier siècle semblent concourir à ce grand rêve de l'humanité. Est-ce une illusion? Les machines nous ont affranchis des petites servitudes. Il suffit d'un thermostat pour chauffer une maison (plus de bûches). L'eau court jusque chez vous. Le texte se met en pages à mesure à l'écran. Le client le reçoit instantanément.

Mais sommes-nous plus libres et vivons-nous mieux? Certaines études démontrent que nous rions moins que nos prédécesseurs, peut-être parce que le travail nous demande une attention plus soutenue. Avec Internet, on navigue alors qu'on devrait dormir. Le cellulaire sonne au milieu de la pause au parc. On communique plus efficacement et plus, mais pas nécessairement mieux. Et puis, il y a l'auto, qu'on fait rouler à 100 km/h pour aller faire de l'exercice au gymnase. Vite ! Vite !

Peut-être les humains s'en permettent-ils tout simplement moins qu'ils n'en permettent aux animaux. Dans les camps de bûcherons au début du XXe siècle, les ouvriers prenaient une heure pour dîner et se reposer. Bel exemple de sagesse traditionnelle ? Eh bien ! non, ils laissaient aux chevaux le temps de digérer !

Une chose est certaine, vient un temps où la bête en nous voudrait prendre sa revanche sur les machines qu'elle a créées. L'automobile est un miracle, mais nous avons encore besoin de marcher, pas seulement pour aller du point A au point B, mais pour marcher, tout simplement, et goûter l'espace entre les deux. Comme quoi ce ne sont pas les machines qui libéreront l'homme, mais l'homme qui doit se libérer de la machine et cesser d'être, le temps d'une promenade à pied, un engrenage.

Lectures utiles

ANTHONY, William Allan, *The Art of Napping* (L'Art de la sieste), Larson Publications, 1997, 112 pages.

JOHNSON, Spencer, *Qui a piqué mon fromage ? ou Comment s'adapter au changement au travail, en famille et en amour*, traduit de l'américain par Jean-Pascal Bernard, Neuilly-sur-Seine, Michel Lafon, 2000, 104 pages.

Conclusion

Les 13 péchés capitaux[14]

Difficile de dire ce qui fait le succès du travailleur autonome, mais les causes de son échec sont faciles à déterminer. Et il y en a 13 !

1. *J'offre un rabais.*

   Il se peut que vous deviez accepter de travailler pour moins cher à l'occasion, mais ne l'offrez pas vous-même. Surtout, ne diminuez pas votre prix parce que ça vous coûte moins. Votre prix est établi selon vos frais et ce que vous comptez gagner dans l'année, mais aussi selon la moyenne du milieu et la tolérance du client.

2. *Je ne voudrais surtout pas déranger.*

   Mais si, vous voulez déranger. Ne lâchez pas les comptes à recevoir et rappelez le client qui tarde à payer. Au besoin, allez le voir. Et si le client arrive avec une nouvelle politique qui vous fait du tort, demandez pourquoi il l'a adoptée. Demandez toujours pourquoi.

---

14. Librement inspiré de l'article « How to murder your business », de Marlene Cartash, dans *Profit Home Business*, printemps 1994.

3. *Ça va finir par décoller.*

   Vous aurez beau faire preuve de ténacité, si ça ne décolle pas, vous ne pourrez pas interminablement subventionner votre affaire. Vous avez peut-être mal choisi, mal défini, et peut-être que vous n'êtes tout simplement pas aussi bon que vous croyez. Si vos concurrents se débrouillent mieux que vous, alors là, ça ne va pas du tout. Demandez donc franchement à vos 10 meilleurs clients si votre idée, votre projet, votre produit se distingue : ils vous le diront.

4. *Ça coûte cher.*

   Vous pouvez dépenser inutilement une fortune en informatique ou en matériel, mais vous pouvez aussi perdre beaucoup parce que vous n'avez pas investi suffisamment. Étudiez bien vos besoins. Cette évaluation ne doit pas être purement comptable (le prix), votre plan d'affaires entre aussi en ligne de compte. S'il s'agit d'un objet qui coûte cher, trouvez le moyen de financer le bon achat plutôt que d'acheter ce qui ne vous convient pas vraiment. Le comptable qui est en vous ne doit pas gagner.

5. *Un client me suffit.*

   Vous devriez entretenir au moins quelques petits clients, ne serait-ce que pour prouver au fisc que vous êtes bien un travailleur autonome et pas un employé. De plus, si votre client principal vous lâche, vous en aurez d'autres sur qui vous rabattre.

6. *Le client a toujours raison.*

   Il a souvent tort, parfois à l'heure de négocier et toujours quand son chèque tarde à vous parvenir. C'est le patron qui a toujours raison et le patron, c'est vous.

7. *Mon client est un ami.*

   Non, le client est un client. Et si vos affaires souffrent à cause de ce client, ou s'il vous paie mal, ou s'il défait ce que vous faites, lâchez-le. Il vous nuit. Vous n'êtes pas son employé. Les clients citrons, ça existe. Suivez votre instinct. Si vous avez des doutes, demandez des références.

8. *Le client veut me fourrer.*
Si vous développez une mentalité d'assiégé et vous imaginez que vos clients essaient tous de vous avoir, vous n'irez pas loin. Ils essaient tous de tirer le maximum de votre travail, c'est normal. Sauf que certains vont trop loin. Votre client, ce n'est pas non plus «l'ennemi». Parlez-leur ouvertement de vos difficultés quand elles surviennent. Si vous commencez à maquiller la vérité pour sauver les apparences, voire à mentir, la vérité va finir par vous rattraper et la banque, le client, vos associés perdront confiance en vous.

9. *Pas besoin de vendre.*
Continuez toujours d'offrir vos services même quand vous avez de l'ouvrage. Il faut garder la main et le contact avec le marché. Si vous poussez la vente tandis que ça roule, vous évitez les creux dans le futur.

10. *Je rends service à tout le monde.*
Si vous passez votre temps à accommoder les gens, vous ne développerez pas votre champ de spécialité. Vous avez choisi cette spécialité parce que vous l'aimez et vous voulez vous y maintenir à cause des revenus escomptés. Si vous faites des exceptions pour tout le monde, vous sabotez votre plan.

11. *Oui.*
Non. Vous devez apprendre à dire non et à ne pas dire oui à tout ce qui se présente.

12. *Je fais tout moi-même.*
Les rénovations de votre maison, vous les faites faire. Pourquoi n'en serait-il pas de même de la comptabilité, de l'administration, de la facturation quand elles deviennent lourdes et compliquées? Et si les affaires prospèrent, pourquoi ne pas employer quelqu'un pour vous seconder? L'autonomie, ça ne signifie pas que vous devez tout faire tout seul. Si vous hésitez,

commencez par des consultants, des sous-traitants à honoraires ou des stagiaires.

13. *Je prends le stress.*

Le stress peut vous détruire physiquement et mentalement. Si vous travaillez à domicile, vous courez à la catastrophe. Autant vos proches peuvent vous nuire dans votre travail s'ils prennent trop de place, autant vous pouvez nuire à votre relation avec eux si votre travail les prive de vous. Si vous ne voulez pas le faire pour votre famille, faites-le pour votre affaire : une personne stressée négocie moins bien, néglige les détails, se montre irritable avec les clients. Et clouez la porte de votre bureau ou cachez la clé s'il le faut.

Ressources utiles

Vous n'êtes pas si seul

Il n'y a pas que ce livre pour vous aider !

Cette section cite quelques organismes, services et lectures qui présentent un intérêt tellement général qu'ils auraient pu être cités dans presque tous les chapitres.

Cette liste n'est cependant pas exhaustive, car chaque chapitre renvoie également à des ressources pertinentes sur des points spécifiques.

Regroupements provinciaux

Affaires et développement Québécois inc.
1804, boul. Le Corbusier, bureau 530
Laval (Québec) H7S 2N3
514-990-0519

Association des centres locaux de développement du Québec
155, boulevard Charest Est, bureau 160
Québec (Québec) G1K 3G6
Tél. : 418-524-0893 Téléc. : 418-524-2657
info@acldq.qc.ca

Coalition des travailleuses et des travailleurs autonomes
du Québec
www.cttaq.ca
Information : info@cttaq.ca

Fédération des associations coopératives
d'économie familiale (FACEF)
1000, rue Amherst, bureau 300
Montréal (Québec) H2L 3K5
Tél. : 514-521-6820 Téléc. : 514-521-0736
union@consommateur.qc.ca
www.consommateur.qc.ca

Fondation de l'entrepreneurship
55, rue Marie-de-l'Incarnation, bureau 201
Québec (Québec) G1N 3E9
Tél. : 418-646-1994 Téléc. : 418-646-2246
fondation@entrepreneurship.qc.ca
www.entrepreneurship.qc.ca

Réseau des femmes d'affaires du Québec inc.
8475, avenue Christophe-Colomb
Montréal (Québec) H2M 2N9
Tél. : 514-521-2441 ou 1-800-332-2683 Téléc. : 514-521-0410
info@rfaq.ca

Regroupements locaux

Ne manquez pas de communiquer avec votre chambre de commerce locale et votre Centre local de développement, qui fournissent l'appui de base dans les régions et les municipalités.

Comité des travailleurs autonomes de la Chambre
de commerce du Montréal Métropolitain
5, Place-Ville-Marie
Montréal (Québec) H3B 2G2
Tél. : 514-871-4000, poste 4001

Option réseau Estrie
CP 872, Sherbrooke
(Québec) J1H 5L1
ore@ore.qc.ca

Regroupement pour la relance économique
et sociale du Sud-Ouest
1751, rue Richardson, bureau 6509
Montréal (Québec) H3K 1G6
Tél . : 514-931-5737 Télec. : 514-931-4317
reso@resomtl.com

Réseau des Micro-Entreprises et Travailleurs Autonomes (META)
des régions de la Capitale Nationale
et de la Chaudière-Appalaches
Chambre de commerce des entrepreneurs de Québec
2700, boulevard Laurier, Édifice Champlain, bureau 3200
Sainte-Foy (Québec) G1V 4K5
Tél. : 418-651-7600 poste 29 Téléc. : 418-651-5248
www.reseaumeta.ca

SAJE[15] (Services d'aide aux jeunes entrepreneurs)
Montréal Centre
5160, boulevard Décarie, bureau 820, C.P. 22
Montréal (Québec) H3X 2H9
Tél. : 514-485-SAJE (7253) Téléc. : 514-485-4933
info@sajemontrealcentre.com

SAJE[16] (Services d'aide aux jeunes entrepreneurs)
Montréal Métro
505, boul. René-Lévesque Ouest, bureau 510
Montréal (Québec) H2Z 1Y7
Tél. : 514-861-SAJE (7253)
Téléc. : 514-398-9132
infosuivi@sajemontrealmetro.com

Centre d'aide aux entreprises de la Vallée du Richelieu
230, rue Brébeuf
Belœil (Québec) J3G 5P3
Tél. : 450-446-3650
caers@videotron.ca

Centre d'aide aux entreprises de la vallée du Richelieu
Contactez : Guylaine Maltais, MBA, Adm. A., CRHA
Directrice des Cercles d'entraide
230 rue Brébeuf, bureau 203
Belœil (Québec) J3G 5P3
Tél. : 450-446-3650

15, 16. Les SAJE ont été regroupés en 1998 dans les Centres locaux de
développement, réunis dans une association qui figure dans la liste
des regroupements provinciaux.

Autres services

Académie du l'entrepreneurship du Québec
4691, rue de Niverville
Saint-Hubert (Québec) J3Y 9G6
Tél. : 450-676-5836 ou 1-888-676-5826 Téléc. : 450-676-2261
info@academieentrepreneurship.com
www.academieentrepreneurship.com

Banque de développement du Canada
5, Place-Ville-Marie, bureau 300
Montréal (Québec) H3B 5E7
Tél. :1 877 BDC-BANX (232-2269) Téléc. : 1-877-329-9232
www.bdc.ca

Centre d'entreprises et d'innovations de Montréal (CEIM)
33, rue Prince
Montréal (Québec) H3C 2M7
Tél. : 514-866-0575 poste 200 Téléc. : 514-866-3591
nbigras@ceim.org

Centre d'entrepreneurship Hec-Poly-U de M
Adresse civique : 3535, Queen Mary, suite 200
Adresse postale : 5255, avenue Decelles, local 2030
Montréal (Québec) H3T 2B1
Tél. : 514-340-5693 Téléc. : 514-340-6850
centre.entrepreneurship@hec.ca
http ://neumann.hec.ca/~x338/Entrepreneurship/

Éducadroit, Le carrefour d'accès au droit
C.P. 55032, CSP Notre-Dame, 11, rue Notre-Dame Ouest
Montréal (Québec) H2Y 4A7
http ://www.educaloi.qc.ca

Exportation et développement Canada
à Montréal : 800, Place-Victoria, bureau 4520
C.P. 124, Tour de la Bourse
Montréal (Québec) H4Z 1C3
Tél. : 514-908-9200 ou 1-866-278-2300 Téléc. : 514-878-9891

À Québec : 2875, boulevard Laurier, bureau 1340
Ste-Foy (Québec) G1V 2M2
Tél. : 418-266-6130 ou 1-866-278-2300 Téléc. : 418-266-6131

Fonds communautaire d'accès au micro-crédit
Maison de l'emploi et du développement humain
100, boul. Ducharme, bureau 230
Sainte-Thérèse (Québec) J7E 4R6
Tél. : 450-437-1635 Téléc. : 450-437-8938
info@fondsmicrocredit.qc.ca

Groupe conseil Saint-Denis
1453, rue Beaubien Est, bureau 302 b
Montréal (Québec) H2G 3C6
Tél. : 514-278-7211 Téléc. : 514-278-2493
accueil@gcsd.qc.ca
www.gcsd.qc.ca

Info-entrepreneurs
380, rue St-Antoine Ouest, bureau 6000
Montréal (Québec) H2Y 3X7
Tél. : 514-496-4636 Téléc. : 514-496-5934
www.infoentrepreneurs.org

Institut d'entrepreneuriat de l'Université de Sherbrooke
Faculté d'administration, Université de Sherbrooke
2500, boul. de l'Université
Sherbrooke (Québec) J1K 2R1
Tél. : 819-821-8000 poste 3316 ou 2353 Téléc. : 819-821-8010
jbaronet@adm.usherbrooke.ca

Invention Québec inc.
8065, rue Viau, bureau 202
Montréal (Québec) H1R 2T2
Tél. : 514-728-4561 Téléc. : 514-728-2342
www.inventionquebec.ca
info@inventionquebec.com

Office de la propriété intellectuelle du Canada
Place du Portage I, 50, rue Victoria, bureau C-114
Gatineau (Québec) K1A 0C9
par messagerie : J8X 3X1
Tél. : 819-997-1936 Téléc. : 819-953-7620
http ://strategis.gc.ca/sc_mrksv/cipo/welcome/welcom-f.html
opic.contact@ic.gc.ca

Lectures utiles

Magazine *L'autonome*
84, rue Notre-Dame Ouest, bureau 100
Montréal (Québec) H2Y 1S6
Tél. : 514-279-4620 Téléc. : 514-948-0654
info@magazinelautonome.com

Magazine *Entreprendre*

1600, boul. Saint-Martin Est, tour A, bureau 660
Laval (Québec) H7G 4R8
Tél. : 450-669-8373 poste 221 Téléc. : 450-669-9078
message@entreprendre.ca
www.entreprendre.ca